民國歷史與文化研究

六 編

第 **4** 冊

1948 年國民黨政府幣制改革研究

陳 建 成 著

花木蘭文化事業有限公司

國家圖書館出版品預行編目資料

1948 年國民黨政府幣制改革研究／陳建成 著 — 初版 — 新北
市：花木蘭文化事業有限公司，2017〔民 106〕
目 4+262 面；19×26 公分
（民國歷史與文化研究 六編；第 4 冊）
ISBN 978-986-485-142-3（精裝）
1. 幣制改革　2. 民國史
628.08　　　　　　　　　　　　　　　　　106013731

ISBN-978-986-485-142-3

9 789864 851423

民國歷史與文化研究
六　編　第四冊　　　　　　　ISBN：978-986-485-142-3

1948 年國民黨政府幣制改革研究

作　　者　陳建成
總 編 輯　杜潔祥
副總編輯　楊嘉樂
編　　輯　許郁翎、王筑　美術編輯　陳逸婷
出　　版　花木蘭文化事業有限公司
社　　長　高小娟
聯絡地址　235 新北市中和區中安街七二號十三樓
　　　　　電話：02-2923-1455／傳真：02-2923-1452
網　　址　http://www.huamulan.tw 信箱 hml810518@gmail.com
印　　刷　普羅文化出版廣告事業
初　　版　2017 年 9 月
全書字數　227766 字
定　　價　六編 10 冊（精裝）台幣 18,000 元

1948年國民黨政府幣制改革研究

陳建成 著

作者簡介

陳建成，男，漢族，湖北省蘄春縣人，北京信息科技大學副教授，博士，主要從事中國近現代
史研究。

提　　要

　　1948 年幣制改革是國民黨政府在當時法幣惡性膨脹、社會急劇動盪、財政嚴重危機、資金
大量逃避等現狀下的被動選擇。蔣介石在俞鴻鈞與王雲五之間選擇了王雲五的方案。雖然該方
案遭到國民黨高層及財政經濟專家的明確反對，但蔣介石仍然決定冒險嘗試。

　　王雲五幣制改革方案中發行準備和發行限額兩項政策理論上有致命錯誤，在實際執行中也
沒堅持多久就失敗了。金銀外幣收兌政策影響很壞：一是黃金美鈔所定兌換率太高；二是金銀
外幣收兌價格以上海、南京地區爲全國統一標準，沒有考慮到其他區域；三是金銀外幣在民眾
手中本可以作爲儲藏貨幣購買力的工具，政府強制使用金圓券收兌金銀外幣，導致金圓券流出
太多，後雖採取了增稅、發售國營股票、出售敵僞產業等措施，但收效甚微，無法使巨額的遊
資回籠。再加上當時錯誤的限價政策，使得很多物品價格低廉，這更刺激了遊資和民眾追逐物
資，釀成了幣制改革後期的搶購風潮，最終造成了有價無貨的局面，使國統區的各階層都遭受
了重大損失。

　　幣制改革另外一項重要配套措施是物價管制，物價管制政策相關規定違背了經濟規律，在
實際中造成了嚴重的經濟危機和社會危機。物價管制政策是此次幣制改革最主要的配套措施，
物價管制的失敗也就意味著此次幣制改革的失敗。

目

次

表　標

緒　論

一、問題的提出及其意義

　　貨幣制度從狹義上講是指國家（或地區）通過法律、規章等形式確定的貨幣發行、貨幣流通的準則和規範。主要內容包括：確定貨幣和輔幣的材料，確定貨幣的單位，規定貨幣的流通程序和流通辦法，確定發行準備和貨幣的對外關係等。從廣義上講，它包括政府、中央銀行和其他相關部門所有有關貨幣方面的規定和採取的影響金融變動的一切措施。國民黨政府在大陸統治的 20 多年中，嚴格意義上講主要進行過三次幣制改革，先後發行過法幣、金圓券和銀元券三種主要貨幣。20 世紀 80 年代至今，學者對法幣改革的研究成果較爲集中，研究面相當廣，研究也相當深入，探討了法幣改革的原因和條件，法幣改革的性質，法幣改革與白銀風潮的關係，法幣改革與中國外交關係、法幣改革的作用及其影響，法幣改革與通貨膨脹的關係，蔣介石與法幣改革等等，出現了一大批學術成果〔註1〕。相較而言，後兩次幣制改革學者們

〔註1〕 詳見鄭會欣：《近年來國內有關幣制改革問題的研究述評》，《中國經濟史研究》，1989 年第 3 期；徐鋒華：《近二十年來法幣改革研究綜述》，《民國檔案》，2007 年第 3 期；陳偉浩：《從民國法幣改革看國際金融一體化》，《世界經濟情況》，2006 年第 21 期；吳敏超：《1934～1935 年白銀問題大討論與法幣改革》，《江蘇社會科學》，2007 年第 6 期；張秀莉：《法幣發行準備管理委員會考述》，《史學月刊》，2009 年第 6 期；卓志宏：《國民政府法幣改革中的英美日關係分析》，《黑龍江史志》，2009 年第 16 期；吳景平：《蔣介石與 1935 年法幣政策的決策與實施》，《江海學刊》，2011 年第 2 期；馬陵合：《徘徊於自主與依附之間——法幣改革後的外債問題研究》，《民國檔案》，2011 年第 4 期；魯細珍：《盛世才時期的法幣在新疆》，《新疆社科論壇》，2011 年第 5 期等。

主要集中於對金圓券、銀元券的發行內幕、政策文本描述、相關當事人與幣制改革、幣制改革與惡性通貨膨脹、蔣經國與「打虎」等的詮釋上，取得了一些成績〔註2〕，但系統細化研究考察這一政策的理論基礎、配套措施和實施效果等方面還有進一步深入的空間，所以本文選擇金圓券作爲自己的研究對象，以翁文灝內閣挽救財政金融的措施爲中心，來考察國民黨大陸崩潰前夕這次政府的幣制改革，探索金圓券發行涉及理論、實施及其效果、相互影響因素以及存在的問題、政府補救措施等方面內容，以期較爲深入認識這一民國晚期的幣制改革。

國民黨政府改革法幣的初衷是爲了挽救經濟危機，克服法幣的惡性膨脹，但客觀結果卻是金圓券發行後很快就陷入了惡性通貨膨脹之中，從發行到垮臺，只有短短十多月的時間。而銀元券存在時間則更短，流通範圍更窄。這兩次幣制改革不但給社會經濟和廣大人民帶來巨大災難，而且直接導致了國統區經濟迅速崩潰、國統區民眾人心喪失和國民黨在大陸政權的徹底垮臺。1948 年國民黨政府推行的幣制改革，在今天看來變成了貨幣史或金融史，但在當時卻是實實在在影響到國統區各階層民眾經濟生活的重大事件，同時也是關係國民黨政府成與敗的經濟和社會因素。綜觀國民黨政府的這兩次幣制改革，最後都陷入史無前例的惡性通貨膨脹，從而使國民黨失盡人心，被各個階層所拋棄，最終不得不退出大陸的舞臺，但儘管國民黨退出了大陸政權，通貨膨脹這一幽靈卻依然或大或小，忽近忽遠，定期不定期的出現。所以，對民國末期國民黨政府這一特定的貨幣政策進行系統研究，剖析其利弊得失，總結其經驗教訓，對於我們今天來說仍然具有十分重要的現實意義。

〔註 2〕 詳見李金錚：《舊中國通貨膨脹的惡例——金圓券發行內幕初探》，《中國社會經濟史研究》，1999 年第 1 期；吳景平：《金圓券政策的再研究——以登記移存外匯資產和收兌金銀外幣爲中心的考察》，《民國檔案》，2004 年第 1 期；張皓：《王雲五與國民黨政府金圓券幣制改革》，《史學月刊》，2008 年第 3 期；馬長林：《民國時期的貨幣政策：金圓券發行和幣制改革的失敗》，《中國金融》，2008 年第 9 期；楊天石：《蔣經國「打虎」爲何失敗》，《炎黃春秋》，2013 年第 9 期；武之璋：《國民黨敗局與蔣經國「打虎」失敗無關》，《炎黃春秋》，2013 年第 12 期；張秀莉：《金圓券定價研究》，《史林》，2016 年第 2 期；張秀莉：《金圓券改革決策內幕考》，《中國社會經濟史研究》，2016 年第 2 期等。

二、研究的基礎資料及研究現狀

（一）研究的基礎資料

　　就基礎資料而言，相較於 1935 年的幣制改革研究，1948 年的幣制改革的相關資料不如法幣改革充足。文獻資料方面，1948 年幣制改革的法規文件主要有：國民黨政府行政院新聞局所編《幣制改革》是國民黨政府進行幣制改革官方重要文件的小匯總，輯入了 1948 年國民黨政府發佈的「財政經濟緊急處分令及其四項辦法」、政府首長談話、專家看法與社會輿論，以及爲發行金圓券進行改革幣制而制定的各項實施辦法等資料，附錄包括國家總動員法、非常時期取締日用重要物品囤積居奇辦法、取締違反限價議價條例等 5 種法規〔註 3〕；大東書局編審處編輯《改革幣制法令彙編》輯入 1948 年 8 月國民黨政府發行金圓券的有關法令、辦法等 17 種，附錄國幣動員戡亂時期臨時條款、國幣懲治條例、黃金外幣買賣處罰條例等 7 種〔註 4〕；《金圓券發行經過》收錄了總統命令、總統電文、改革幣制經過等內容，附錄收有中國幣制改革簡史、經濟管制委員會組織規程等〔註 5〕；世界知識出版社編輯《中美關係資料彙編》第 1 輯收錄有美國對華援助等文件〔註 6〕；《銀行周報》專載《有關幣制改革及財政經濟緊急處各項資料》及《有關幣制改革及財政經濟緊急處分各項資料續編（一）～（十四）》，把國民黨總統府、行政院、財政部等頒佈的法令、辦法、條例等內容細緻地呈現了出來〔註 7〕；中國第二歷史檔案館等編《中華民國金融法規選編》（上）輯錄了中華民國時期的金融法規，金圓券發行的相關法規也較爲全面〔註 8〕；財政部財政科學研究所與中國第二歷史檔案館合編的《國民政府財政金融稅收檔案史料》輯入了相當部分的金融史資料，包括 1948 年幣制改革的相關史料，部分內容與前者相一致〔註 9〕；中國人民銀行總行參事室編《中華民國貨幣史資料》第 2 輯（1924～1949）、中國第二歷史檔案館編《中華民國史檔案資料彙編》第 5 輯第 3 編財政經濟

〔註 3〕行政院新聞局：《幣制改革》，行政院新聞局，1948 年印。

〔註 4〕大東書局編審處：《改革幣制法令彙編》，大東書局編審處，1948 年版。

〔註 5〕汪承立、沈景生：《金圓券發行經過》，北平日報社，1948 年版。

〔註 6〕《中美關係資料彙編》第 1 輯，世界知識出版社，1957 年版。

〔註 7〕詳見：《銀行週報》，1948 年第 35 期、第 36～37 期……第 50 期（下）。

〔註 8〕中國第二歷史檔案館等：《中華民國金融法規選編》（上），檔案出版社，1989 年版。

〔註 9〕財政部財政科學研究所、中國第二歷史檔案館：《國民政府財政金融稅收檔案史料》，中國財政經濟出版社，1997 年版。

（第 1～7 冊）也收錄了部分金圓券法規、財政部通告和其他類別的有關幣制改革的相關資料〔註 10〕。此外，中國銀行總管理處編輯《外匯統計彙編初集》收錄有 1948 年間的國際收支、貿易、僑匯、外幣、外債等相關資料〔註 11〕；吳岡的《舊中國通貨膨脹史料》提供了金圓券發行統計及相關物價指數等資料〔註 12〕；中國科學院上海經濟研究所，上海社會科學院經濟研究所編《上海解放前後物價資料彙編》（1921～1957）提供了較多的物價指數表〔註 13〕等，爲從數理統計的角度剖析此次幣制改革提供了資料基礎。

除了上述基本的資料外，報刊、檔案、回憶錄及日記成爲筆者論文主要的基礎資料來源。筆者系統查閱了《申報》、《大公報》、《中央日報》、《金融日報》、《商報》、《經濟導報》、《經濟周報》、《新聞報》、《中華時報》、《徵信新聞》、《財政評論》、《傳記文學》（臺灣）、《大地周報》、《風雲半月刊》、《工商法規》、《工業月刊》、《公信會計月刊》、《公益工商通訊》、《觀察》、《金融周報》、《進出口貿易月刊》、《經濟導報》、《經濟觀察》、《經濟評論》、《經濟周報》、《南大經濟》、《群言》、《商學研究》、《時事評論》、《時與文》、《世紀評論》、《四川經濟彙報》、《天津經濟統計月報》、《現代經濟通訊》、《新聞天地》、《銀行周報》、《再生》、《展望》、《浙江經濟月刊》、《中國建設》、《中國銀行月報》、《中美周報》、《中央銀行月報》、《周論》、《資本市場》等報刊，此外，筆者也從中國第二歷史檔案館、上海檔案館、天津檔案館、廣州檔案館、北京檔案館、湖北檔案館等搜集了與 1948 年幣制改革相關的檔案，同時參考運用以往的研究著述、文史資料、回憶錄、日記、年譜等。

（二）研究現狀

1948 年幣制改革之前，關於幣制改革方案探討的論著就不少。《中國幣制改革論》講述 1928 年至 1948 年歷次改革幣制的實況，探討了試擬幣制改革方案、財政經濟緊急處理辦法〔註 14〕；《中國幣制問題總檢討》就「法幣膨脹與影響」、「改革幣制時機問題」、「今後應採取之貨幣本位」、「實行虛金本位

〔註10〕 中國人民銀行總行參事室：《中華民國貨幣史資料》第 2 輯（1924～1949），上海人民出版社，1991 年版；中國第二歷史檔案館：《中華民國史檔案資料彙編》第 5 輯第 3 編財政經濟（第 1～7 冊），江蘇古籍出版社，2000 年版。
〔註11〕 中國銀行總管理處：《外匯統計彙編初集》，中國銀行總管理處，1950 年版。
〔註12〕 吳岡：《舊中國通貨膨脹史料》，上海人民出版社，1958 年版。
〔註13〕 中國科學院上海經濟研究所，上海社會科學院經濟研究所：《上海解放前後物價資料彙編》（1921～1957），上海人民出版社，1958 年版。
〔註14〕 劉錫齡：《中國幣制改革論》，立信會計圖書用品社，1948 年版。

制之效果」、「解放外匯與改革幣制」、「中國經濟病態之癥結」、「政府審計與改革幣制之關係」、「當前生產與改革幣制」等方面展開了分析〔註15〕；《幣制改革聲中談紙幣膨脹政策》針對抗日戰爭勝利後，國民黨政府發動內戰，濫發紙布，國統區內通貨膨脹，經濟陷於崩潰這種局面，提出所謂「控制膨脹」的方案。〔註16〕

幣制改革頒佈後，有關幣制改革問題的探討更多，主要集中在以下幾個方面：

1、幣制改革整體研究。幣制改革不久，中國經濟研究所編了一本《新幣制──金圓券》，分析了改革幣制以前通貨膨脹下的經濟情況，對金圓券幣制改革的內容及其作用、財政措施、物價管制以及市場做了分析和預測〔註17〕；李金錚的《舊中國通貨膨脹的惡例──金圓券發行內幕初探》一文從金圓券的發行背景、王雲五幣改方案的出臺、金圓券發行之初的效果、金圓券的急劇膨脹與崩潰等角度，揭示國民黨政府的失敗的實質是政治、經濟、軍事等方面的全盤失敗。〔註18〕季長祐的《金圓券幣史》對金圓券這一政策的出臺、執行及結局進行了考察。金圓券政策的實質性內容有三點：一是徹底改革幣制，乘機擴大發行；二是人民持有的金銀外幣繳兌給中央銀行；三是硬性壓制物價。但是，金圓券擬訂發行額並沒有得到很好的控制，加劇了通貨膨脹；收兌金銀外匯成為再次聚斂強奪民財的手段。〔註19〕

2、幣制改革具體政策研究。張秀莉的《金圓券發行準備監理委員會述論》認為金圓券發行準備監理委員會是南京國民政府在法幣崩潰的背景之下，為標榜「發行獨立」，提高人們對金圓券的信任而成立的一個機構。它在成立之初即遭到人們的質疑，在後來的具體工作中，其委員雖曾力圖按照規定履行發行準備的移交保管和檢查監督等職能，終因各方掣肘和政府的失信而成為虛設。〔註20〕張秀莉的博士論文《南京國民政府發行準備政策研究》第四章對金圓券和銀元券發行準備政策進行了剖析，指出金圓券和銀元券失敗的根

〔註15〕金烽、趙廣志等：《國內幣制改革與工商業》，香港南方論壇社，1948年版。
〔註16〕新陳：《幣制改革聲中談紙幣膨脹政策》，1948年版。
〔註17〕中國經濟研究所：《新幣制──金圓券》，上海華夏圖書發行公司，1948年版。
〔註18〕李金錚：《舊中國通貨膨脹的惡例──金圓券發行內幕初探》，《中國社會經濟史研究》，1999年第1期。
〔註19〕季長祐：《金圓券幣史》，江蘇古籍出版社，2001年版。
〔註20〕張秀莉：《金圓券發行準備監理委員會述論》，《民國檔案》，2008年第4期。

本癥結，不是貨幣制度本身問題，而是個財政問題，內戰持續，財政絕對不會平衡，每年驚人龐大的赤字支出，勢必發行鈔票來彌補，通貨惡性膨脹，貨幣已成爲財政的俘虜。在這種情形下，不論採用什麼本位，什麼辦法來改革幣制，必定是愈弄愈糟，徒然使老百姓加深一成痛苦罷了，不會有什麼成果。〔註21〕

　　3、幣制改革經過及後果。虞寶棠的《簡論一九四八年國民黨政府的金元券與限價政策》從貨幣經濟的角度分析了國民黨政府推行幣制改革和限價政策，妄想通過「經濟戡亂」這一著，使它的反動軍事得以繼續。但是，這次幣制改革中發行的金元券貨幣，實行不到半年，通貨急劇膨脹，物價扶搖直上，幣值一落千丈，結果，金元券變成一堆廢紙，宣告徹底失敗。金元券如此瞬息即逝，這在世界貨幣史上是罕見的〔註22〕；《劍橋中華民國史》（1912～1949 年）（下卷）認爲「顯然，新的改革努力一開始就沒有成功的希望，因爲它具有導致 1947 年改革失敗的同樣缺陷……它的唯一成果，就是使政府從公眾那裏沒收了價值 17000 萬美元的黃金、白銀和外幣。」〔註23〕朱宗震、陶文釗著《中華民國史》第 3 編第 6 卷指出「金圓券改革」是掠奪性的幣制改革，這次幣制改革，並不僅僅是一次貨幣制度的更新，而且是以管制經濟爲中心的一系列社會體制的強烈變動。國民黨政權企圖以幣制改革爲出發點，建立起強力的支持內戰的社會經濟動員模式，但結果事與願違，導致了社會經濟的嚴重混亂和財政的總崩潰〔註24〕；韓森的《國民黨政府發行金元券加速了政權的崩潰》指出國民黨政府發行金圓券「不僅挽救不了它的財政經濟危機，反而使財政經濟危機更加惡化，民心喪盡，加速了國民黨政權的全面崩潰。」〔註25〕姜培的《國民黨政府金元券的發行與政權的崩潰》一文揭示了金元券發行不到 3 個月，就突破 20 億元的限額，通貨惡性膨脹，物價猛烈上升，幣制改革和限價政策徹底失敗的經過。認爲金圓券的發行對國民黨政府的財政、經濟、政治、軍事等方

〔註21〕 張秀莉博士論文：《南京國民政府發行準備政策研究》，2009 年版。
〔註22〕 虞寶棠：《簡論一九四八年國民黨政府的金元券與限價政策》，《民國檔案》，1985 年第 2 期。
〔註23〕 【美】費正清、費維愷：《劍橋中華民國史（1912～1949 年）》下卷，中國社會科學出版社，1993 年版。
〔註24〕 朱宗震、陶文釗：《中華民國史》第 3 編第 6 卷（中華書局，2000 年版。
〔註25〕 韓森：《國民黨政府發行金元券加速了政權的崩潰》，《歷史教學》，1987 年第 8 期。

面，都帶來了嚴重的惡果，加速了國民黨政權的全面崩潰；〔註 26〕易勞逸的《蔣介石與蔣經國》第八章「蔣經國和金圓券改革」認爲，蔣經國是一個廉潔有爲的人。1947 年和 1948 年前三季度，國統區內農業凋敝，工業停滯，交通阻塞，通貨膨脹，人心浮動，社會瀕於解體。8 月，爲了阻止政治崩潰，政府推出「金圓券改革」，以 300 萬比 1 的兌換率，用金圓券取代法幣，並宣佈凍結物價和工資，企圖阻止通貨膨脹；但結果事與願違，它反而加速了國民黨在政治上的崩潰。〔註 27〕

　　4、幣制改革與通貨膨脹。周舜莘的 The Chinese Inflation，1937～1949 通過「過度需求」理論來解釋國民黨政府的通貨膨脹〔註 28〕；在《中國通貨膨脹史》（1937～1949 年）一書中，張公權以局內人身份描述了當時的貨幣政策和通脹情況，指出金圓券是在 1948 年底政治、經濟極其不穩的情勢下垮臺的。後來所採行的各種挽救措施都注定失敗了，繼此而實行的貨幣改革更是徒勞的，其結果更加暴露了政府的缺點。在通貨膨脹的最後關頭，貨幣遭到人民拒絕使用，這只能說是垂死的國民政府在經濟方面的一個反映而已〔註 29〕；美國學者胡素珊在《中國的內戰——1945～1949 年的政治鬥爭》一書中則認爲在內戰的歲月，通貨膨脹是城市生活的最突出特徵。由於其作用十分嚴重而深刻，其表現方式又使每個市民有切膚之感，因而通貨膨脹動搖公衆對國民黨統治能力所抱的信念，遠比其他任何問題厲害。〔註 30〕

　　5、幣制改革對人民的掠奪。經濟研究會編著的《國民黨的幣制與改革》揭露了當局發行金圓券對人民進行掠奪的本質〔註 31〕；《國內幣制改革與工商業》也輯錄了批判國民黨政府發行金圓券的評論、通訊的論文，揭示了幣制改革對薪工人員的剝削；陳明遠的《文化人的經濟生活》中「金圓券和獨裁政權的崩潰」一節揭示了文化人在金圓券時代的生存狀態，作者認爲「金圓

〔註 26〕姜培：《國民黨政府金元券的發行與政權的崩潰》，《黑龍江財專學報》，1996年第 2 期。

〔註 27〕【美】易勞逸，王建朗、王賢知譯：《蔣介石與蔣經國》，中國青年出版社，1989 年版。

〔註 28〕Shun-hsin Chou: The Chinese Inflation, 1937～1949, New York: Columbia University press, 1963.

〔註 29〕張公權，楊志信譯：《中國通貨膨脹史（1937～1949 年）》，文史資料出版社，1986 年版。

〔註 30〕【美】胡素珊，王海良等譯：《中國的內戰——1945～1949 年的政治鬥爭》，中國青年出版社，1997 年版。

〔註 31〕經濟研究會：《國民黨的幣制與改革》，經濟研究會編印，1948 年版。

券、銀圓券，在現代世界貨幣史上是最短命、最缺德、最無信譽、最卑劣無恥的貨幣。」〔註32〕

6、幣制改革失敗原因。費正清的《美國與中國》分析了幣制改革失敗原因，認爲國民黨的內部因素使其失敗。「1948 年 8 月實行『幣制改革』，廢除了舊法幣，代之以『金圓券』。同時規定了物價最高限度，並以警察手段監督執行，私人手中的銀元和外幣被迫換成新紙幣，爲內戰提供軍費。這樣，最反共的城市上層中產階級手中剩下的少許餘財被束縛在『金圓券』上；當金圓券在 1948 年底崩潰的時候，平民百姓對國民黨事業最後剩餘的一點支持也同金圓券一起化爲烏有了。」〔註33〕朱雪芬認爲「金圓券改革」是國民黨政府在全面崩潰前夕演出的一場鬧劇。這場鬧劇，自 1948 年 8 月 19 日頒佈試行起，至 11 月 31 日草草收場，前後僅維持了七十天，便告夭折。其勢之猛，其亡之速，在世界幣制改革史上均屬首屈一指。爲什麼國民黨政府大肆鼓譟的這一場幣制改革竟如此脆弱、如此短命呢？「金圓券改革」的草草收場是由許多因素促成的。除了南京政府在政治上信譽一落千丈、軍事上敗跡迭至帶給人們對它蔑視、失望，由此衍化爲對它的任何舉動不予合作而等待時局變化的因素之外，更主要的還是由於其經濟政策本身有悖於客觀經濟規律和實施手段的惡劣。因而使其無法避免重蹈法幣覆轍的厄運；〔註34〕李松林則認爲蔣介石採取了錯誤的幣制改革，以及失誤的財政經濟政策是導致國民黨大陸政權崩潰的本質原因。〔註35〕吳景平在《金圓券政策的再研究——以登記移存外匯資產和收兌金銀外幣爲中心的考察》一文中指出：1948 年實施金圓券政策時，強制登記移存外匯資產、收兌金銀外幣，曾引起各政府行局的不滿，更給普通商業行莊和廣大民眾帶來極大的災難。難以爲繼後，又一度實施金圓券存款兌取金銀的辦法，但都沒能扭轉金圓券失敗的結局。被列爲金圓券發行準備的金銀外匯移運海外和臺灣，既是導致金圓券徹底崩潰的直接原因，也造成了金融機構運作失靈、主要業務經營失信、金融市場運作的全面失序；〔註36〕他還認爲「金圓券的失敗固然有

〔註32〕陳明遠：《文化人的經濟生活》，陝西人民出版社，2010 年版。

〔註33〕【美】費正清：《美國與中國》，商務印書館，1987 年版。

〔註34〕朱雪芬：《南京政府倒臺前夕的一場幣制改革鬧劇——評金圓券政策的出籠與失敗》，《寧波大學學報》（教育科學版），1990 年第 3 期。

〔註35〕李松林：《簡析國民黨在大陸失敗的真正原因》，《首都師範大學學報》（社會科學版），1996 年第 6 期。

〔註36〕吳景平：《金圓券政策的再研究——以登記移存外匯資產和收兌金銀外幣爲中心的考察》，《民國檔案》，2004 年第 1 期。

方案文本上的問題，但更重要的是當時國民黨中央政權的統治基礎業已崩塌：軍事上，三大戰役的慘敗，兵敗如山倒；經濟上，國統區生產與流通失序，正常需求無法保證；政治上，國民黨內部四分五裂，蔣介石陷入全民重重包圍；外交上，連美國也對國民黨政權徹底失望，正從中國『抽身』。在這種情勢下，國民黨政權無論拿出多少黃金外匯來支撐急劇貶值的法幣，或者取代法幣的是比金圓券更為合理的貨幣改革方案，都是行不通的。總之，金圓券崩潰現象的背後，是當時國民黨在政治、軍事、經濟、社會乃至外交諸領域的全面失敗使然。」〔註37〕徐俊武的《20世紀40年代金圓券發行失敗的原因探析——基於制度變遷中的路徑依賴視角》認為「從經濟學上來看，用貨幣改革去抑制通貨膨脹本身就是一個極大的錯誤；在國民政府的個人專制統治之下，面對惡性通貨膨脹，不顧國內和國際經濟形勢，不經過民主程序，單憑領袖個人意志決定的貨幣政策最終給經濟帶來了巨大災難，也為國民黨政府在大陸的潰敗作了最好的注腳。」〔註38〕

　　7、幣制改革政策相關人物研究。王雲五是翁文灝內閣時期的財政部長，也是幣制改革政策的主要制定者。何揚鳴的《試述王雲五與金圓券的關係》揭示了王雲五執掌財政部長期間改革幣制的經過，指明了王雲五和金圓券的關係；〔註39〕張皓的《王雲五與國民黨政府金圓券幣制改革》指出王雲五與國民黨政權統治大陸末期的金圓券幣制改革的關係密不可分。就當時各種情況來說，他是主持改革的最佳人選。1948年他出任財長後三易其稿擬定改革方案。改革為蔣介石搜括了許多金銀和外幣，這是他對蔣的最大貢獻。儘管王雲五竭力維持金圓券的發行，千方百計平衡收支，解決赤字問題，但在國民黨政府軍事迅速失敗的情況下，「金圓券改革」的失敗根本不可避免。〔註40〕楊天石的《蔣經國「打虎」為何失敗》揭示了蔣經國高調打虎卻黯然離滬的慘澹結局。〔註41〕武之璋則認為國民黨敗局與蔣經國「打虎」失敗無關。〔註42〕

〔註37〕 張徐樂：《執著治學上下求索——吳景平教授訪談錄》，《歷史教學》，2004年第3期。

〔註38〕 徐俊武：《20世紀40年代金圓券發行失敗的原因探析——基於制度變遷中的路徑依賴視角》，《學習與實踐》，2011年第9期。

〔註39〕 何揚鳴：《試述王雲五與金圓券的關係》，《浙江學刊》，1994年第4期。

〔註40〕 張皓：《王雲五與國民黨政府金圓券幣制改革》，《史學月刊》，2008年第3期。

〔註41〕 楊天石：《蔣經國「打虎」為何失敗》，《炎黃春秋》，2013年第9期。

〔註42〕 武之璋：《國民黨敗局與蔣經國「打虎」失敗無關》，《炎黃春秋》，2013年第12期。

8、國民黨幣制改革與上海金融業、美援的關係。吳景平在《上海金融業與金圓券政策的推行》一文中指出 1948 年的金圓券政策及其推行有著多方面的內容，包含著複雜的關係，其掠奪性、不合理性的顯現有一個過程，上海金融業對金圓券政策態度從遵行、異議、批評到反對也有轉變的過程。以往對金圓券政策問題的研究，主要以國民黨政權及其國家行局為主體，以其相關決策及實施為主線，其研究比較簡略和狹窄；其實，選擇上海私營金融業為考察主體，以當時私營行莊公司如何應對實施金圓券政策的各主要方面為研究主線，著重從私營金融業的基本態度、金銀與外匯資產、利率、資本升值和現金增資等方面進行探討，可以進一步深化對金圓券問題本身以及對 20 世紀 40 年代末上海金融業與國民黨政權關係的研究；〔註43〕朱雲認為美援使得國民政府形成了虛妄自大的美援心理。抗戰勝利後，國民政府蓄意挑起內戰。國統區經濟面臨崩潰之境，蔣介石推行「金圓券改革」，演了一場鬧劇。〔註44〕

9、幣制改革的比較研究。孫宅巍對國民黨政府的三次幣制改革作了綜合考察。他認為發行金圓券的原因是：（1）軍費浩繁，財政赤字猛增；（2）通貨惡性膨脹；（3）物價飛漲，幣值猛跌。金圓券與法幣不同，屬金本位制貨幣。是依靠政治壓力和軍事手段，強制實行幣制改革，限制物價上漲，社會經濟曾經出現了極為短暫的穩定時期。但很快出現新的危機，表現為：（1）金銀外交政策的失敗；（2）通貨再行膨脹；（3）物價騰飛猛漲，重蹈了法幣的覆轍，而且比法幣垮得更慘。而銀元券是在國民政府政治、軍事、經濟全面崩潰時發行，充滿了危機；白銀儲備不足，不能十足兌現；銀元與銀元券雙軌制流通，造成了貨幣市場的混亂。物價急劇波動，更加短命。他認為三次幣制改革最大的共同點是產生於一個共同的母體之中，就是半殖民地、半封建的社會，代表大地主、大資產階級利益的國民黨政府的統治，帝國主義的經濟侵略和控制，官僚資本的巧取豪奪，連年不斷的戰爭。並總結這三次改革有幾個特點，一是國統區的生產狀況一次比一次差，二是其幣制改革施行的範圍一次比一次小，三是改革持續的時間一次比一次短，四是貨幣信譽一次比一次低。這實際上成了國民黨政權由強而弱、日益衰亡的寫照，也是

〔註43〕吳景平：《上海金融業與金圓券政策的推行》，《史學月刊》，2005 年第 1 期。
〔註44〕朱雲：《從美援看美國與金圓券改革的關係》，《法制與社會》，2008 年第 11 期。

國民黨政府經濟由盛而衰、不斷走向崩潰的界碑和縮影。〔註45〕鍾祥財認為，法幣改革標誌著中國貨幣制度由貴金屬貨幣本位向紙幣制度的轉變，並孕育了此後的紙幣膨脹；「金圓券改革」加劇了中國紙幣的惡性膨脹，進而導致舊中國金融體制的崩潰。並總結出教訓如下：（1）一種行政控制下的金融體系，對防止和消除通貨膨脹是難以有所作為的；（2）不能把抑制通貨膨脹的思路僅僅局限於行政壓制上，而應從削減財政支出、控制貨幣發行上想辦法；（3）通貨膨脹必須在早期得到治理，一旦形成惡性循環，其進程就將難以遏止。〔註46〕戴友鋒的論文《法幣改革和金圓券改革的比較研究》指出法幣和金圓券兩次幣制改革處於國民黨政府統治的不同時期，呈現不同的特點，導致了不同的歷史後果：法幣改革具有進步的一面；而「金圓券改革」則完全呈歷史的倒退，阻礙社會生產力的發展；〔註47〕賀水金的論文《中、德兩國惡性通貨膨脹之比較研究》認為第一次世界大戰後的德國與1945～1949年的中國所爆發的惡性通貨膨脹，是人類有史以來兩例最經典的惡性通貨膨脹。比較兩國的惡性通貨膨脹可知：雖然兩國惡性通貨膨脹具有諸多共同特性，但也存在顯著的差異性，主要體現在兩國貨幣發行量與物價漲幅有別和通貨膨脹惡性程度不同兩方面。通過對紙幣發行量、物價上漲幅度、匯價貶值程度等幾方面資料分析可知，中國惡性通貨膨脹較德國更有過之而無不及。〔註48〕

整體而言，對於幣制改革的研究，大部分的論著主要圍繞幣制改革方案如何出臺、具體政策是什麼、改革中有哪些主要人物及其作用、改革為什麼失敗以及失敗後的惡性通貨膨脹等問題展開敘述，當然也不乏深入的研究。但從幣制改革方案本身的理論分析，國民黨政府的配套措施及實際效果，幣制改革後各地的物價管制、市場動態及存在的問題，學術界鮮有涉及，缺乏深入研究。如上海的物價審議物資調節檢查三委員會如何開展物價管制工作？蔣經國怎樣走訪調研市場，怎樣布置經檢工作，怎樣調節物資，配售日用必需品，審議物價等。我們熟知解蔣經國的「打虎」，但「打虎」以外的工

〔註45〕孫宅巍：《對國民黨政府三次幣制改革的綜合考察》，《蘇州大學學報》（哲學社會科學版），1990年第3期。
〔註46〕鍾祥財：《舊中國的兩次幣制改革及其教訓》，《改革》，1996年第4期。
〔註47〕戴友鋒：《法幣改革和金圓券改革的比較研究》，《福建金融管理幹部學院學報》，2001年第3期。
〔註48〕賀水金：《中、德兩國惡性通貨膨脹之比較研究》，《社會科學》，2007年第8期。

作則不甚瞭解，即使有所瞭解也算不上全面。此外還有廣州的宋子文、霍寶樹，天津、北平方面的張厲生以及各省市領導如何組織政府、參議會、金融管制局、監察使署、特刑庭、憲兵團、地方法院、社會局、警察局、公用局、財政局、中央銀行、商會等各種單位召開會議，實施物價管制工作，我們知之甚少。各地區的物價管制政策實施措施和力度如何，效果如何，爲什麼存在差異？國民黨政府的挽救措施及成效等方面，還有深入的空間，這些成了本文研究的重點。

三、研究思路、研究方法與創新點

1、研究思路

本文對幣制改革的提法，是廣義的提法，不僅僅涉及到國民黨政府改變了法幣這一貨幣單位，用金圓券兌換法幣、關金券、東北流通券、金銀外幣等，還涉及國民黨政府、中央銀行和其他相關部門所有有關貨幣方面的規定和採取的影響經濟變動的財政金融措施。

本文研究的時間斷線爲 1948 年幣制改革醞釀實施到 11 月限價政策終結，王雲五、翁文灝相繼離職，幣制改革失敗爲止。圍繞著蔣介石糾結過後不得不改革幣制→幣制改革方案的出臺→方案的主要措施→各方的反應→方案的執行→各地政策實施情況及市場動態→出現的問題及其挽救→評價這一線索來行文，全文主要著力於從國民黨政府內部因素來考察此次幣制改革的成效，側重於技術層面的研究。既力求說清楚這次幣制改革的具體情況，又力求能解釋清楚幣制改革方方面面的關係。

本文的行文中如沒有特別說明，則「幣制改革」一詞即爲 1948 年國民黨政府幣制改革的簡稱。

2、研究方法

（1）描述與解釋相結合。描述方面，力求把 1948 年的幣制改革政策、實施狀況、市場動態、社會影響等說清楚；解釋方面，力求借助貨幣理論尤其是當時的貨幣數量論來分析解釋此次幣制改革的相關內容，明確此次幣制改革的性質，挖掘此次改革的理論依據，把幣制改革涉及方方面面的關係闡釋明白。

（2）微觀與宏觀相結合。具體而言，從微觀角度來剖析幣制改革的發行準備，發行限額，金、銀、外幣兌換率，幣制改革在各地實施情況以及對各

階層的深刻影響；從宏觀角度則考察幣制改革的決策過程，決策理論、管制機構等，以及政策實施產生的整體影響等。

（3）縱向與橫向相結合。1948 年的幣制改革不是孤立的事件。縱向方面，從國民黨政府不斷挽救經濟危機這一主線來考察。從 1945 年蔣介石預定新幣發行及幣制改革計劃之實施〔註49〕到 1947 年國民黨實施經濟緊急措施方案，再到 1948 年的幣制改革，從中發現國民黨政府挽救的努力及其失敗的原因。橫向方面，把幣制改革放到當時財政、經濟、社會的大環境下考量，闡明幣制改革的歷史地位、影響和作用。

3、創新點

（1）釐清了「幣制改革」這一概念。本文采用「幣制改革」這一概念作為研究對象，而不採用現在學術界常用但並不準確的「金圓券改革」這一表述，原因如下：（一）回歸 1948 年當時對於此次改革的提法。筆者系統翻閱了民國時期出版的書籍和期刊，找到了上千篇關於此次幣制改革的文章，沒有發現一篇使用「金圓券改革」這一提法。「金圓券改革」這一提法，起源於 20 世紀 80 年代大陸學者的文章，不符合當時官方和民間的說法。（二）金圓券只是 1948 年幣制改革中發行的貨幣單位，而 1948 年的幣制改革涉及財政、金融、管制等一系列措施，用「金圓券改革」來替代幣制改革的提法，有以偏概全之嫌。（三）「金圓券改革」是改革金圓券這一貨幣，發行銀元券，還是改革法幣這一貨幣，發行金圓券呢？這一提法從字面上講存在著歧義。

（2）理論上的創新。用當時已經傳入中國社會的貨幣理論特別是貨幣數量論來分析當時幣制改革的性質，指出金圓券既非金本位，又非虛金本位，也不是管理通貨，乃是一種試驗性質的貨幣制度，金圓券的發行與準備金無關，收兌金銀外幣的做法是貨幣政策上的倒退。同時，20 億的發行限額是荒謬的，在理論上站不住腳，在實際施行過程中也沒有做到，金圓券發行兩個多月後就突破了 20 億發行限額。

（3）發掘了新的材料。通過整體翻閱民國時期的《經濟評論》、《中建》、《財政評論》、《金融周報》、《工商法規》、《世紀評論》、《銀行周報》、《中央銀行月報》、《資本市場》、《經濟導報》、《工業月刊》等報刊以及各相關檔案館的檔案，找到了很多有關 1948 年幣制改革的法規、實施、執行、評論等相關的史料，其中有相當一部分在以往的學者研究中沒有看到。譬如以往的學

〔註49〕《蔣介石日記》，1945 年 9 月 1 日。

者對於蔣經國在幣制改革中的表現主要集中在「打虎」上，但筆者發現了一大批資料，揭示了「打虎」只是其督導工作的內容之一，其他的工作還有設置告密信箱，調節物資，配售原料，配給日用必需品等等。再譬如《馬寅初全集》（第十四卷）中收錄有馬寅初的一篇文章《評金圓券（上）》，編者認為「下篇未見發表，馬氏是否著有下篇，待考」〔註 50〕，筆者從《中建》雜誌中找到了馬寅初的《金圓券》下篇。類似的還有很多，不一一列舉。

（4）填補了研究上的空白。對於 1948 年幣制改革的財政金融措施如增稅、發行金圓公債、發售國營股票等以及國民黨政府物價管制政策在三個督導區以及其他各地的具體措施及市場動態，學術界對此並無細緻研究。本文通過廣泛搜集資料，釐清了三個督導區督導工作的具體做法和成效，填補了督導區實施幣制改革方面研究的空白，同時分析了華北、華中、華南、西南以及臺灣等地執行幣制改革後的相關措施及成效，指出不同地區的特點及原因。同時，本文指出了幣制改革中存在的兩大問題及國民黨政府的補救措施及成效，這兩個問題學術界研究成果也並不多見。

（5）對幣制改革進行了整體的研究。過去對於 1948 年幣制改革整體研究的成果並不多見。本文對於幣制改革的出臺，出臺後各方的反應，主要的措施，措施在各地實施狀況及存在問題、國民黨政府補救措施及成效等等，均有涉及，力求從點到面，整體把握這一歷史事件全貌。

〔註 50〕馬寅初：《馬寅初全集》第 14 卷，浙江人民出版社，1999 年版，第 38 頁。

第一章　幣制改革方案的出臺

　　國民黨政府幣制改革方案的出臺，是蔣介石在經濟局勢急劇惡化下的無奈選擇，也是在國民黨高層特別是宋子文、孔祥熙、張嘉璈、吳國楨等明確反對下的冒險嘗試，更是在實施條件和技術層面尚未具備情況下的倉促被動之舉，是迫於現實的壓力消極採取的應對措施。二戰後，歐洲很多國家都進行了幣制改革，並取得了成效。〔註1〕而國民黨並沒有在法幣已經成為廢紙之前積極採取有效措施，而是在法幣已經貶值到連本身紙張價值都不如的地步，各地鈔荒嚴重，無以為繼的情況下才考慮幣制改革。在穩定政權方面，國民黨政府也表現為沒有很好的預防機制，只是在通貨惡性膨脹，物價瘋狂上漲等導致社會底層因生活等原因而發生搶米風潮、請願、罷工、反飢餓反迫害運動進而影響到政權時才迫於惡性通貨膨脹對政權威脅的可怕，不得不改革。從解救財政危機方面看，國民黨高層有了先行改革幣制，整理財政，以抑制通貨膨脹穩定物價，促進生產，安定金融，然後再改革軍事，完成「戡亂」的認識，似乎幣制一經改革則一切問題便可解決。這種認識也是消極而愚蠢的認識。從資金逃避來看，國民黨也沒有在資金逃避前做好防範，只是資金已經大量轉移或藏匿以後才力求通過幣制改革來挽回。從配合美援來看，也是被動迎合美國政府，以換取美國貸款和資金的支持。總體來說，這次幣制改革是國民黨政府被動應付當時情勢的幣制改革，時機和條件均不具備，因此，從一開始就埋下了失敗的種子。

〔註 1〕　詳見吳德昭：《戰後各國幣制改革》，財政部財政研究委員會，1947 年版；莊智煥：《從戰後各國貨幣改革的經驗看金圓券》，《銀行週報》，1948 年第 32 卷第 47 期等。

第一節　蔣介石不得不改的緣由

一、法幣失去作爲貨幣的基本職能

從貨幣職能來看，作爲貨幣，應該具有價值尺度，流通手段，支付手段，貯藏手段等基本職能。1935 年法幣發行後，統一了全國的貨幣，促進了國民經濟的發展，起到了積極的進步作用。但自從 1937 年日本全面侵華以後，法幣逐漸開始膨脹。「若以民國二十五年爲基期，二十六年較二十五年上漲一成許，二十七年較二十六年計上漲約二成，二十八年較二十七廿上漲六成多，二十八年較二十五年（三年之內）物價上漲不過一倍強，二十九年以後，物價開始加速，二十九年較二十八年物價上漲一倍，三十年較二十九年又上漲一倍。三十年至三十四年因上海使用僞幣，不便比較，但知三十五年指數爲戰前之五‧一九九倍，粗略言之，三十年至三十五年平均每距五個月物價上漲一倍，三十五年內平均每距四個月物價上漲一倍，三十六年平均每距三個月物價上漲一倍，迨至本年一月至五月平均每距兩個月物價上漲一倍，五月以後情勢急轉直上，物價由相距兩個月進而至相距一月上漲一倍。六月至七月物價每距三周上漲一倍。我們若用統計學上名詞解釋，這種物價上漲的特徵爲按『加速度幾何級數』的上升。……『加速度幾何級數上升』或指物價上漲同等的倍數所需的時間愈來愈短（如前面所示物價由每距三年上漲一倍漸進至一年上漲一倍，五月上漲一倍，四月上漲一倍，三月上漲一倍，兩月上漲一倍，一月上漲一倍，三周上漲一倍），或指同等時間距離之下，物價上漲的倍數愈來愈大，這是抗戰以來我國物價上漲之特性。」〔註 2〕到了 1948年，通貨加速膨脹，物價不斷狂漲。笪移今指出：「八年多的長期抗戰，物價不過長了二千四百倍。勝利迄今還不滿三年，上海物價較之三十四年九月卻已漲了一萬四千倍。重慶時代的物價漲風，比之目前已是微不足道了；尤其今年以來，更是驚人。七月第三周的物價總指數爲戰前的四百七十八萬倍，較之去年十二月最後一週上漲三十倍。其中以紡織品上升三十五倍爲最速，依次爲燃料上升三十四倍，食物上升三十一倍，金屬上升三十倍，建築材料上升二十九倍，雜項上升二十八倍，化學品上升二十倍爲最緩。紡織、燃料、食物這些主要必需品的劇烈上漲，是人民生活負擔加重，造成人心恐慌的由

〔註 2〕 劉光第：《一九四八年之財政與物價》，《經濟評論》，1949 年第 4 卷第 13～14
　　　　期，第 5 頁。

來。在政治經濟的幾倍形勢未改變以前，今後物價仍要加速度的增漲，而民生必需品──食物、紡織、燃料等漲勢，恐怕還是一馬當先，這自然是對廣大的農工及薪水階層的威脅最大」〔註3〕。據白丁回憶，1948 年 8 月幣制改革前夕物價「較戰前上漲了數百萬倍（當時天津、北平地區物價指數約爲戰前的 700 萬倍），買一斤玉米麵也要數十萬元（當時北平市民食調配委員會配售平價麵粉每斤 42 萬元）。法幣在人們心目中已完全喪失信用，社會上的大宗交易或支付，多用黃金、銀元或實物計價，法幣逐漸失去其作爲貨幣的各種職能而變成廢紙。」〔註4〕在國民黨大部分統治區內，金、銀、外幣已喧賓奪主取代法幣的地位成了現實的通貨。這中間國民黨政府也曾宣佈經濟緊急措施，取締黃金投機，禁止黃金、外幣流通和買賣，甚至施用政治與武力試圖解決問題，但收效甚微。都市大宗買賣早用黃金美鈔計算，許多工薪階層因不信法幣，收到薪金之後，惟恐幣值日跌，相率以法幣兌換銀幣，以爲保值，待用之時，陸續零星出售，以充購買日常必需品之用，偏僻地區也恢復了銀元往來，物物交換風行各地，而廣大農村社會普遍以糧食作價格標準。華南已成港幣世界。法幣已失去價值尺度的機能，失去流通手段的機能，失去支付手段的機能，失去貯藏手段的職能。

從發行額來看，1948 年 5 月份的發行額比上月增加了 47.8％，6 月份增加了 85.1％，7 月份又增加了 100％，至 8 月 21 日發行總額已達 663 萬餘億元，比 1947 年 12 月的 33 萬餘億元增加了 19 倍，爲抗戰前夕發行額的 47 萬餘倍。〔註5〕如此大規模的濫發，使法幣甚至到了連本身紙張價值都不如的地步，幾乎成爲廢紙。

從政府政策方面看，當初實行法幣政策時具備以下幾個條件的：「（1）法幣可以按十四便士半的價格無限制兌換外匯。（2）法幣須有六成現金作準備，發行機關須負責法律上的責任。（3）法幣的發行數額和準備實況，有人民代表參加組織的發行準備管理委員會負責檢查公告。（4）法幣深獲民間的信仰。」

〔註 3〕 笪移今：《七個月來的中國經濟情勢》，《觀察》，1948 年第 4 卷第 23 期，第 10 頁。

〔註 4〕 白丁：《國民黨崩潰前的一次經濟大掠奪──記北平市執行蔣介石「財政經濟處分令」的經過》，中華文史資料文庫經濟工商編第十四卷，中國文史出版社，1996 年版，第 414 頁。

〔註 5〕 《上海解放前後物價資料彙編》（1921～1957），上海人民出版社，1958 年版，第 39、49 頁。

〔註6〕以上四大條件，到了 1948 年都已經喪失了。「法幣在今日還能繼續勉強使用，未被人民完全拒絕，主要是由於它還保有法律上的獨尊地位和公開身份。」〔註7〕

二、穩定國民黨政權的需要

由於國民黨主要依靠發行貨幣來解決財政虧空，無限制地發行貨幣，帶來了通貨膨脹，物價瘋狂上漲，帶來了各項運動的高漲。

1、多省市卷起搶米風潮。因法幣急劇貶值，加上糧食缺乏，糧價暴漲，許多城鎮失業或半失業的居民無力購買糧食，只得被迫去搶。1946 年 6、7 月間浙江、江西、廣西、湖南、河南、山東、綏遠、廣東等省的 40 多個大小城鎮發生了搶米風潮。1947 年，上海、天津、北平等 30 多個大中城市，有 320 萬人參加鬥爭。搶米風潮不斷發生，1947 年 5、6 月間席捲了蘇、浙、贛、魯、豫、鄂、川、湘、粵等省 40 多個大、中、小城市，饑民們搗毀糧店、政府機關，甚至活捉縣長。

2、多地發生因生活而引起的工人運動。1947 年 5 月 8 日，上海 1 萬多名絲織工人舉行要求解凍生活費指數的大遊行；5 月 9 日，「法電」全體工人舉行要求無條件解凍生活費指數的大遊行；5 月 10 日，電信局職工進行「餓工」鬥爭，標語上寫著：「物價高，收入少，吃不飽，做不動」；5 月 12 日，五大百貨公司和商店的職工三千多人舉行大遊行，喊出了「無條件解凍生活費指數」的口號。1948 年 3 月 8 日中央銀行、中國銀行、交通銀行、農民銀行，中央信託局，郵政儲金匯業局等六個金融機構全體職員，為抗議物價上漲，要求增薪，靜坐罷工等。各種因物價高漲生活困難請願運動不斷：1948 年年初因生活費指數趕不上物價指數，上海海關職工多次去上海請願；1948 年 6 月成都發生了一千多名中小學教師多次的為生活請願運動〔註8〕等。據不完全統計，國統區 11 個大中城市工人鬥爭從 1947 年下半年開始，到 1948 年 8 月，有的城市延續到 1948 年底，共發生較大工潮事件 196 起。其中為增加工資、改善待遇、反對解雇等求生存反飢餓鬥爭 178 起。〔註9〕

〔註6〕 《幣制改革》，《財政評論》，1948 年第 18 卷第 1 期，第 1 頁。

〔註7〕 《箭在弦上的幣制改革》，《觀察》，1948 年第 4 卷第 18 期，第 5 頁。

〔註8〕 李豐：《中小教師大請願》，《群眾》（香港版），1948 年第 2 卷第 27 期，第 20～21 頁。

〔註9〕 劉明遠、唐玉良主編：朱珠、程璐、席新、陳家新著：《中國工人運動史》第 6 卷，廣東人民出版社，1998 年版，第 222 頁。

　　3、多地學生發起反飢餓反迫害運動。1947 年 5 月發生的「反飢餓、反內戰」爲基本口號的「五二○」運動，這一運動在南京、北平、上海、天津等地發動以後，迅速擴展到杭州、重慶、福州、桂林、濟南、長沙、昆明等 60 多個大中城市，並同工人罷工、教員罷教等各界人民的鬥爭結合起來。1948 年國統區的學生又一次掀起「反飢餓、反迫害」鬥爭的浪潮。這些運動，嚴重動搖了國民黨政府的統治。

　　爲了緩解物價高漲因物價高漲而引發的各種運動局面，從形式上改善上述工人、學生、公教人員因生活等而引起的社會動盪，穩定政權，國民黨政府迫切需要改革幣制。國民黨立法委員富靜岩等在改革幣制提案內，說的很明白：「共匪叛亂，軍事不得復員；戡亂軍費支出有增無已，通貨增發總額，已達驚人數字。物價飛騰，生活不安，社會政治經濟，均形成最嚴重之危機。民心彷徨，士氣不振，軍事困難，有增無減，政治前途，尤多隱憂。對現行幣制，設不速謀改革，一旦崩潰，不僅社會經濟堪虞，復足影響政權安危。幣制敗壞，足以傾覆政權，中外史實，不乏先例，勿庸枚舉。茲爲挽救當前社會經濟及政治軍事重大危機，實應立謀幣制改革，不可藉口準備未完，條件不足或時機尚未成熟等理由，再事拖延。設再遲疑延緩，勢將鑄成噬臍莫及之遺憾，國家民族亦將蒙受難於預測之損失」〔註10〕。蔣介石亦認爲：「經濟危險至此，比軍事更足憂慮。」〔註11〕「人民因受不了生活壓迫，要求改革的聲浪，從四面八方悲壯地傳出來，農民在鄉村已展開平分土地的鬥爭。當局已認識事態的可怕，除以全力鎮壓叛亂而外，在主觀上還不斷企圖打開經濟的僵局。」〔註12〕當局已感到惡性通貨膨脹對政權威脅的可怕，看到人心思變的迫切，覺得「變」總要比不變好些，不得不對改革幣制有所打算。

三、解救財政危機，穩定國統區經濟的需要

　　國民黨政府戰前國家稅收，約占總支出的 70%。此後由於戰爭的破壞，國民黨政府稅收逐年遞減，支出卻與年俱增。彌補財政赤字的唯一辦法，就是增發通貨，每年發行額約占總支出的百分之 70%。見下表：

〔註10〕中國第二歷史檔案館：《國民政府立法院會議錄》第 28 冊，廣西師範大學出版社，2004 年版，第 293 頁。
〔註11〕《蔣介石日記》，1948 年 6 月 10 日。
〔註12〕笪移今：《七個月來的中國經濟情勢》，《觀察》，1948 年第 4 卷第 23 期，第 11 頁。

表 1－1：1946～1948 年 6 月有關國民黨政府實際財政收支及赤字統計表

年　度	歲　出（法幣億元）	歲　入（法幣億元）	短絀數	
			數額（法幣億元）	赤字占歲出百分數
1946	71,969	21,519	50,450	70.2%
1947	409,100	120,100	289,000	70.7%
1948 上半年	3400,000	800,000	2600,000	76.5%

資料來源：楊蔭溥：《民國財政史》，中國財政經濟出版社，1985 年版，第 172 頁。

　　由於工商業在惡性通脹中衰落不堪，共產黨佔領地區擴大，國民黨政府稅源日枯，稅區日縮。而國民黨政府支出則因軍費浩繁，仍靠增發通貨應付，財政問題愈趨嚴重。因此，蔣介石希望借助幣制改革穩固國統區，挽救惡劣的經濟狀況。他在日記中寫道：「軍事、經濟、黨務皆已敗壞，實有不可收拾之勢，因之政治、外交與教育亦紊亂失敗，亦是崩潰之象。再三思維，如能先挽救軍事，則其他黨務、經政皆不難逐漸補救。否則，軍事不能急求成效，則不如先在後方著手，如能穩定經濟，則後方人心乃可安定，前方士氣亦可振作。然後再謀軍事之發展。」〔註13〕王雲五也早有此意：「早在一年前，我已認為只有改革幣制，才能挽救財政經濟日趨惡化的局勢。」〔註 14〕他認為「通貨之日趨於膨脹，大抵由於歲出入總預算不能平衡所致，即在戰前，亦未達到預算上之絕對平衡。不過彼時幣值穩定，預算上不足之數，不難以舉債的方法來填補。今則經八年抗戰，人民窮困，安得餘力來接受公債，而預算上的赤字更巨，出多入少，不能左右逢源，只得以發行紙幣來替代公債。發行越多，物價愈高；而物價愈高，發行又愈多，互相迴圈，靡有底止，致人民對法幣之信心，遠遜於實際發行膨脹之程度。在此幣值日益不穩之情況下，國家之收入，實際遠較戰前為低，國家之支出卻不能不隨物價飛漲而大增，預算赤字，因此而益巨，且有加速惡化之趨勢。故先平衡預算而後再改革幣制之議，在政府方面無法實行。若反其道而行之，先改革幣制，使物價穩定，而物價之穩定，又可使收支預算有接近平衡之可能。同時預算收支之接近平衡，又可使幣值維持其穩定，此倡彼和，互為因果。此政府不待收支

〔註13〕 《蔣介石日記》，1948 年 9 月 3 日。
〔註14〕 王雲五：《岫廬八十自述》，臺灣商務印書館，1967 年版，第 494 頁。

完全平衡，先行幣制改革之用意也。」﹝註15﹞翁文灝也認爲：「經濟所以崩潰固由通貨膨脹，但通貨所以膨脹實因財政失敗。當時稅收無著，公庫空虛，一切開支全靠印發紙幣，任何幣制不能成功。故我以爲根本條件，首須整頓財政，使收支接近平衡，然後方能限制發行數額，恢覆信用。」﹝註16﹞「挽救財政危機之根本辦法，仍在幣制改革，而如何制定有效改革方法，則尚待研究。」﹝註17﹞「政府支出與收入，相差數額很大。收支不能平衡，通貨膨脹，物價高漲，公教人員及全國人民生活困苦，必需改革幣制，方能有所好轉。」﹝註18﹞

正是國民黨高層有了先行改革幣制，整理財政，以抑制通貨膨脹穩定物價，促進生產，安定金融，然後再改革軍事，完成「戡亂」的認識，才冒險進行了幣制改革。

四、挽救資金逃避的需要

爲了避免金融恐慌，極力挽救資金逃避，國民黨政府也不得不改革幣制。由於當時時局不穩，惡性通貨膨脹嚴重，生產萎縮，市場喪失，國內資金大量南流。南流資金包括貨幣資本與商品資本。貨幣資本南流，大部趨向囤積物資搜購黃金，外幣或輸入私貨從事於投機，商品資本則主要是國內工業遷往香港或南洋。

就工業生產者而言，因爲國內政治經濟局勢的不安定，資本沒有保障，原料無法輸入，國內銷路無法打開，不得不大量實行工業南遷。1947 年在香港新登記的工廠，有20%以上是國內南逃資金開辦的。據統計，1947 年一年「自上海遷往香港之廠家大小達五十餘家，資本估計在五千萬元港幣以上，其中規模宏大者爲棉紡廠皮革化工廠等，最近遷往香港之工廠，據港府之公報已登記或將登記工廠之總數，共有一千三百餘家，其中南國，半島，南洋，香港，偉倫，南海等六家之總投資額，即在一億零八百萬元港幣以上。」﹝註

﹝註15﹞《王雲五發表談話，幣制改革後預算可接近平衡》，《大公報》，1948 年 8 月20 日，第 2 版。

﹝註16﹞翁文灝：《回顧往事》，《文史資料選輯》第 80 輯，1982 年版，第 10 頁。

﹝註17﹞《新閣施政方針》，《東方雜誌》，1948 年第 44 卷第 7 號，第 53 頁。

﹝註18﹞《行政院院長翁文灝在立法院第二會期第一次秘密會議上所作財政經濟緊急處分令實施情況報告》，中國第二歷史檔案館：《中華民國史檔案資料彙編》第 5 輯第 3 編財政經濟第 1 冊，江蘇古籍出版社，2000 年版，第 277 頁。

﹝註19﹞萬長祜：《論資金逃港》，《商學研究》，1948 年第 7 期，第 15 頁。

19〕1948 年「一月至七月一百八九十家新登記的工廠中，有百分之六十以上是由國內移去的。以南流資金及機器而創立的工廠，以紗廠佔首位，約有十五萬錠，其他尚有搪瓷廠、織造廠、印刷廠、化工廠、電玉廠等，資金總共約二億五千萬港幣。工廠外移，就是生產力從國內逃走，就是國民就業機會減少，就是財政收入短縮，就是削弱國力，就是增加人心恐慌，而引起社會更大的不安。」〔註 20〕

就流往香港資金而言，1947 年一年約有 3 億港幣，逃向美洲等地方的更不知要超過此數若干倍。美國顧問委員會向參院財政委員會提出報告指出：「截至一九四七年六月三十日止，中國在美所存儲的黃金，值九千五百萬美元，存款三億三千九百萬美元，共四億三千四百萬美元。」〔註 21〕1948 年 6 月中旬，據四聯總處駐港代表向政府報告：「目前中國在香港的遊資已超過港幣六百億，事業投資尚不在內，避居香港的華人，存款在千萬港幣以上者約有一千人，在五百萬以上約一萬人，在一百萬以上者人數更多。」〔註 22〕到了 1948 年幣制改革前夕，華人存款已達 15 億港幣，合美金 3 億 5 千萬元。無怪乎行政院長翁文灝要驚慌失措的說：「遊資不斷逃往香港，將使上海變成真空」。〔註 23〕

1948 年以後，由於大資產階級（包括豪門和官僚等）對前途失去信心，以各種各樣方式，使資金變成外匯，退藏到國外。中小之家因資力薄弱，還不具備外逃條件，但為保存價值起見，也大事購買黃金美鈔。1947 年由澳門輸入內地黃金為 110 萬盎司，由香港輸入也有 90 萬盎司左右，以每盎司作 50 美元計算，共計約 1 億美元。這些用人民血汗向國外換來的金塊，有大部分是被中小之家購藏起來了。巨額資金脫離生產，逃避到海外後，被黃金美鈔所吸引，使金價自 1948 年 5 月初以來，即超過一般物價，為當時十年間僅有的反常現象，也是金融發生恐慌的徵兆。

再從銀行存款方面看，戰前通貨發行總數為 14 億元，全國商業行莊存款總數為 18 億元。後因長期戰爭，商業行莊的力量逐漸削弱。1946 年底全國商

〔註 20〕 笪移今：《七個月來的中國經濟情勢》，《觀察》，1948 年第 4 卷第 23 期，第 11 頁。

〔註 21〕 萬仁元、方慶秋：《中華民國史史料長編》第 70 冊，南京大學出版社，1993 年版，第 8 頁。

〔註 22〕 《嚴重的資金逃避問題》，《銀行週報》，1948 年第 32 卷第 34 期，第 5 頁。

〔註 23〕 笪移今：《七個月來的中國經濟情勢》，《觀察》，1948 年第 4 卷第 23 期，第 11 頁。

業行莊存款，以物價計算，其實際資力僅及戰前百分之一點多。根據全國行莊存款增加的速度，1948 年 6 月底的存款總數，大約只有戰前一千二三百萬元的購買力，即其實際資力僅及戰前千分之七左右。

　　在國民黨政府看來，要想改變民眾重物輕幣的觀念，阻止資金逃亡和匿藏，以穩定金融，除了改革幣制外，並沒有其他途徑可尋。

五、配合美援計劃的需要

　　1947 年 5 月，魏德邁向杜魯門提出報告：「中國的經濟經受了內戰和通貨膨脹的壓力，正在崩潰和瓦解之中」，「中國國民政府整個軍事地位已經惡化了，目前軍事局勢有利於中共」。他認爲「共產黨統治下的中國，對美國利益是有害的」〔註 24〕，有鑑於此，美國應制定一個五年以上的長期計劃援助國民黨，援助條件之一是國民黨政府「必須實行徹底的政治和經濟改革」。

　　1947 年底，中國政治、經濟情況的惡化，使美國更加擔憂，國務院擬向國會提出經濟援華法案。美國政府認爲，中國必須擬具徹底穩定經濟的計劃，才能爭取到援華法案在國會通過。爲了能爭取到美援，國民黨政府開始制定幣制改革方案。到了 1948 年 1 月 10 日，據大剛報載：「蔣主席頃將手擬之改革幣制計劃大綱交財政部審愼研究。此種改革幣制計劃，即交技術代表團團長貝祖貽攜美，以供美方擬定援華方案之參考。」〔註 25〕1 月 14 日，貝祖貽赴美考察，帶去了兩個以上幣制計劃到美國。

　　1948 年 2 月 18 日，杜魯門向國會提出援華咨文，提議五億七千萬美元援華，同時也提出「吾人希望中國之環境能使美國援助得以有效及具有建設性之方法，用於建設及復興方面。吾人所期望之環境，迄未形成，故祇能在現在之情勢下，就其最適當者辦理之。」〔註 26〕杜魯門所期望之適當環境是國民黨政府採取必要步驟，擴大政府基礎，吸收自由份子，洗刷頑固勢力，阻止軍事逆轉，布置和平攻勢等。如果國民黨政府能符合要求，

〔註 24〕　《中美關係資料彙編》第 1 輯，世界知識出版社，1957 年版，第 776、778、782 頁。

〔註 25〕　萬仁元、方慶秋：《中華民國史史料長編》第 70 冊，南京大學出版社，第 18 頁。

〔註 26〕　《美政府提出援華法案》，《東方雜誌》，1948 年第 44 卷第 3 號，第 54 頁。

美國當然會鞏固並伸展在華軍事政治經濟勢力，當然希望中國有穩定的貨幣制度，協助中國解決幣制問題。「如果說翁文灝組閣陳立夫出國，是希圖轉換美國觀感，那麼貝祖詒之再度赴美，就不能說不與改革幣制有重大關係。」〔註 27〕

馬歇爾當時也認為「長江以北的交通，除沿海航行外，幾已不存在。地方政府往往腐敗得很，對於救濟措施的管理，不能有何幫助。根深蒂固集團的政治控制，實是恢復中國經濟穩定所需克服的重大困難。」他又說：「雖然如此，美國政府對於中國目前的嚴重局勢，必須予以援助，以協助阻止其經濟的迅速敗壞，從而使其獲得喘息的機會，而令中國政府可以發動必要步驟，以求達成比較穩定的經濟。」〔註 28〕

3 月下旬，美國國會核減五億七千萬美元為四億六千三百萬美元，並劃出一億二千五百萬美元作為軍事援助，實際上經濟援助為三億三千八百萬美元。1948 年 4 月 2 日援華法案由國會通過，4 月 3 日杜魯門簽字批准，但 1948 年 6 月眾院撥款委員會又把經援減為兩億七千五百萬美元，從而使援助總額減為四億美元。

為了爭取美援，蔣介石於 1948 年 5 月至 9 月間，先後派楊繼增、陳立夫、王雲五等赴美促援。為了配合美援的利用，達到美國的要求，國民黨政府也迫切希望能夠推行幣制改革。

第二節　幣制改革方案的出臺

抗戰勝利前後，學者關於整理幣制的呼聲就一直沒有斷過〔註 29〕，但國民黨當局仍以維持法幣政策不變為原則。自 1948 年 1 月下旬以來，國民黨政府對幣制問題的態度，和過去有些不同，政府官員已經頻頻開始談論幣制改革。

〔註 27〕　《箭在弦上的幣制改革》，《觀察》，1948 年第 4 卷第 18 期，第 6 頁。
〔註 28〕　《箭在弦上的幣制改革》，《觀察》，1948 年第 4 卷第 18 期，第 6 頁。
〔註 29〕　詳見楊叔進、劉滌源：《戰後我國貨幣整理問題》，《金融知識》，1944 年第 3 卷第 1 期；佘捷瓊：《論戰後整理貨幣問題》，《金融知識》，1944 年第 3 卷第 5 期；劉覺民：《戰後法幣整理原則之商榷》，《金融知識》，1944 年第 3 卷第 5 期；黃仲熊：《戰後我國貨幣整理之時機與措施》，《金融知識》，1944 年第 3 卷第 5 期；《編者的話：戰後經濟建設，千頭萬緒，莫首要於幣制的整理》，《銀行通訊》，1946 年新 37 期，第 2 頁等。

1月24日，行政院長張群告路透社記者：「政府在考慮中的改幣計劃有兩個以上。」〔註30〕2月12日又對中央日報記者說：「如求幣制問題妥善解決，最好能獲得一筆專用於改革幣制的基金。」〔註31〕

3月4日，全國經濟委員會委員陳立夫對聯合社記者表示：「任何援華計劃，必須包括一可以實行之改革幣制方案在內，中國必須改革幣制，俾可獲得六個月之喘息時期，使全國經濟納入正軌……任何外援，若不包括適當之幣制改革，均不免浪費；改革以後，可使國軍獲得適當之薪餉，士氣振作，不難解決共匪叛亂問題。」〔註32〕

3月12日，蔣介石召見央行總裁張嘉璈，「商決改幣制，准將招商局、中紡公司等國有財產歸中央銀行抵為發行新幣基金之用。」〔註33〕

6月2日，行政院新聞局局長董顯光在新聞記者招待會上稱：「政府早有幣制改革之計畫，惟此項計畫將於何時實施目前尚難奉告。」〔註34〕

6月4日，翁文灝在施政方針報告中強調「整理財政，更應注意根本辦法。舉為要端，如：幣制如何改革，使因確實準備，而得有大眾信用；公債如何改善，使確能實際發行而溝通公私關係；遊資如何使用，引入正當途徑，而停止波動市場；美援如何運用，使確供目前急需而奠定復興始基。凡此各點，均為轉險為夷之關鍵，急需由主管機關，招集專門人員，妥速準備，熟籌方案，於適當時期，逐步施行」，「總之，財政目標，第一步在求得穩定之基礎，第二步即實行革新之方法，必須確具決心。堅毅實行，並望能得立法委員之同情與支持，使府依法進行。克收實效。在此進行程序中，更當持為注重三項辦法：一為金融及外匯之管制，二為輸出入貿易之管理，三為物價之安定。實則此三者，互相關聯，互有影響，必須通盤籌畫，同時並進，方能確見功效。」〔註35〕

〔註30〕《實行幣制改革，時機尚未成熟，張群對路透社記者談》，《中央日報》，1948年1月25日，第2版。
〔註31〕《自助外援互相配合，十項改革逐步實施，改革幣制正向美洽專款，張群否認開發臺灣談判》，《中央日報》，1948年2月22日，第2版。
〔註32〕《箭在弦上的幣制改革》，《觀察》，1948年第4卷第18期，第5頁。
〔註33〕《蔣介石日記》，1948年3月12日。
〔註34〕《改革幣制早有計畫，董顯光拒絕宣佈何時實施》，《大公報》，1948年6月3日，第2版。
〔註35〕《行政院院長翁文灝施政方針報告》，中國第二歷史檔案館：《中華民國史檔案資料彙編》第5輯第3編政治（1945～1949）第1冊，第227頁。

6 月 7 日，新任行政院長翁文灝出席國民黨總理紀念周暨國民黨籍立委聯合談話會說：「改革幣制之方案，目當迅速擬定，以便實行。」〔註 36〕

6 月 10 日，蔣介石在日記中寫道：「經濟危險至此，比軍事更足憂慮。應速謀澈底改革之道，方能挽救此危局。」〔註 37〕

6 月 11 日，翁文灝向立法院作首次施政報告：「挽救財政危機之根本辦法，仍在幣制改革，而如何制定有效改革方法，則尚待研究。」〔註 38〕

6 月 29 日，蔣介石「召見翁院長、王財長商議改革幣制及平定物價之根本辦法」。〔註 39〕

7 月 1 日，蔣介石「召見翁（文灝）、王（雲五）、俞（鴻鈞）協商幣制與平價方針及辦法甚切也」〔註 40〕。

實際上，幣制改革方案真正的起草工作開始於 5 月下旬。張群下臺後，「唯一能被各派接受的行政院長」〔註 41〕翁文灝上臺，王雲五為財政部長，俞鴻鈞再次職掌中央銀行總裁。不久，蔣介石便授意俞鴻鈞和王雲五分別草擬幣制改革方案。俞鴻鈞回到中央銀行後指定中央銀行經濟研究處副處長林崇墉、方善桂、南開大學經濟系教授兼中央銀行顧問的吳大業、中央銀行稽核處處長李立俠組成四人小組研究幣制改革方案，最終形成了如下原則：「（1）在內戰繼續進行的情況下，幣制不宜作根本性的改革；（2）法幣雖已處於惡性膨脹狀態，但只要採取一些輔助性措施，還可以拖延一個時期；（3）當前的關鍵問題在於財政收支相差懸殊。建議擴大採用抗戰前發行關金券辦法，穩定稅收，整理財政。」〔註 42〕另一方案則由「出任財長主持幣制改革的最佳人選」〔註 43〕的王雲五負責。王雲五在外援行不通的情況下，只好選擇在自力更生下進行幣制改革。他認為「一方面固須盡力搜求獲得可能控制的發行準備金，他方面還須配合其他種種措施。所謂配合的措施，便是關於平衡

〔註 36〕 《迅擬改革幣制方案，俾即實行》，《大公報》，1948 年 6 月 8 日，第 2 版。
〔註 37〕 《蔣介石日記》，1948 年 6 月 10 日。
〔註 38〕 《新閣施政方針》，《東方雜誌》，1948 年第 44 卷第 7 號，第 53 頁。
〔註 39〕 《蔣介石日記》，1948 年 6 月 29 日。
〔註 40〕 《蔣介石日記》，1948 年 7 月 1 日。
〔註 41〕 張皓：《翁文灝出任行政院長與國民黨派系權力之爭》，《首都師範大學學報》（社會科學版），2007 年第 1 期，第 41 頁。
〔註 42〕 壽充一、壽樂英：《中央銀行史話》，中國文史出版社，1987 年版，第 63 頁。
〔註 43〕 張皓：《王雲五與國民黨政府金圓券幣制改革》，《史學月刊》，2008 年第 3 期，第 73 頁。

國內收支，平衡國際收支以及管制經濟金融等事項。」〔註44〕他將財政部中關於改革的各種資料和部內外專家的意見加以研究，親自草擬一道《改革幣制平抑物價平衡國內及國際收支》的聯合方案，於 7 月 7 日，提請翁文灝考慮，並呈送蔣總統核奪。蔣介石本人對王雲五的改革方案原則上表示同意，同時指定徐柏園、嚴家淦、劉攻芸三人組成專家小組，與中央銀行總裁俞鴻鈞一起，協助翁文灝和王雲五對這　方案作進一步研究，並草擬各有關方案的詳細方法。對於俞鴻鈞提供的方案，蔣介石則不予採用。

　　7 月 7 日，蔣介石再次召見翁、王「商討改革幣制與管制物價方針甚詳，決定從速實施」〔註45〕。

　　7 月 9 日至 28 日，王雲五、翁文灝、俞鴻鈞、徐柏園、嚴家淦、劉攻芸對王雲五草擬的方案詳加研討。原方案和修改後的方案擇其要點如下表：

表 1-2：王雲五原方案與改後方案對照表

原方案	修改意見
第一條　採行管理金本位制，於最短期內發行新幣	
第二條　新幣單位定名爲中華金圓	中華金圓收爲金圓
第三條　中華金圓與美幣聯繫，每圓與美幣三角三分等值，其含金量爲純金 0.29361 公分	金圓對美元比值請示總統後改爲 4 比 1 〔註46〕
第四條　發行準備爲美金三億	發行準備金由三億美元減爲兩億美元
第五條　爲恢復幣信，暫採十足準備制，發行額按照前條準備，以九億金圓爲限。另發行輔幣一億圓，不需準備	十足現貨準備改爲四成現貨準備，發行限額由九億金圓改爲二十億金元
第六條　金圓券發行，設監理委員會，以財政部長、中央銀行總裁、審計部審計長、立法監察兩院委員代表各二人、外籍顧問二人、全國商會聯合會、工業聯合會、銀行業公會聯合會代表各一人爲委員，按月公佈發行數字及實有準備數量	立法監察兩院委員代表各二人、外籍顧問二人不必加入監理委員會

〔註44〕王雲五：《岫盧八十自述》，臺灣商務印書館，1967 年版，第 495 頁。
〔註45〕《蔣介石日記》，1948 年 7 月 8 日。
〔註46〕美金與金圓券的比率蔣介石曾徵求美國駐華大使司徒雷登的意見，司徒大使主張應以一比四爲宜，要中國考慮。蔣總統當即答稱：「可以」。見《幣制改革前後》，《中國新聞》1948 年第 2 卷第 10 期，第 15 頁。

原方案	修改意見
第八條 所有法幣東北流通券及臺幣,於金圓券發行三個月內,全部以金圓券收兌,逾期作廢	臺幣不必收兌
第九條 金圓券對法幣收兌率爲一圓對一百二十萬元,東北流通券及臺幣照金圓券發行之日各該券對法幣之比率折合收兌	金圓一元兌法幣三百萬元
第十四條 舊銀幣準以每元兌金圓一元,限期收兌,逾期發現一律沒收	銀圓每元兌金圓二元
第二十二條 爲防止大量黃金外幣外匯及外國證券之逃避,應於金圓券發行前若干日,將滬津穗漢四市之商業銀行行庫及各銀行出租保管箱一律暫行封鎖,除行庫即予檢查登記,對上述標的物存封待處理外,所有私人保管箱應令將上述標的登記,必要時得予以抽查	取消此條
第二十九條 貸款政策澈底修正。國家銀行除以收入存款貸放外,絕對不得以增加發行貸放。金圓發行前應暫停一切貸款,以遏漲風。	

資料來源:根據王雲五:《岫廬八十自述》,臺灣商務印書館,1967 年版,第 495～510
頁整理而成。

　　方案修正後,王雲五將修正方案 32 條,按其性質分別草擬 5 種辦法:(1)
《金圓券發行辦法》;(2)《人民所有金銀外幣處理辦法》;(3)《中華民國人民存放國外外匯資產登記管理辦法》;(4)《整理財政及加強管制經濟辦法》;
(5)《金圓發行監理委員會組織規程》。

　　7 月 29 日,蔣介石在莫干山召見行政院長翁文灝、外交部長王世杰、財政部長王雲五、財政次長徐柏園、中央銀行副總裁劉攻芸、臺灣省財政廳長兼美援會聯絡入嚴家淦,商議推行幣制改革事宜,最終形成了下列意見:

　　　　(1)本年八月十五日以前實行金圓本位,每一金圓等於美金二角五分,折合法幣二百萬元。金圓十足準備,限額發行,並設發行準備保管委員會,迅即鑄發銀鎳銅各種輔幣。法幣限於本年十二月底以前全部收回。

（2）黃金白銀外幣鈔券，依法定兌換率，於本年九月卅日以前收兌，逾期私人不許持有。

（3）國人存放國外之外匯資產限期申報，並對匿報者妥定刑事及其他制裁。

（4）參照戰前標準，依法調整稅率，以裕稅收；並嚴定辦法控制支出，期使收支力趨平衡，以穩定幣值。

（5）加強經濟管制及金融管制。輸出入貿易繼續管理。

（6）美援運用以緊縮通貨穩定經濟力爲原則。

（7）文武職人員之待遇改給金圓後，應較現時待遇酌予提高。現行按生活指數給付辦法廢止之。〔註47〕

　　本來蔣介石決定在 8 月 1 日前一日即 7 月 31 日公佈幣制改革，但在莫干山會議上，外交部長王世杰有了新主意。他認爲改革幣制雖然必須實行，但在準備手續方面，尚未完成。在他個人來看，應該多加考慮。他於是將這種意思，對同上山的幾位大員說出後，共同再往謁見蔣介石。當時在早餐結束後繼續開會討論王世杰這項建議。王世杰首先提出在尚未得到美方確實答覆的情況下，如果在將來幣制改革實行以後，美方是否可保證給予援助，還是未知之數。另外，當時國民黨政府作爲國際貨幣基金會股東之一，依照丹麥幣制改革之成例，國民黨政府有權利向該會請求借款 3 億到 6 億美元，如果該會核准後，立刻就可由世界銀行得到是項借款。王世杰提議電告該會，以備將來請求借款之根據，還有，當時美國援華借款部分已動用，如須利用美援物資出售所得之款，以加強經濟改革之基礎時，更應該與有關人員磋商。〔註48〕

　　蔣介石在會議上以王世杰此項意見，徵詢翁文灝等，要他們對此發表意見，當時並無反對的人，於是，「蔣總統就接受了王世杰這次『從長考慮』之意見，而決定於八月一日暫不宣佈，而加速完成各項準備手續，因此，會議結束後，蔣總統也下山到上海巡視一次。對將來幣制改革命令公佈後，上海市場之管理，來一次預先佈置。」〔註49〕

〔註47〕王雲五：《岫廬八十自述》，臺灣商務印書館，1967 年版，第 511 頁。

〔註48〕小克：《新幣制的前前後後》，《新聞雜誌》，1948 年第 1 卷第 8～9 期，第 3 頁。

〔註49〕小克：《新幣制的前前後後》，《新聞雜誌》，1948 年第 1 卷第 8～9 期，第 4 頁。

　　蔣介石由莫干山回南京後，主張最力，而實際在推行幣制改革的翁文灝院長與王雲五部長即刻根據莫干山會議之指示，向美方徵求切實的保證，王雲五以中國財政部長名義於 8 月 17 日晚拍電報給國際基金會，「報告我國改革幣制的綱領」，國際基金會覆電：「基於執行委員會對於貴部長十八日電示貴國採行之改革幣制及與相關措施，業以特殊之興趣，加以注意。本會對於貴國推行此等措施之偉大努力，謹表示極度欽佩。此等措施，就所開示之綱要而論，係向正確途徑進行，毫無疑義。本會深盼貴國今後局勢可使此等措施獲得充分的成功。」〔註 50〕

　　8 月 15 日，幣制改革小組將應行修正的內容和實施前應有的措施，決議了以下幾項：（1）由於日內法幣又急劇貶值，對於金圓的比率，有莫干山會議時定的二百萬比一，改為三百萬比一；（2）在十八日下午三十召集中央政治會議時，上海方面由中央銀行總裁俞鴻鈞召集銀錢業公會，宣佈十九二十兩日銀錢業及交易所暫行停業；其他重要都市，則有財政部電令各地金融管理局分別宣佈；（3）在發佈改革幣制前兩日，由財政部電知國際基金會，以符協定；（4）推定行政院秘書李維果主持改幣宣傳事宜。〔註 51〕

　　8 月 19 日，蔣介石動用「行憲國大」通過的《動員戡亂時期臨時條款》所賦予總統的緊急處分的特權，不經立法院批准，即發佈總統命令形式頒佈財政經濟緊急處分令，正式頒佈了幣制改革方案。此次改革方案主要內容為：

1、發行金圓券，收兌金銀外幣、法幣、東北流通券、關金券等；

2、宣佈金圓券有十足準備，公開發行制度和發行額 20 億的限制；

3、配套的整理財政金融措施，通過力求把稅率提高至戰前水準，限定公教人員工資，出售敵偽物資，出售美援物資等，以平衡國內收支；

4、獎勵輸出，減少輸入，其用意是企圖解決外匯問題，力求國際收支平衡；

5、凍結各地物價及勞務薪資於各地 8 月 19 日價格水準。

　　8 月 21 日，蔣介石又電令各省市政府，曉示此次政府改革幣制穩定經濟之決心，並嚴諭各級地方政府，應自懍職責，執法以繩，如怠忽職守，中央必將予以嚴厲處分，決不稍存姑息，原令如下：

〔註 50〕 王雲五：《岫廬八十自述》，臺灣商務印書館，1967 年版，第 533 頁。
〔註 51〕 王雲五：《岫廬八十自述》，臺灣商務印書館，1967 年版，第 512 頁。

　　各省政府主席，各市政府市長均鑒：中央此次依據動員戡亂時期臨時條款之規定，於本月十九日頒佈財政經濟緊急處分命令及各項辦法，業已通令全國一體實行，此次改革幣制，穩定經濟之必要措施，曾經長期縝密之研究，針對當前國計民生之迫切需要，而審慎訂定，綜其要旨，有應特為昭示者：第一，新幣制金圓券之發行，係以十足準備公開發行，以使新幣制之信用永久確立，第二，人民所有金鈔外幣及存放國外外匯資產之處理，係使人民凍結無用之資產，導入工商事業正當之用途，並充分顧全人民固有之利益，絕無絲毫之損失，第三，整理財政及加強管制經濟辦法，則對平衡收支，穩定物價，促進生產為積極之推動，並對投機操縱囤積居奇諸不良現象，為嚴格之取締，深信循此辦法，全盤實行，不惟民生疾苦，將獲蘇解，即國家大計之財政基礎，亦得安定。各級政府及全國人民必須同德同心，通力合作，俾此重大措施，迅收最良效果，尤其各級地方政府，負有執行之實，應即切實曉喻人民，凡能忠實守法共同努力於新幣制之推行與經濟之安定者，政府自必充分保障其權益。倘有投機囤積，怙惡不悛，欲於違反法令以圖自私自利者，則是自絕於國家民族，無異為奸匪作倀，其罪行即等於賣國之漢奸，無論其憑藉何種勢力地位，各級地方政府，應即當機立斷，執法以繩，嚴加懲辦，不容稍有寬假。所望各級政府切體時需，自懷職責，以決心建立事功，以強力打破障礙，無論遭遇任何困難，中央必為全力主持，設或陽奉陰違，怠忽職守，致法令不能貫徹，或對所屬執行人員監督不嚴，考核不力，致所屬違法舞弊，影響法令之實效者，則各級主管應負失職之咎，中央亦必嚴厲處分，決不稍存姑息，須知中央此次改革幣制，整理財政，管制經濟，實為整個國家民族榮枯禍福所繫，以我國民力之富，地利之厚，我政府各級人員，果能認清法令之精神，抱定堅強之信念，赴以最大之決心，率身作則，發奮圖功，則新幣制與新經濟之成就，決可於最短期間克致自力更生之明效，其各勉之！〔註52〕

　　同日，行政院通電上海市長吳國楨、上海警備司令宣鐵吾、北平傅作義、天津市長杜建時、廣州綏靖公署、廣東省政府以及各省市政府等，希望各省市軍政要員們認真執行，切實辦理，以收鞏固幣信穩定經濟之實效〔註53〕。

〔註52〕北京市檔案館：《北平市財政局轉發財政部關於稅捐收入改用金元券計算辦法和頒發整理財政補充辦法的訓令（附辦法）及市政府新聞處編印的〈財政經濟緊急處理辦法彙編〉等》，檔號：J009－004－00195。

〔註53〕《行政院八月二十一日致各省市政府電》，《行政院通電切實穩定物價》，《工商法規》，1948 年第 24 號，第 839 頁。

第三節　幣制改革後各方的反應

早在 1948 年年初，與官方有關的報紙（如《中央日報》、《新聞報》、《正言報》……）一致主張火速改革幣制，他們把改革幣制手段描寫成無比的魔術一樣，以爲中國幣制一經改革，經濟危機會自然克服。那麼，在幣制改革眞正實行以後，各方反應如何呢？

一、對幣制改革表示歡迎並對幣制改革充滿希望

幣制改革開始後，擁護的聲音也不算少。《中央日報》登載的社論《愛護良好的幣制》一文，認爲「金圓券是健全的幣制之下的良好貨幣。他有十足金銀和有價證券準備，限定的發行數額，公開的監督，嚴格的檢查。這一制度可以保證金圓券決不至有通貨膨脹的危險」，「愛護良幣是政府和人民共同的責任」〔註 54〕；上海《新聞報》社評以《歡迎新幣制》爲題，表明了對新幣制的擁護〔註 55〕；《和平日報》除了發表了讀財政經濟緊急處分的社論，自己表明「金圓券的發行把中國經濟帶上了坦途」的立場外，並且呼籲「政府多方修補」，「人民加以護持」〔註 56〕；《金融日報》社評《迎新幣制》認爲「金圓券準備十足，發行公開，發行限額近乎戰前法幣發行額，此一新幣制的本身，實無可疵議，而其成敗關鍵，則如上所述，金圓券的外價內價，必須能保持穩定而後可。」「我們願金圓券解除法幣所造成的苦難，替中國國家人民創造經濟的新生命，全國同胞，合理爭取新幣制的成功！」〔註 57〕《商報》也表達了良好的願望：「金圓券現在既已發行了，就希望它能夠成爲一種良好的幣制。」〔註 58〕《華北日報》社評指出這是一個溫和的革命。「這是挽救垂危的經濟現狀的一個革命的措施，對於豪門官僚資本以及奸商囤戶一個嚴重打擊，把不正當的經濟畸形恢復爲正常狀態，目的僅在於恢復經濟常態，故革命的方法係溫和的。」〔註 59〕

除了上述部分報紙社評樂觀期望外，一些所謂專家也很樂觀。經濟部參事專家高叔康認爲「政府爲改革幣制，平衡預算而行的新措施，從學理上看，都

〔註 54〕　《社論：愛護良好的幣制》，《中央日報》，1948 年 8 月 21 日，第 2 版。
〔註 55〕　《歡迎新幣制》，《新聞報》，1948 年 8 月 20 日，第 2 卷。
〔註 56〕　《社論：我們幣制改革了！》，《和平日報》，1948 年 8 月 20 日，第 1 版。
〔註 57〕　《迎新幣制》，《金融日報》，1948 年 8 月 20 日，第 1 版。
〔註 58〕　《論金圓券之發行》，《商報》，1948 年 8 月 20 日，第 2 版。
〔註 59〕　《社評：經濟的全盤革新》，《華北日報》，1948 年 8 月 20 日，第 2 版。

是對的，沒有可以非議的地方；只要上下一心，共同努力，一致奉行，就可以得到預期效果」〔註60〕。專家孫俶仁認爲「幣制改革的方案要較過去的方案爲好，因爲它離實際情形相近。」〔註61〕張道潘認爲「在通貨膨脹情形已經非常嚴重的時候，政府毅然實行財政經濟的改革，確是一種勇敢賢明而且必要的措施。」〔註62〕左子英覺得「在通貨膨脹物價劇烈上漲的今天，實行幣制改革，確乎是值得慶幸的事。我們看了政府公佈的各項辦法，也覺得四平八穩，面面俱到。」陳炳奎指出「金圓券是健全的幣制之下的良好貨幣。」〔註63〕淦恩亦認爲「金圓券發行辦法，本身規定，極爲健全。……如能有效配合實施，必可維護新幣制之健全。」〔註64〕重慶綏署主任朱紹良更覺得此次改革「不僅爲解決目前之經濟困難，實爲今後國計民生之長期永久計劃」〔註65〕。

二、對幣制改革表示憂慮並提出批評建議

首都各大學教授邱致中、嚴可爲、徐澄宇等 20 餘人，在幣制改革實行後，特召開座談會，發表意見極多。以下是各教授的共同見解大要：「1.該方案重點之一在平衡預算增加稅收及國營事業盈餘規費收入等項，而其具體辦法即將現在較低之稅率提高恢復戰前標準，稅收與國營事業增加，則物價必隨之上漲。2.一切日用品價格限制依照八月十九日售價不許變動，依前述情形已不可能。況洋廣日用百貨之現價，早已超過戰前標準若干倍。3.在上述情況下，公教軍人薪金和工人生活指數難於支給，彼等爲社會眞正消費者，月得如此之少，社會上購買力將大減退。4.國內人民之金銀外幣須立即收兌，而存放國外者且免予登記，此無異扶植豪貴。5.以金券兌換金銀外幣，仍照法定率一律等值兌換，並無差額，此實爲維持特權階級之特殊利益，殊失改革幣制眞意。各教授並作下列建議：1.持有價值一萬金圓券之法幣金銀外匯者平兌，萬元以

〔註60〕高叔康：《從學理看新措施我們無條件擁護》，《中央周刊》，1948 年第 10 卷第 36 期，第 8 頁。

〔註61〕《專家看新幣制》，《金融日報》，1948 年 8 月 21 日，第 2 版。

〔註62〕余勉之：《首都人士看幣制改革》，《中國輿論》，1948 年第 1 卷第 5 期，第 17 頁。

〔註63〕《「對幣制改革之意見」座談會》，《民生》，1948 年第 1 期，第 32 頁。

〔註64〕鍾淦恩：《新幣制之特質與實施》，《中央銀行月報》，1948 年第 3 卷第 9 期，第 20 頁。

〔註65〕田茂德：《幣制改革後重慶各界的反響》，《金融日報》，1948 年 8 月 26 日，第 3 版。

上者作九、八、七、六折累減兌換，至一定數量以上，則徵百分之百的財產稅。2.貪污集團之外國存款，一律沒收。3.政府徵稅，國營事業，以及各項物價，一律恢復戰前標準，惟日用必需品應降價配售，以及各項物價，一律恢復戰前標準，惟日用必需品應降價配售，奢侈品則高價徵稅。4.政府應善利用金圓券，掌握必需物資。5.公教員工等恃薪給生活者，一律照戰前標準支給。6.國內既收兌金鈔，國外即不應保留相當數額不予登記，而厚此薄彼。7.囤積居奇操縱物價者，視情節輕重懲處，重大者處極刑。8.實行工商業低利貸款。9.重徵財產遺產等稅及發展對外貿易。10.緊縮駢枝機構，裁汰冗員，節約消費，限制支出，以減輕人民負擔。」〔註66〕

《字林西報》認為政府應獲得人民的信任的，重建幣信。「第一點需要獲得者，乃人民之信任。此新幣是否能獲得此種信心，尚待事實顯示。所謂『有計劃之通貨』一語，自戰爭結束以來之一切觀之，實難獲得人民之信任。政府若確實具有百分之百之準備金，則或較有成效，但在折換外匯時仍需要受限制一點，則又表示除百分之百之準備金外，尚需有其他支持。政府必須實施外匯管制以防資金外流一點，表示欲獲得人民對新幣之絕對信任，尚需時日。」〔註67〕朱斯煌則對幣信的建立持謹慎意見。他認為「主要的還是看根本的問題，事實上有沒有澈底解決。而尤其重要的是人民是否真能與政府合作，過去的人民對政府的信任新很明顯的表現了，而金圓又不兌現，以紙幣易紙幣，信用的建立，還需待一個長的時期」〔註68〕。

合眾社華盛頓電認為幣制改革成功需要條件：「第一為減少政府之支出，第二則為增加政府之收入，使預算趨於平衡，否則新幣仍將陷入法幣之舊途。」〔註69〕《大公報》同樣認為「要期待這改革有大成就，必須政府銳意設法做到財政收支的接近平衡，不使新幣重蹈惡性膨脹的覆轍」〔註70〕；《新聞報》也同樣表示「如果財政上不能做到收支平衡，重新建立幣信，則任何新幣都要失敗的。」〔註71〕《金融日報》則對政府能否收支平衡或者有無有效方法解決收支不平衡問題充滿不確定，認為「社會人士對新幣發行最高額的二十

〔註66〕 《首都廿位教授討論幣制改革》，《工商法規》，1948 年第 25 號，第 884 頁。
〔註67〕 《論金圓券——中外輿論集錦》，《展望》，1948 年第 2 卷第 17 期，第 7 頁。
〔註68〕 《專家看新幣制》，《金融日報》，1948 年 8 月 21 日，第 2 版。
〔註69〕 《論金圓券——中外輿論集錦》，《展望》，1948 年第 2 卷第 17 期，第 7 頁。
〔註70〕 《社評：幣制實行改革了》，《大公報》，1948 年 8 月 22 日，第 2 版。
〔註71〕 《歡迎新幣制》，《新聞報》，1948 年 8 月 20 日，第 2 版。

億金元，及券上未印明金元字樣，頗多不甚瞭解者，因此恐懼名爲金圓券，而券面未明示金元，且發行限額甚巨，仍然有膨脹貶值的可能。按諸實際，今後金圓券的是否金元及是否仍將膨脹貶值，其主要關鍵，在政府今後有無切實方法使財政支出不敷時，不再走增加發行的舊徑，對新幣發行，加以有效的控制，縱然有最高發行限額的規定，亦應以保持收回舊法幣的總額作爲基準，切不可超過此項基準，任意增發」〔註72〕。

《商報》對於改革幣制充滿憂慮。「因爲戡亂而改革幣制，所以幣制改革之後，還是要實行戡亂的。事實上戡亂乃是穩定幣值的最大破壞者，兩者其實是互爲水火而十分矛盾的。照我們的想法，爲了有效的改革幣制，就不應該有最大浪費的戰事存在，但這如何辦得到？現在政府把金圓券建築在戡亂目的上，硬把矛盾的兩個因素想湊合，這又如何能令人不爲之擔憂！」〔註73〕《金融日報》對改革幣制同樣抱悲觀態度：「我們歡迎此一新幣制時，鑒於十年來財政經濟痼疾之深，政府機關行政效率普遍低落，以及內亂軍事之無法中止，軍費支出之龐大，對於新幣制成功之可能性，實仍不能免於憂懼之情。」〔註74〕美國財政當局亦認爲「中國改革計劃或許是經濟轉好之一階段，但是此對解決整個國家幣制問題尚有疑問」〔註75〕。

天津《益世報》社論也指出：「龐大的軍費支出，急如星火，向以增發通貨爲挹注，今後是不是另有點金之術呢？這便是問題之焦點，也是需要財政當局努力克服的。如果軍費仍然依靠發行彌補，那麼金圓不久會與關金同一命運。關金券的含金量起初是 0.6018 公分，民國三十一年政府爲喚起人民對法幣之信心，曾將關金券之含金量提高至 0.8886 公分，即與美元之含金量相等，並規定關金一元等於美金一元，合法幣二十元。它的含金量四倍於新金圓，然而曾幾何時，關金慘跌。」〔註76〕嚴仁庚則認爲「不幸這次政府所頒的新辦法，却又替通貨膨脹另外敞開了一扇大門，足以影響到改制的成功。因爲按《人民所有金銀外幣處理辦法》的規定，人民持有的一切黃金白銀銀幣及外幣，均須兌換新幣。……不僅已禁止金銀外幣的買賣，又且準備將金

〔註72〕 《金圓券發行技術問題》，《金融日報》，1948 年 8 月 21 日，第 1 版。
〔註73〕 《論金圓券之發行》，《商報》，1948 年 8 月 20 日，第 2 版。
〔註74〕 《社評：迎新幣制》，《金融日報》，1948 年 8 月 20 日，第 1 版。
〔註75〕 天津檔案館館藏：《美國人士對中國幣制改革簡短評論》，檔號：401206800－J0025－2－000615－009。
〔註76〕 徐景星：《大刺激的小反應——北方對改革幣制的反應》，《金融日報》，1948 年 8 月 25 日，第 3 版。

銀外幣全部收歸國有，此其效果，不只於一方減少貨幣購買的對象，一方又放出大量的新貨幣，對於物價，將要增加雙重的壓力，使欲維持物價平穩，更增困難。」〔註77〕

《中央日報》社論則指出政府應該指定社會政策與之相應，才能保證成功。「這次幣制改革具有社會改革的性質。政府必須採取為多數人的利益而抑制少數人的社會改革政策，與幣制改革同時並進，這才是幣制改革成功的保證」〔註78〕。

重慶的幾位經濟學家對於「幣制改革」方案都沒有太多的樂觀，但都給出了建議。重慶大學商學院長陳豹隱說：「如果一定要使金圓券獲得預期的效果，最有的辦法是：（一）管制物價，（二）減少開支，（三）增加收入，不過這些在《整理財政及加強管制辦法》上沒有嚴格的規定。」關於物價，陳豹隱的看法是：「美金和外匯辦法既經固定，國內物價的漲是自然地。抑制物價最有效的辦法是拋售物資，如民間日用品：棉紗、布疋、米、麥等，拋售以後，物價可以暫時壓下去，但是拋售的結果使一批有錢的人，如豪門資本之流賺了便宜，他們獲得物資以後，暫且囤積起來，時機成熟時，再用高價賣出去，如是物價又開始漲。」……對於新幣和舊幣的兌換，他主張「差額兌換」。重大經濟學教授李紫翔說：「新方案中缺乏平衡社會財富這一項作用。」〔註79〕

此外，對於幣制改革能否得到美國的援助，國際上存在著猜測和疑慮。日本東京銀行經理新亞社採訪稱「中國之幣制改革，自經濟情勢觀之，似尚屬過早，惟若有美國援助，將可維持，其發行額為二十億元，準備金需五億之金銀外幣。現中國政府保有者僅二億，尚需二億乃至三億之穩定通貨準備，關於此二點中美間大概業已商妥。」但實際上，美國國務院稱「事前中美兩國並無任何有關幣制改革之交涉。」〔註80〕《英倫觀察報》也證實了這一點：「中國政府已實施一種金本位之新幣制，即有十足準備之『金圓券』，每一金圓約值一先令二便士半，此與戰前之比值相當，然問題重在中國處目前之局

〔註77〕 嚴仁庚：《論這次的「改革幣制」》，《經濟週報》，1948 第 7 卷第 8 期，第 11 頁。

〔註78〕 《社論：財政經濟緊急處分──幣制改革與社會改革之並行》，《中央日報》，1948 年 8 月 20 日，第 2 版。

〔註79〕 張慶天：《「幣制改革」的反響在重慶》，《經濟週報》，1948 第 7 卷第 9 期，第 13 頁。

〔註80〕 天津檔案館藏：《美國人士對中國幣制改革簡短評論》，檔號：401206800－J00 25－2－000615－009。

勢，是種改革能否『行得通』耳，眾信中國在紐約有準備金一億二千四百萬元，倫敦方面認爲中國尙亟需美國之支持，然迄今美國仍無願予繼續協助之徵象。」〔註81〕

三、直言幣制改革將繼續法幣的老路，必將失敗

《國民公報》在 21 日《幣制改革以後》的社論指出：「新幣制仍然是紙幣本位制」，「與舊的法幣毫無二致。」〔註82〕《商務日報》亦認爲：「政府將物價定一標準價不准上漲，這是一句空話。」〔註83〕《金融時報》認爲「金圓將與法幣同一命運」。1948 年 8 月 24 日，該報貨幣市場編者曾有這段評述：「中國通貨改革的全面反應，是令人懷疑的。我們必須指出：這整個計劃實際上並非新創。我們耽心：如果沒有其他有效的措施，金圓將與法幣同一命運。單單通用一種新的計算單位，並不能解決中國的問題，更不足恢復它的經濟健康。和平比任何東西都重要，它是達到這個目的的第一個先決條件。其次，要有一個進步而有效率的政府，並且要有平衡財政收支的決心，不再依賴印鈔機器。總之，以一種通貨來換取另一種通貨，是不會樹立起信用來的，這信用，對中國卻是極其必要的。」8 月 30 日，該報復以《計劃在考驗中》爲題，詳加檢討。開首就說：「這是不是能解決通貨與外匯問題……那只有聽命於上帝了！……所謂新通貨，仍只是一張紙幣而已！雖說，它有百分之百的準備，但其中的百分之六十，實爲一堆混肉！同時，新通貨在國內又不能自由兌現。……據一位在中國多年最近剛回到倫敦的權威觀察家看來，這次改革的結果，實不容樂觀。帳面上少了好多圈，看起來很順眼，暫時也許可有一點信用；然而，如果新措施不能迅速見效，他（指這位觀察家——筆者）懷疑中國政府能夠得到勝利。」這位觀察家認爲：「大筆的外援、財政收支完全平衡、恢復和平與解決政治糾紛，是新通貨免於重蹈覆轍的主要的先決條件。」〔註84〕

〔註81〕《論金圓券——中外輿論集錦》，《展望》，1948 年第 2 卷第 17 期，第 7 頁。
〔註82〕田茂德：《幣制改革後重慶各界的反響》，《金融日報》，1948 年 8 月 26 日，第 3 版。
〔註83〕田茂德：《幣制改革後重慶各界的反響》，《金融日報》，1948 年 8 月 26 日，第 3 版。
〔註84〕中國人民銀行總行參事室：《中華民國貨幣史資料》第 2 輯（1924～1949），上海人民出版社，1991 年版，第 593 頁。

　　香港人士對此次改革幣制同樣不看好。章乃器先生談幣制改革:「這次幣制改革是南京政府日暮途窮,狗急跳牆的做法,不但膽大,而且妄爲。過去南京政府有好多次改革幣制的機會,任何時期條件可以說都比現在要優越,但爲什麼宋子文張群時代不敢改,而輪到現在翁文灝來改呢?這就是因爲宋子文張群還多少有點顧忌,他們還不敢冒這樣的大不韙,他們多少還想對法幣對新幣要交代得過去。而現在呢?眼看經濟總崩潰即將到來,南京政府決不肯眼看著經濟的崩潰而促使軍事崩潰,以致整個政權垮臺,於是不顧一切,來這一手,以拖延經濟總崩潰的到來。……所以這次幣制改革,完全是被動的,實逼處此的,孤注一擲的翻戲黨做法。」〔註85〕「至於知識份子,則簡直對此次『幣制改革』下了一個悲觀的結論,他們認爲這樣的『幣制改革』,不但無補於經濟現實的好轉,反而適足以加深經濟危機的更接近於崩潰。」〔註86〕

　　美聯社上海二十日電:「上海將行使新幣,但將與舊日無異之頭痛之事──通貨膨脹。政府公佈新金圓券以代替幾已不值錢之國幣,上海商界人士即有此一致見解。」此間著名金融界人士艾拉也表示「一張紙改變爲另一張紙,並無區別。」上海美國銀行行長又稱:「新改革方案,並非解決辦法。此種行動,係政府被迫不顧良好之建議而實施者。」所有金融界均認爲:「新條例對於中國經濟情況之改進殊少希望。伴隨新幣而來之限制措施,證明新鈔缺乏健全之財政準備。」某美國銀行家稱:「如新幣一如昨晚政府發言人董顯光所稱有百分之百之準備金,當無需禁止持有外鈔矣。如有充分之準備,新鈔在自由市場上當能自有其市價。」外匯界高級人士稱:「在中國現狀下,關於任何財政方案須加考慮之最重要因素之一,即爲整個社會之反響。而中國人之反響必爲:『紙幣愈多,吾人其遠避之。』與新鈔同時頒佈之限制條例,顯示新鈔將須以武力支持,蓋因過去經驗已證明,一般民眾在通貨膨脹之心理下,拒絕自動與任何限制措施合作故也。」〔註87〕

〔註85〕　《香港各界對於「幣制改革」的觀感(綜合報導)》,《經濟通訊》,1948 年第
　　　　　3 卷,第 33 期。
〔註86〕　林變環:《香港經濟現況的剖析》,《經濟週報》,1948 年第 7 卷第 9 期,第 9
　　　　　頁。
〔註87〕　《上海中外商界金融界人士認爲行使新幣將依舊通貨膨脹》,金烽等:《國內
　　　　　幣制改革與工商業》,南方論壇社,1948 年版,第 40 頁。

　　《泰晤士報》：「通貨膨脹仍難避免」。8月25日，《泰晤士報》經濟版編者以《中國新通貨》為題，曾有一篇較長的評論，摘譯如下：「第一件事要注意的，就是新的貨幣單位，仍為一種紙幣。……第二件事應該認清的，就是中國的現狀，並無基本的變化，中國政府仍只控制全國領土的一部分，並且正與共產黨在廣大省區進行戰爭。所以，中國政府還不可能以它的經常收入，來彌補軍事上及其他方面的支出。……在現在的內戰狀態下，如果能以收入彌補百分之六十的支出，已是上上大吉了，這一定不會有光明的遠景。在將來，通貨膨脹的避免，仍無法成功。」該報關於金圓券的兌現問題，亦加論述說：「據稱新幣具有百分之百的準備，然而，準備的一大部分是國有事業的財產，而現金準備（即黃金、白銀與美元）至多不過佔了百分之四十。這將使中國政府當局陷於進退維谷之境。假如中國政府決定出售黃金與美元以換取金圓券，並出售金圓券以換取黃金與美元，他們（指中國政府——筆者）將會遭遇一種危險，即大批現金準備很快就會喪失。除非有一筆極可觀的美國借款，充作外匯平準之用，否則，是難於防止這種危險的。這筆借款，據說中國政府正在商借中。如果沒有辦法能使金圓券在國內自由兌現，中國人民對於新幣不久就將失去信心。這樣，過去的物價飛漲，又將重現。」最後，該報鄭重指出：「根據報導，大部分流入中國民間的新金圓券，已經投資到商品市場上去了——這是一個很嚴重的徵兆！」〔註88〕

　　《華盛頓郵報》在一篇社評中曾論及中國的幣制改革稱：「很明顯的中國政府現在以新的面目出現，準備爭取美國的經濟援助，希望達到過去從來不曾達到的目的：平衡預算。」但是自從內戰爆發之後，軍隊沒有整編減縮卻在無限制的擴大。在這種情形之下，任何的幣制改革將必然失敗。至於所以要在激烈的內戰之中實行這種幣制改革，那不還是給美國的財主看一個好臉子：表示他的好心腸，此外不會有其他理由。除了內戰之外，同時還缺少幣制改革成功的其他條件：一個能產生效果的健全的政府，平衡的預算和稅收制度。所可能預料的和中國人民所想像的是這種幣制只不過是用個相當時候罷了。該社論繼續說：「中國政府怎麼能希望穩定這種幣制呢？從前貨幣的發行還有金本位作支持，而南京現在發行金圓券所發表的百分之百準備金的支持卻是離事實太遠了。在他的準備金裡，除金、銀和外匯之外，還有出國營

<hr>

〔註88〕中國人民銀行總行參事室：《中華民國貨幣史資料》第2輯（1924～1949），上海人民出版社，1991年版，第591頁。

事業的財產，這些財產準備換成現金的。可列是有誰去買下這些國營機關呢？用什麼錢呢？這種新幣的支持實在是有等於無的。」〔註89〕

《大陸報》則認爲「這一次新的改革，政府同時宣佈了禁止人民持有金銀外幣，看起來似乎政府很少注意到怎樣去建立或恢復對貨幣的信心，甚或是缺乏了這樣一個信心。中國既不能平衡她的預算又不能平衡她的國際貿易，在國內她又不能生產或進口足夠的物資去滿足全國的需要，這結果在國家的經濟上形成了一個大傷疤，走私猖獗不得不繼續借助印鈔機來膨脹發行。在這種情況之下，沒有一種幣制能夠長命。如果不能做到平衡國際貿易，平衡國家預算，那末『金圓券』就將無成功的希望。」〔註90〕

以上是部分新聞界的看法和採訪有關專家的看法，實際上國民黨高層亦有很多充滿悲觀甚至是直接反對的。例如「當時最高當局，曾將此意電告遠在美國「休養」的孔祥熙博士，徵求渠個人對幣制改革之意見，呼籲他無論如何，予以協助，但他的回答是反面的，他不同意立刻改革幣制，至於協助方面，那就不言而知了。」在宋子文方面，「蔣總統特地派總統號專機到廣州迎接他來京，滿希望不反對這次幣制的改革，但是出乎意料之外，他和孔祥熙博士之意見，完全一致」〔註91〕。徐永昌亦對此次幣制改革「不敢樂觀，看看再說」；「無絕對負責限制發行之可信的條件。在今日內亂之下，生產事業不能增進，交通破壞不已，稅收難於激增，尤其軍費不易限制，以過去失信到極點的政府，僅僅以此而欲改革幣制，達成願望，眞有令人不敢置信者。」〔註92〕此外，前已述及國民黨中央銀行前總裁張嘉璈、上海市市長吳國楨等均對幣制改革持保留意見。

8 月 31 日，蔣介石在日記上寫下了悲涼的一句話「凡自稱財政與經濟專家者皆持反對，不惟懷疑，而且預料必立見失敗」〔註93〕。

從幣制改革後各方的反應看，對幣制改革充滿悲觀色彩的聲音顯然佔了多數，這一方面是幣制改革並不具備穩定的政治環境，「是完全處於被動地位

〔註89〕 《改革幣制輿論選輯》，《經濟通訊》，1948 年第 3 卷第 34 期，第 1068 頁。
〔註90〕 《論金圓券——中外輿論集錦》，《展望》，1948 年第 2 卷第 17 期，第 7 頁。
〔註91〕 小克：《新幣制的前前後後》，《新聞雜誌》，1948 年第 1 卷第 8～9 期，第 4 頁。
〔註92〕 徐永昌：《徐永昌日記》第 9 冊，1948 年 8 月 20 日，中央研究院近代史研究所，1990 年版，第 113～114 頁。
〔註93〕 《蔣介石日記》，1948 年 8 月 31 日。

的最後一着棋子，消極意義大於積極意義。」〔註 94〕另一方面更是幣制改革方案沒有集思廣益，進行深思熟慮的研究，倉促形成，很大程度上單憑領袖的意志決定貨幣政策所致。

〔註94〕陶啓浩：《對於新經濟改革方案的看法》，《中國論壇》，1948 年第 1 卷第 5 期，第 5 頁。

第二章　幣制改革的兩大舉措

　　王雲五對幣制改革方案中發行準備與金銀收兌兩大舉措最為得意，實則這兩項政策皆存在錯誤。根據當時已傳入中國的貨幣數量論學說特別是費雪（Irving Fisher）的貨幣數量公式分析，由於新幣制既非金本位、銀本位、金匯兌本位或虛金本位等，所以根本用不著發行準備，國民黨政府以所謂十足準備而沾沾自喜的陳舊落伍的貨幣思想觀念，足以敗事。20 億的發行限額是荒謬的，在理論上站不住腳，在實施兩個多月後便宣告破產。最為要命的是金銀收兌政策。金銀收兌政策主要有三方面的影響：一方面黃金、銀元、美鈔收兌沒有採取類似歐洲等國幣制改革那樣的差別收兌和存款的凍結，作為價值儲藏金銀收兌後增加了數量龐大的籌碼；一方面黃金美鈔所定兌換率太高，而銀元的兌換率則偏低，這對於豪門富人有利，而有損中下階級的利益；一方面則由於王雲五等在制定政策時以上海的黑市金銀價格作為全國統一收兌金銀的標準，沒有考慮到其他區域，但因物價各地不同，匯率各有高低，收入金銀外幣兌換金圓券時，各地物價也向上海的金銀外幣收兌價看齊。此外，金銀收兌的延期還顯示了政府言而無信的一面，這一定程度上動搖了幣信。在國民黨政府的強制收兌的政策之下，中央銀行收進金鈔共計大約二億美元。這筆財富後來大部分被蔣介石運到了臺灣。〔註 1〕

　　金銀外幣收兌得到兩個直接的結果：一是使許多持有少量黃金以勉維生活的人民，受到重大損失；二是金圓券流出太多，成為了游資，這些游資得不到很好的出路，便釀成了新的膨脹和爭購物資的風潮。

〔註 1〕 詳見吳興鏞著：《黃金秘檔──1949 年大陸黃金運臺始末》，江蘇人民出版社，2009 年版。

第一節　荒謬的發行準備與發行限額

一、新幣制的本質

金圓券的十足準備、公開發行制度和發行額的限制是財政部長王雲五所特別強調的優點，也是政府為了穩定幣值，確立幣信的措施。翁文灝指出「少數不肖商人，競圖眼前私利，投機囤積，推波助瀾，形成心理上之無謂恐慌，致物價上漲之速度，遠過通貨增發之比例，致動搖貨幣信用」，「改革幣制之方法，自應以恢復人民對貨幣之信心為首要。」〔註2〕王雲五也曾公開宣稱法幣之所以失去人民信心，主要的原因就是由於準備沒有確定和發行沒有採取公開制度；現在金圓券為了爭取人民的信心，重建幣信，於發行開始的時候，就確定充分準備，建立公開發行制度，並嚴格限制發行數額，並專門成立了金圓券發行準備監理委員會。

要想深入理解發行準備，必須瞭解新幣制的本質究竟是什麼。新幣制本質或者說性質是什麼呢？

一、金本位嗎？按照緊急命令中《金圓券發行辦法》第一條的規定，「中華民國之貨幣以金圓為本位幣，每圓的法定含金量為純金 0.22217 公分，由中央銀行發行金圓券，十足流通行使」。《財政經濟緊急處分令》正文第一條亦指明「以金圓為本位幣」。照這條文看起來，新幣制應該是金本位制度。可是看到《人民所有金銀外幣處理辦法》中規定一切黃金、白銀、銀幣及外國幣券，在中華民國境內禁止流通、買賣或持有，並由政府限期收歸國有或折合美金存儲，則知其既非金幣本位制，又非金塊本位制了。因為金本位的基本特點是：金幣可以自由鑄造、自由熔毀；金幣的價值與其所包含的黃金價值保持一致；輔幣或銀行券可以自由兌換金幣；金幣具有無限法償能力；黃金可以自由輸出入。在金幣本位制下，儘管有的國家也鑄造銀幣，但銀幣的鑄造受到限制，且銀幣具有有限法償能力，從而不像複本位制下那樣與金處於分庭抗禮的地位。當然，王雲五自己也「不主張採行金本位或銀本位，因為我國並非產金或產銀的國家，甚至向來採行金本位的國家，如英美等，自第一次世界大戰以來，業經先後停鑄和停兌本位銀幣。」〔註3〕

〔註2〕　《關於財經緊急處分之談話》，《工商法規》，1948 年第 24 號，第 850～851 頁。

〔註3〕　王雲五：《岫廬八十自述》，臺灣商務印書館，1967 年版，第 499 頁。

二、銀本位嗎？雖然金圓券的百分之四十現金準備中有一部分以白銀充之（《金圓券發行辦法》第八條），但根據銀本位的基本特徵：白銀作爲本位幣的價值與其所含白銀價值相等；銀幣可以自由鑄造；貨幣代表物可以自由兌換銀幣；銀幣具有無限法償能力；白銀和銀幣可以自由輸出、輸入等。因而明顯看出《金圓券發行辦法》中只是輔幣有銀幣，顯然白銀不是幣值的標準或其基礎，所以這斷然不是銀本位制。

三、金匯兌本位制或虛金本位制嗎？又不是。金匯兌本位制的基本特點是：國內不鑄造，也不使用金幣，只流通價值符號；價值符號只能購買外匯，即可以兌換金塊的外匯；金匯兌本位制國家的通貨同一個金塊本位制國家的金幣保持固定比價，並在後者存放外匯或黃金作爲外擴基金，以便隨時出售來穩定這一固定比價。因爲金匯兌本位制對某一外國的金幣或虛金本位制對某一虛擬的金幣，可以無限制以國外匯兌方式買賣的，並且金子也不禁止人民買賣或持有。幣制改革中雖也有一虛擬的金幣單位，可是金圓券只將金子兌進而不兌出，而對外幣匯兌亦不能按一定比率無限製買賣。因此這又不是金匯兌或虛金本位制了。同時，雖然按照條文及金含量計算一美元可兌四圓金圓券，可是沒有無限制兌換的規定，這也不是匯兌本位制，與 1935 年可以無限制兌換外幣的法幣制度截然不同。

四、不兌現的信用貨幣制度（紙幣本位）嗎？不兌現的信用貨幣制度是指以紙幣爲本位幣，且紙幣不能兌換黃金的貨幣制度。其基本特點是：（1）不兌現的信用貨幣，一般是由中央銀行發行的，並由國家法律賦予無限法償的能力。（2）貨幣不與任何金屬保持等價關係，也不能兌換黃金，貨幣發行一般不以金銀爲保證，也不受金銀的數量限制。（3）貨幣是通過信用程序投入流通領域，貨幣流通是通過銀行的信用活動進行調節，而不像金本位制度那樣，由金幣自身進行白髮地調節。銀行信用的擴張，意味著貨幣流通量增加，銀行信用的緊縮，則意味著貨幣流通量的減少。（4）這種貨幣制度是一種管理通貨制度。一國中央銀行或貨幣管理當局通過公開市場業務、存款準備金率、貼現政策等手段，調節貨幣供應量，以保持貨幣穩定；通過公開買賣黃金，設置外匯平準基金、管理外匯市場等手段，保持匯率的穩定。（5）貨幣流通的調節構成了國家對宏觀經濟進行控制的一個重要手段，但流通界究竟能夠容納多少貨幣量，則取決於貨幣流通規律。當國家通過信用程序所投放的貨幣超過了貨幣需要量，就會引起通貨膨脹，這是不兌現的信用貨幣

流通所特有的經濟現象。（6）流通中的貨幣不僅指現鈔，銀行活期存款也是通貨。根據以上特點，幣制改革方案裏金圓券的規定裏規定了金圓券的法定含金量爲純金 0.22217 公分，且發行準備中必須有百分之四十爲黃金、白銀及外匯，且硬性規定發行總 20 億金圓，則可知其又非紙幣本位。

那麼，此次幣制改革究竟是什麼貨幣制度呢？金圓券「既非金本位，又非虛金本位，也不是管理通貨，乃是一種試驗性質的貨幣制度」〔註4〕，「貨幣史中尚無先例可援。」〔註5〕由於金圓券是不兌現的紙幣，如果沒有限額規定的話，實質上就是不兌現的紙幣本位，如果硬要歸類，金圓券可以算作變相的管理通貨。「既然是變相的管理通貨，金圓券既不能兌現，準備的充實與否，並無什麼實際意義。……一種紙幣價值之能得到穩定，決不在其理論上有無準備與有無限額，而在它能否超然獨立，不去做財政上的一種濫用的工具。」〔註6〕由此可見，紙幣的發行量同準備金就沒有任何關係，主要靠的是政府的信用和市場上所需的貨幣量、流通速度、商品價格、商品數量等因素了。「其價值基礎存在於流通信用與發行關係上面，同時金圓券之前途亦繫於二者之上，至於準備之足否與有無，無關宏旨。」〔註7〕

二、發行準備及發行限額

我們再回到王雲五所特別強調的十足準備、公開發行和發行限額。

先看十足準備。莊智煥指出：「政府以新幣爲十足準備而沾沾自喜，此種陳舊落伍的貨幣思想，足以敗事。」〔註8〕劉滌源也認爲「對於發行準備之最主要的也是最普遍的錯誤看法，爲認定發行準備與貨幣價值之間有一種直接的關係存在。抱此種看法的人，忽視貨幣數量與貨幣價值之間的關聯性，而認定由發行準備即可直接的支配貨幣價值。」〔註9〕那爲什麼會有這樣的認識呢？

〔註4〕 洪葭管：《中國金融史》，西南財經大學出版社，1993 年版，第 387 頁。

〔註5〕 丁洪範：《新幣制的本質》，《創進周刊》，1948 年第 1 卷第 16 期，第 7 頁。

〔註6〕 嚴凌：《看這次的「幣制改革」》，《經濟週報》，1948 年第 7 卷第 8 期，第 6 頁。

〔註7〕 《復旦大學經濟研究所幣制改革座談會》，《商報》，1948 年 9 月 8 日，第 4 版。

〔註8〕 莊智煥：《從戰後各國貨幣改革的經驗看金圓券》，《銀行週報》，1948 年第 32 卷第 47 期，第 8 頁。

〔註9〕 劉滌源：《發行準備與貨幣價值》，《經濟評論》，1948 年第 3 卷第 5 期，第 7 頁。

首先，所謂「十足準備」這個名詞是否通順尚屬問題，縱覽世界各國幣制，所謂「實足準備制」是紙幣的發行超過某一個特定的限度，再要增加發行時，每增加發行一英磅（或美元……），必須具有價值一磅（或美元……）的黃金作為準備，所以這個「實足準備」就表示百分之百都是現金準備。而金圓券發行制度以 40%為現金準備，以 60%為保證準備，這叫做「比例準備制」。所以金圓券硬說是「十足準備」，顯然是有些毛病的。其用意是設法取信於人民。但是徒有「十足準備」這個炫耀的名稱，事實上雖有準備而並不兌現，那麼其所謂「準備」，與實際有價值的東西並無必然聯繫，金圓券的價值還是維持不了的。這就是金圓券雖可以兌換金幣，但是如果眞正金圓券的數量過份多的話，還是一種「通貨膨脹」，物價依然要漲的。何況金圓券僅以「十足準備」等空洞名字企以取信於人，實際上持有金圓券連硬幣也兌不到。

其次，由於金圓券並非金本位，金圓券的發行準備中現金的準備占 40%。即政府每發行一圓的金圓券便須保有價值四角的金圓券的準備金。假令政府發行 20 億元的金圓券，那麼，它便須保有價值 8 億的黃金，白銀和美鈔來作準備金了。8 億的金圓券依照 4：1 的比率，應該折合美金 2 億元。也就是說，政府如發 20 億的金圓券便必須有價值 2 億美金的現金準備。「從經濟的常識上說，這種規定完全是荒謬的。現代的貨幣學者幾乎無一不在批評政府在發行鈔票的時候，須要百分之若干的黃金，白銀和美鈔來作準備金。因為黃金，美鈔和白銀，假如不把他們來為現金的準備，他們原是可以用來作為購買外貨之用，償付外債之用，向外投資之用，或發展本國的工業製造之用。可是一旦把他們用來作發行準備了，所有這些用途通沒有了。此後他們的唯一的用途就是放在那裏永遠不動，爲的是用作鈔票發行的準備金。除此之外，可謂一無用處。」〔註 10〕

再次，根據貨幣數量論等專家如近代研究貨幣價值者費雪（I.Fisher）等的研究，根據貨幣數量 M，貨幣流轉速度 V，商品交易額 I，物價 P，所得費雪方程序如下：

$$PT = MV \text{ 或 } P = MV／I$$

由此方程序可知物價與貨幣數量及貨幣流轉速度成正比例，與商品交易額成反比例。故只要貨幣數量、流轉速度，與商品交易額不變，則物價無漲

〔註 10〕 樊弘：《評金元券發行條例中的準備條款》，《中建》，1948 年第 1 卷第 4 期，
　　　　第 8 頁。

跌之變化，幣值亦穩定矣。費雪並未提及準備金之充足與否，故只要政府能控制發行，無準備金幣值亦能穩定。

除了費雪的貨幣數量公式外，「馬夏爾（A.Marshall）與拔古（D.Pigou）之學說亦與之大同小異，謂一定社會，於一定時期內所需貨幣數量一定，過多則爲通貨膨脹，不足則周轉不靈。以 H 爲代表一定社會之資源，K 代表資源與一定比例之貨幣之比率，M 代表貨幣數量，P 爲每單位貨幣之價值，而得一方程序：p＝HK／M」〔註11〕此方程序表明，貨幣價值與貨幣數量成反比例，與該社會的資源成正比例。

由上面諸學者的意見，我們可知貨幣價值之能否穩定，不在準備金之多寡，而在貨幣數量是否適應該社會之需要。具體到金圓券，其本身沒有任何實質價值。金圓券之所以有價值，決非由於金圓券具有現金準備。金圓券價值與現金準備之間沒有直接的聯繫。現金準備中金、銀、或外幣之有無價值及其價值之大小也沒有直接的關係。現金準備只有通過發行數量，而後可以間接地影響貨幣價值。故直接影響貨幣價值者，非現金準備，而爲發行數量。金圓券制度之穩固與否，不在於發行準備之大量增加，而在於發行數量之有嚴格而適當的調節與限制。

由上可知，十足準備與新幣價值無關。金圓券既然爲「不兌現之紙本位，故其價值，完全聯繫於『管理』之上，與十足準備無關。換言之：既爲不兌現紙幣，則不必有十足準備，縱有十足準備，因其不能兌現，故與幣值之穩定無關；幣值之穩定，須受貨幣數量說所決定。如果物資生產量不增，或市場貿易總量之物資供給量不增，而單方增加貨幣之供給量及其流通速率，則雖有超過十足以上之現金準備；貨幣價值仍將下跌，而物價仍將上漲。」〔註12〕由此而論，收兌金銀外幣，與穩定金圓券價值無關。今後金圓券價值之穩定，全視「管理」如何而定；但管理並非一些法令與警力所能單獨奏效，須視貨幣發行量多寡及其流通速率之快慢而決定。

此外，我們還可以再看兩個例子：先看看埃及。「埃及的通貨，在戰爭全期中，對比英鎊及美元均有其定價。而在戰爭期間，因爲英美均以埃及爲軍

〔註11〕 雷觀新：《金圓券發行後的問題》，《大學評論》，1948 年第 1 卷第 9 期，第 7 頁。

〔註12〕 朱伯康：《金圓券與國際貿易》，《進出口貿易月刊》，1948 年第 1 卷第 4 期，第 7～8 頁。

運站，以其物資及勞役之所獲，黃金及外幣的儲藏量增加了六倍，銀行鈔票的流通量，不過增加四倍。

1945 年 8 月（單位：一百萬英鎊）

銀行鈔票的流通	黃　　金	外　　匯
123.7	6.3	138.7

　　計算一下其銀行鈔票的流通，尚少於現有的黃金及外匯，但其 1944 年 8 月的物價，比 1939 年上半年的價格提高 314 倍。儘管黃金及外幣儲藏之增加，國際收支的盈餘，以及對比美元定價的未變，仍不能使物價不漲。其原因即是埃及變爲英美在非洲的軍事根據地，經常給養英美的軍隊，使埃及物資枯竭，物價不得不漲。1945 年 11 月，埃及政府以高出埃及鎊市價兩倍的價格，把金塊換成銀行鈔票，企圖收縮流通中的貨幣，結果並不能平抑物價。這個實例，很足說明黃金祇能在國際收支不足時，保證幣值不跌，倘若幣值跌落，起於內在經濟的原因，即是在物資極貧乏時，黃金也不能使物價不漲。」〔註13〕另一例子爲「戰後法國擁有二百二十億佛郎的黃金，仍然不能阻止貨幣之貶值。」〔註 14〕所以，從理論上講，所謂十足準備說不通，從幣制改革角度講，收兌民間金銀外幣充作所謂的準備金也沒有必要，金銀外幣，本來在人民手中成爲凍結的儲蓄，現在一經掉換，便變成遊資了，遊資向著有利的途徑，爭購物資，於是掀起了物價高漲的狂瀾，並導致了搶購風潮。

　　再看公開發行。公開發行的具體措施是設立金圓券發行監理委員會。對於這一問題，張秀莉有深入的研究，她認爲金圓券發行準備監理委員會「在成立之初即遭到人民的質疑，在後來的具體工作中，其委員雖曾力圖按照規定履行發行準備的一角保管和檢查監督等職能，終因各方掣肘和政府的失信而成爲虛設。」這一機構雖爲確立新幣信用而設，但從發行準備管理的實際來看，非但沒有發揮應有的職能，反而成爲檢驗政府屢次失信的晴雨錶。〔註 15〕

〔註 13〕 蔣勻田：《新幣制成敗關鍵何在？》，《再生周刊》，1948 年第 232 期，第 4 頁。
〔註 14〕 非洋：《論幣制改革與經濟管制》，《工業月刊》，1948 年第 5 卷第 9 期，第 3 頁。
〔註 15〕 張秀莉：《金圓券發行準備監理委員會述論》，《民國檔案》，2008 年第 4 期，第 122 頁。

　　實際上，1935 年 11 月實行法幣政策的時候，當局爲了爭取人民對法幣的信心，也曾採取十足準備與公開發行制度：現金準備占 60%，保證準備占 40%。金圓券發行辦法所強調的現金準備還沒有當時的法幣來得充足。對法幣發行與準備數額，當時國民黨政府規定每週檢查一次，檢查結果均在報上發表，以取信於人民，檢查制度布置得比現在一月公佈一次還要周密。1937 年抗戰軍興，爲了配合軍事的需要，法幣發行的檢查報告也就停止發表。由此看來，就發行和準備而言，金圓券和法幣本質上是沒有分別的。

　　最後看看發行額的限制。根據《金圓券發行辦法》第九條「金圓券發行總額，以二十億元爲限」，那麼這 20 億元爲什麼要確立，又是怎麼確立的呢？按照王雲五的說法，他自始至終認爲新幣之成功失敗「與充分準備及限制發行有極大關係」。起初，他把限額定爲 9 億金圓，後因所謂準備金部分爲中央銀行另行撥用，加之金圓對美元之比值由 3：1 改爲 4：1，所以不得不將發行限額由 9 億金圓改爲 20 億金圓。

　　金圓券發行數最高額定爲 20 億元，究有何根據，據王雲五發表的談話：「一則曰以黃金白銀外匯合二億美元及可靠之資產值三億美元，兩共五億美元，按與美元四對一之比值，發行金圓券廿億圓」，再則曰：「其最高額廿億圓，與戰前之發行額十四、五億圓相較，戰前國幣，對美元爲三比一，今後金圓券對美元爲四比一，故實際發行限額，仍與戰前相等！」〔註 16〕對於 20 億這一限額，存在著不同的意見。一種認爲：「金圓券的發行限額本身就包含了巨大的膨脹力，因此它無法長久地維持金融局勢的穩定。金圓券發行時，社會上法幣的持有總額爲 6636946 億元，約折合金圓券 2.21 億元；東北流通券發行總額爲 31918 億元，約折合金圓券 1000 萬元。兩者合計，約相當金圓券 2.3 億元。國民政府規定金圓券的發行限額爲 20 億元，這使已經膨脹的通貨又膨脹了近 10 倍。」〔註 17〕法幣的發行總額，包括東北流通券在內，「據財政部計算，只要兩億金圓券就可收回，還只金圓券發行限額的十分之一」〔註 18〕。就國民黨官方在金圓券發行條例中所發表的最高發行額 20 億來說，已經較法幣膨脹 10 倍，這將

〔註 16〕邱孟潔：《金圓券發行辦法平議》，《時代經濟》，1948 年第 1 卷第 3 期，第 8 頁。

〔註 17〕陸仰淵、方慶秋：《民國社會經濟史》，中國經濟出版社，1991 年版，第 816 頁。

〔註 18〕婁立齊：《論幣制改革》，《新中華》復刊，1948 年第 6 卷第 18 期，第 3 頁。

意味著金圓券的膨脹已法定超過舊法幣 10 倍〔註19〕。另一種認為，20 億金圓的限制較戰前並不為多。吳大業認為「1937 年 6 月國家銀行的貨幣發行額為十四億，加上其他地方鈔券共約十七億元；再加上銀元與輔幣等的流通可能有二十億元。現在全國的平均物價無法估計，但是上海的物價則為戰前的八百萬倍，如以此代表全國物價，則二十億的金圓券，按照法幣三百萬元的兌換率，尚不及戰前流通數額的一半。只要全國平均物價不在三百萬倍之下，則二十億金圓的最高發行額，即不超過戰前的通貨流通總額。若自對外價值來看，戰前法幣三元三角餘合美幣一元，現改定為四元；照此計算，二十億金圓僅合戰前法幣十六億餘元。但是美國物價約上漲了一倍，所以現在二十億金圓的購買力，只有戰前八九億元。所以無論採用怎樣的一種計算方法，二十億金圓的限制都較戰前的發行額為低。」〔註20〕朱福奎認為「目前金圓券每一單位的價值，僅及戰前法幣價值之半，最高發行額規定為二十億元，就是合戰前法幣的十億元。截至七七事變爆發之日，法幣的發行額，約為十六億元，根據金圓券發行辦法的規定，即使金圓券發行到達最高的限度，也不過合戰前法幣發行總額的八成，從這點來論，金圓券有了最高發行額的規定，而且這個最高額僅當戰前法幣發行總額的八成。」〔註21〕

按照王雲五的意思，規定 20 億元的發行限額同戰前才能相匹配。因此，此次發行金圓券的目的也要把現在很多方面朝戰前看齊。譬如發行、收支、租稅、物價等皆與戰前看齊，似乎如此就可以穩定財政與物價。實際上，這種單純的步歷史後塵的做法不僅不能解決種種隱伏的矛盾與危機，也太不切合當時的客觀環境。

我們看看 1948 年幣制改革時與戰前 1937 年的狀況有哪些差別：「第一、戰前之法幣流通區域較現在廣大；第二、當時國內無戰事，財政支出較現在為少；第三、人民對法幣幣值之信仰較現在為高；第四、法幣改革時規定可以無限制供給外匯。故持有法幣者認為有充分之保障，不致吃幣值跌落之虧。今次之改革，則無一項條件與過去相合。第一、流通區域不及過去之半；第

〔註19〕 莊智煥：《從戰後各國貨幣改革的經驗看金圓券》，《銀行週報》，1948 年第 32 卷第 47 期，第 8 頁。

〔註20〕 中國經濟研究所：《新幣制——金圓券》，華夏圖書出版公司，1948 年版，第 11 頁。

〔註21〕 朱福奎：《從金圓券的發行說到金圓券的準備》，《時事評論》，1948 年第 1 卷第 11 期，第 4 頁。

二、內戰正在慘烈進行，財政之支出無法估計；第三、人們對幣值跌落已成為習慣，預期物價之看漲心理，一時難予改正；第四、新幣雖有準備却不能兌換；政府只規定收買金鈔却並不准人民自由購買外匯，政府亦不供給外匯。此種情形與今次改革前之法幣制度並無差別。」〔註22〕由此可見，20 億元的限額無法和過去看齊。當時北京大學經濟系教授樊弘認為 20 億元這個數字甚是荒謬。「設令中國的生產與流通，日後竟無半點的增加，二十億元，實嫌太多。為什麼呢？依據王雲五先生的談話，『已發行之法幣及東北流通券僅需二億元金圓券即可全部收回』。似此則使二億金元券的發行便足夠了，為什麼還要增發十八億金元券，於以湊足二十億之數呢？這豈不是刺激物價麼？如果今後中國的經濟生產大增加，二十億金元券尚還不足以應工商業的需要，而政府仍然維持二十億金元券的發行，勢必迫使物價狂跌，工業關門，和失業增多，然而政府還要保持二十億金元券的總數，這豈不造成中國的工業的大恐慌麼？」〔註23〕北京大學經濟學系主任趙迺搏後來也指出：「規定金圓券的最高發行額為二十億，這種估計，犯了兩個錯誤：其一，戰前法幣的流通速率與目前金圓券的流通速率並不相等，其二，戰前人民對於法幣的信心與目前人民對於金圓券的信心並不相等。不但不能相等，而且流通速率反而加快，人民對於幣制的信心，反而薄弱。這是事實，我們不必掩飾。」〔註24〕

還有，在金圓券問世前夕，國內保有的金銀外幣有多少呢？

一種認為大約如下表：

表 2-1：金圓券問世前國內金銀外幣保有量（一）

	國內保有量	折合金圓券數（單位圓）
黃金	450,000 兩	900,000,000
白銀	306,399,000 兩	1,225,596,000
銀幣	551,374,000 枚	1,103,748,000
美鈔	60,000,000 元	240,000,000
港幣	600,000,000 元	450,000,000

資料來源：《幣制改革以後》，《中國建設》，1948 年第 7 卷第 1 期，第 22 頁。

〔註22〕 《新幣制之成功條件》，《銀行週報》，1948 年第 32 卷第 35 期，第 1 頁。
〔註23〕 樊弘：《評金元券發行條例中的準備條款》，《中建》，1948 年第 1 卷第 4 期，第 8 頁。
〔註24〕 趙迺搏：《金圓券的善後》，《申報》，1948 年 10 月 31 日，第 2 版。

「根據上面的估計，國內保存的金銀外幣約值金圓券三十九億一千九百三十四萬二千元，比金圓券的法定發行限額還要高出百分之九五強。」〔註25〕

另一種估計如下表：

表 2－2：金圓券問世前國內金銀外幣保有量（二）

國內保有量		折合金圓額
黃金	5,000,000 兩	十億圓
白銀	340,487,517 盎斯	共二十二億五千五百萬圓
銀幣	551,373,586 枚	
美鈔	60,000,000 元	二億四千萬圓
港幣	400,000,000 元	三億圓

資料來源：吳承禧，《新幣制評價》，《工商天地》，1948 年第 3 卷第 6～7 期，第 5 頁。

「以上黃金白銀等合計，共應值金圓三十七億九千五百萬圓，幾於超過金圓可能發行的最高額八成。固然，政府對於黃白等物除了收兌之外，還可以讓人民以之購買美金公債，也可以任人民把牠存在中央銀行，折為美金而以之備作進口貨物之用，但在理論上政府對於這些東西可能收兌的數量之大部是無可否認的。」〔註26〕

無論以上哪種估計，民間所藏的金銀外幣等合計至少在 30 多億金圓以上。如果民眾個個守法前去兌換，加上法幣和東北流通券的收兌，則金圓券缺口至少在 19 億金圓之巨。從理論上來看，發行 20 億金圓券更站不住腳。

此外，金圓券之最高發行額 20 億元的限制是蔣介石以大總統緊急處分權決定的，並未經立法院通過。「大總統既可以緊急處分決定二十億元為最高額，何不可以同樣的處分權來提高限制至四十億，至八十億，甚至於提高到二三百億，二三千億。」〔註27〕果然，1948 年 11 月 11 日，《修正金圓券發行辦法》第十二條便規定：金圓券發行總額另以命令定之。此後，金圓券的發行額，自 1948 年 11 月，發行總額開始衝破原來的限制 20 億元，其逐月累增趨勢如下：

〔註25〕 李之華：《幣制改革以後》，《中國建設》，1948 年第 7 卷第 1 期，第 22 頁。
〔註26〕 吳承禧：《新幣制評價》，《工商天地》，1948 年第 3 卷第 6～7 期，第 5 頁。
〔註27〕 馬寅初：《金圓券》，《中建》，1948 年第 1 卷第 8 期，第 4 頁。

表 2−3：金圓券發行額

時　　　間	發行額
1948 年 8 月底	296 百萬元
9 月底	956 百萬元
10 月底	1,595 百萬元
11 月底	3,204 百萬元
12 月底	8,186 百萬元
1949 年 1 月底	20,821 百萬元
2 月底	59,863 百萬元
3 月底	196,059 百萬元
4 月底	5,161,173 百萬元
5 月 9 日	18,939,938 百萬元

資料來源：《徐柏園遺稿：徐柏園先生有關「金圓券」的記錄》，《傳記文學》第 44 卷第 4 期，第 28 頁。

　　金圓券前後不足九個月期間，發行總額上漲了六萬三千九百餘倍。到 1949 年 5 月 25 日，上海撤守之時，金圓券幾乎等於廢紙。各地方紛紛使用省銀行鈔券或實物作交易媒介，國軍發餉，則直接使用黃金或外幣。隨後國民黨政府 1949 年 7 月 2 日在廣州改發銀元券，規定金圓券五億元折合銀元券一元。鈔券的印刷費用，也高過折兌的價值了。

　　金圓券之所以失敗重要原因之一，是政策制定者王雲五對於金圓券本質和發行準備理論的認識不夠：「金元券的發行是絕對用不著着準備金的。」〔註28〕

第二節　錯誤的金銀外幣收兌政策

一、收兌金銀外幣的緣由

　　爲什麼要強制收兌人民所有金銀外幣呢？財政部長王雲五宣稱有兩個原因：其一、「金圓券係以黃金白銀外幣爲主要準備」，「爲充實其準備起見，現未能向國外獲得黃金或外匯的貸款，只有就國內自行設法，以人民持有之黃

〔註28〕　《金圓券能夠穩定物價嗎？》，《觀察》，1948 年第 5 卷第 1 期，第 3 頁。

金外匯，售歸國家，以鞏固新幣之信用。」〔註29〕其二、「過去若干年間黃金白銀外幣成為擾亂物價之重要因素，政府為達穩定物價之目的，並為充實發行準備及平衡國際收支計，實有收兌人民在國境內所有金銀外幣及等級管理國人在國外所存外匯資產之必要。」〔註30〕又據行政院長翁文灝說：「黃金外幣及白銀銀幣依照改革法幣之法令及去年春間緊急措施方案之規定，原已分別禁止流通及賣買，或規定收兌，乃日久玩生，銀幣外幣及黃金條塊之流通買賣復趨猖獗。此種非法行為，不僅影響人心，抑亦妨害幣信」，因之為斷然的處理。至於外匯資產，「本國人民並無正當需要而在國外保有外匯資產者」，「自應激發天良，舉其所有供獻國家」，俾作「早日敉平匪患」之用。〔註31〕

　　由上可見，徵集金銀外幣的最大理由，倒並不是純經濟意義上的充實金圓券的準備，而是為今後籌措「戡亂」經費作更大的打算。

二、收兌政策及其評價

　　根據《人民所有金銀外幣處理辦法》第三條規定，人民持有黃金、白銀、銀幣或外國幣券者，應於 1948 年 9 月 30 日以前，向中央銀行或其他委託之銀行兌換成金圓券。收兌價格為：黃金，按其純含量每市兩兌給金圓券 200 圓；白銀，按其純含量每市兩兌給金圓券 3 元；銀幣，美元兌給金圓券 2 元；美國幣券，每元兌給金圓券 4 元，其他各國幣券，照中央銀行外匯匯率兌給金圓券。那麼這種兌換率是怎麼定出來的呢？

　　從黃金、白銀、銀元、美元的收兌價格來看，「在美國，黃金以盎司（ounce）計量，中國以市兩計量，一盎司等於三一·一〇三五公分，也等於〇·九九五三市兩，所以一市兩純金應為三一·二五公分（三一·一〇三五以〇·九九五三除之即得三一·二五公分），每個金圓既等於〇·二二二一七公分，則黃金一市兩應等於一四〇·六五八金圓（三一·二五以〇·二二二一七除之即得一四〇·六五八）。何以政府收兌黃金時每一市兩予以二百金圓券呢？因為美國的黃金政策是紙幣與黃金不能扣互兌換。人民有黃金，應以黃金向政府兌換紙幣方得流通作購物之工具，但一般人民不能以紙幣向政府無限制兌

〔註29〕王雲五：《岫廬八十自述》，臺灣商務印書館，1967 年版，第 503 頁。
〔註30〕王雲五：《岫廬八十自述》，臺灣商務印書館，1967 年版，第 523 頁；王雲五：《財政經濟緊急措施之內容》，《財政評論》，1948 年第 19 卷第 2 期，第 9 頁。
〔註31〕婁立齊：《論幣制改革》，《新中華》復刊，1948 年第 6 卷第 18 期，第 5 頁。

換黃金。政府僅對二種有許可證之人民兌給黃金，一爲工業上須用黃金者，如首飾業、製錶業等，一爲國際貿易上或國際收支上須以黃金爲清算之工具者（如中央銀行）。在政府以爲這兩種是黃金最重要的用途，其餘請求兌現者，一律拒絕，亦無關宏旨。於是要黃金者，只得向市場去買。黃金一盎司之官價爲三十五美元，市價約在五十美元左右，官價與市價相差約十五美元之巨，即等於金圓券六十元。照以上的算法，黃金一市兩應等於一四○‧六五八金圓，今予以二百金圓券者。（多給六十元）即此之故。」

「至於白銀，則純銀一市兩的收兌價爲三金圓券，其計算方法，約略如下：在八月十九日以前，世界市場的白銀價格，每盎司約在美元七角五分左右，則一盎司純銀値純金○‧六六六五一公分（美元一元含純金○‧八八八六八公分，則美金七角五分應含純金○‧六六六五一公分），推算中國一市兩純銀便値純金○‧六六九六五七公分，與金圓券所含純金量相比，應值三‧○一四金圓券（○‧六六九六五七以○‧二二二一七除之），所以純銀一市兩的收兌價爲三金圓券。」

「銀條之外尙有銀幣，其收兌價應爲二‧二六六金圓券。一九三三年三月中國公佈的銀本位幣鑄造條例規定每一銀本位幣含純銀二三‧四九三四四八公分（總最二六‧六九七一乘以成色八八等於二三‧四九三四四八）。廢兩改元後，鑄造銀幣即以此爲標準。現在純銀一市兩即等於三‧○一四金圓券，用比例推算銀幣一枚之收兌價應爲二‧二六六金圓券（三一‧二五比三‧○一四如二三‧四九三四四八比 X 金圓券，X 即等於二‧二六六金圓券）。故照此計算一元銀幣應兌金圓券二元又二角六分六，若照政府規定，只給金圓券二元，於持有銀圓者，不無損失。」〔註32〕

「關於對美元比値問題，我原主張一比三，理由是想恢復戰前的標準，希望改革幣制後，如果能夠把幣値穩定，則一切物價均可比照戰前標準。」〔註33〕王雲五主張美元與金圓的比值爲一比三，爲什麼後來收兌的時候變成了一比四呢？原來這是蔣介石遵從司徒雷登的意見。關於「『金圓券』與美鈔，黃金，銀元的比率。宋（子文）在飛滬返粵前夕，曾向蔣總統建議，最好再請司徒大使一談。……故蔣總統到廬山後，便邀請司徒大使登山避暑。在避暑期間，蔣總統曾以這兩個問題面詢司徒，司徒當即告以：美金與金圓券的比

〔註32〕 馬寅初：《金圓券》，《中建》，1948 年第 1 卷第 8 期，第 3 頁。
〔註33〕 王雲五：《岫廬八十自述》，臺灣商務印書館，1967 年版，第 500 頁。

率，中國原定一比二，司徒大司認為這無異將美金貶值，主張應以一比四為宜，要中國考慮。蔣總統當即答稱：『可以』。」〔註34〕

對於國民黨政府的收兌政策，主要存在以下三點缺陷：

一、收兌沒有仿照蘇聯和波蘭等國的做法。對於金圓券兌換法幣的比率，沒有設定差別待遇，以平均財富。「以金券兌換金銀外幣，仍照法定率一律等值兌換，並無差額，此實為維持特權階級之特殊利益，殊失改革幣制真意。」〔註35〕樓桐蓀亦指出「所遺憾者，為法幣外幣金銀兌換金圓券之數額，並未能仿照去年八月羅馬利亞及十二月蘇聯等國家改革幣制時，舊幣兌換新幣之辦法，使改革幣制之中，能寓有調節社會各階層購買力之意義。」〔註36〕

二、黃金美鈔所定兌換率太高，而銀元的兌換率則偏低，這對於豪門富人有利，而有損中下階級的利益。國民黨立法委員簡貫三指出「（金圓券）對黃金美元之價值規定太高，對銀元價格則偏低」。〔註37〕「以 8 月 19 日上海市場價格而言，飾金每兩六億，進五億六千萬元，黃金黑市可能低於此數，在五億八千萬左右，美鈔黑市在一千一百萬元以下，紋銀掛牌為六百二十萬元（一兩），銀圓黑市每元在七百五十萬元左右。可是政府規定兌換價格為黃金一兩兌金圓券二百元，紋銀一兩兌金圓券三元，銀圓一元兌金圓券二元，美鈔一元兌金圓券四元，以金圓券一元合法幣三百萬元兌換率折算即黃金每兩六億，超過八月十九日之標準二千萬元，紋銀每兩九百萬元，超出標準二百八十萬元，美鈔每元一千二百萬元，超出標準一百萬元以上。以上，黃金、紋銀與美鈔三種均是富有階級所持有，大部分持有者是豪門買辦，發國難財、發勝利財、發接收財與發戡亂財之流，他們都大獲其利。獨銀幣每塊六百萬元，低於八月十九日之標準一百五十萬元，而持有銀圓者大部分是農民、工人，與小公教人員。他們因不信法幣，收到薪金之後，惟恐幣值日跌，相率以法幣兌換銀幣，以為保值，待用之時，陸續零星出售，以充購買日常必需品之用。八月十九日之標準為七百五十萬元，而政府收兌之時僅給金圓券二圓（法幣六百萬元），一般貧苦老百姓莫不大受打擊，政府竟貫徹其一貫作風，維護了特殊階級之既得利益，反向窮苦農民、工人及小公教人員身上剝削其

〔註34〕 《幣制改革前後》，《中國新聞》，1948 年第 2 卷第 10 期，第 15 頁。
〔註35〕 《首都廿位教授討論幣制改革》，《工商法規》，1948 年第 25 號，第 884 頁。
〔註36〕 《首都專家談新幣制》，《金融日報》，1948 年 8 月 22 日，第 2 版。
〔註37〕 《首都專家談新幣制》，《金融日報》，1948 年 8 月 22 日，第 2 版。

僅有資產，平時既不保護其貨幣購買力在前，最後又要剝削其僅有的資產。今日之中產階級已因通貨膨脹而沒落，使社會財貨偏在形成剝削者與被剝削者之對立、豪富與貧窮之對立。」〔註38〕

　　三、黃金、白銀、銀元等的全國兌換率一律以上海為標準，沒有考慮到各地的差異，因物價各地不同，匯率各地也有高低，各地以金銀外幣兌換金圓券時，按照全國統一的上海標準執行，各地物價自然也向上海的金銀外幣收兌價看齊，這成為了以後廣州、西南、華中等地物價上漲的原因之一。例如廣州督導員辦公室認為「此次政府改革幣制命令，金圓與美鈔港幣等之法定比率，係採取京滬一帶為標準，廣州則相差幾達一倍，故法定兌換率於八月十九日頒佈直呼，廣州市場，受次影響物價遂即增漲。」〔註39〕王雲五本人也承認「西南各省，特別是成都，一因政府收兌黃金之價，較該地區在八一九以前之金價為高，二因民間所有大量鎳幣出籠，該地中央銀行事前處置稍欠周密，以致影響物價，一個月間，平均漲三四成，成都米價獨漲一倍。」〔註40〕漢口也存在同樣情況：「以銀元折合法幣，惟以各地折合數目高低不同，因而物品價格上隨之而異，如就上海而言，限價之時，銀元折合法幣已高至七百餘萬元而漢市僅為四百〇五萬元，限價之後，銀元折合金圓券及間接折合法幣數，全國一例，絕無交通可言，而在事實上，上海之物價因銀元價格壓低，自然不致影響物價，而漢市及其鄰近各地，則以銀元價格劇形提高，物價隨之增漲。」〔註41〕這硬性的兌換規定，「影響全國物價向物價指數最高的上海看齊，做成了各地的漲風。」〔註42〕

三、收兌過程及結果

　　根據《人民所有金銀外幣處理辦法》第三條規定，人民持有黃金、白銀、銀幣或外國幣券者，應於 1948 年 9 月 30 日以前，向中央銀行或其委託之銀

〔註38〕馬寅初：《金圓券》，《中建》，1948 年第 1 卷第 8 期，第 3 頁。
〔註39〕行政院廣州區經濟管制督導委員辦公處：《廣州區一月來經濟管制工作概況》，第 13 頁。
〔註40〕王雲五：《岫廬八十自述》，臺灣商務印書館，1967 年版，第 537 頁。
〔註41〕上海檔案館藏：《自政府「八一九」實施加強管制經濟辦法，貫徹原料登記限價政策後，本埠廠商及外埠各單位要求採購物資的公函及上海市商會為該問題與有關單位的來往文書》，檔號：Q201－1－397。
〔註42〕蘇茂鼎：《從半月來反響談金圓券的前途》，《經濟周刊》，1948 年第 8 期，第 3 頁。

行按規定兌換金圓券，由此拉開了收兌金銀外幣的浪潮。那麼，收兌情況究竟如何呢？我們先選取三個督導區的收兌情況作一分析。

　　先看看上海。1948 年 8 月 23 日到 9 月 16 日，上海收兌金銀外幣的總數是：黃金五十六萬二千四百四十一兩，白銀五十四萬四千九百十三兩，銀幣一百四十八萬五千一百五十九元，銀角一百三十萬三千四百另六枚，美鈔一千五百另二萬四千四百四十五元，港幣五百三十萬八千五百三十三元，共兌出金圓券一億七千七百四十餘萬元。收兌金銀外幣的工作，是全國各地同時推進的，上海是全國經濟的中心，以上海為例，當可由此推知全國各地收兌工作的進度。

　　從 8 月 23 日到 9 月 16 日，恰好四個星期，把每一星期劃作一個階段，可以看看收兌工作的進度，並做一簡要的分析。四周內上海收兌的實際數字，約如下表：

表 2－4：上海各行局收兌金銀外幣數量表（一）（8 月 23 日～9 月 16 日）

	第一週	第二週	第三週	第四週	總　　計
黃金（兩）	118,500	162,551	129,950	161,438	562,441
白銀（兩）	114,176	183,018	112,431	135,198	544,913
銀幣（元）	324,465	438,109	315,648	406,937	1,485,159
銀角（枚）				1,303,406	1,304,406
美鈔（元）	4,813,866	2,636,107	3,471,572	4,102,900	15,024,445
港幣（元）	1,929,002	1,371,942	829,610	1,178,278	5,308,544

資料來源：《幣制改革以後》，《中國建設》，1948 年第 7 卷第 1 期，第 22 頁。

　　從上表來看，以第二周的數目為最大。第一、二周持有人申請兌換的比較踴躍是基於下列五種因素：「（一）法定收兌價格相當於 8 月 19 日的黑市，一般小儲戶需款周轉，不得不把他所持有的拋出求現；（二）若干資力較弱的投機者，因黑市不易經營，為便於周轉起見，就把他所持有的兌換金圓券，以購儲物資，或拆出放息，暫作一些合法的經營；（三）由於 8 月 20 及 21 日銀錢業休業兩天，23 日開市以後，銀錢業暫停拆放，各業頭寸奇緊，需款周轉的，也就不得不拋出硬貨，兌換現鈔；（四）有些是因為業務上的虧空，為了債務的履行，被迫出籠；（五）有些持有人把金銀外幣兌出，搜購紗布南運

獲利。據香港《華僑日報》載稱，在幣制改革以後的兩周中，從粵漢鐵路走私到香港、廣州的紗布，價值達一千萬美元之巨，而且從事此項走私的，都是有力靠山的集團組織。」〔註43〕

　　到第三周開始的時候，因為其他條件的配合，已漸被沖淡。所以從那時起，持有人申請兌換的一天天地減少了。正在那時，有關方面特別強調收兌限期屆滿後，決不延續，持有人如果不如期兌換，期滿後一經查出，定予嚴懲；並配合著實際的行動，在重要關卡布置檢查崗，對出入旅客嚴密檢查，如發現攜有金銀外幣的，即迫令向指定銀行兌換金圓券。因此，從第四周起，持有人申請兌換的又漸增加。根據這種種事實，則往兌的人似有其客觀的必須兌換的條件，而並非盡如某些人所說出於金圓券的主觀信用。〔註44〕

　　截止 10 月 31 日，上海收兌黃金一百一十一萬餘市兩，占黃金收兌總數百分之八十以上；白銀收兌數，上海以九十二萬三千三百四十九點七六市兩位居第二，僅次於天津；美鈔收兌數，上海以三千二百七十萬零一百二十點一七元，再居第一。〔註45〕

表 2－5：上海各行局收兌金銀外幣數量表（二）（8 月 23 日～10 月 31 日）

時　　間	黃金（兩）	白銀（兩）	銀元（枚）	銀角（枚）	美鈔（美元）	港鈔（港幣）
8.23～10.9	1,144,914,907	963,128,026	3,668,473.5	3,847,860	34,438,872.89	10,345,749.17
10.11～10.16	1,262,228	1,392,100	13,243.0	29,712	51,377.53	545,265.20
10.18～10.23	348,759	550,140	8,469.5	17,394	12,896.64	534,931.30
10.25～10.31	319,139	1,172,740	2,967.5	6.666	8,897.90	
8.23～10.31	1,146,645,033	966,243,006	3,693,153.5	3,901,632	34,512,044.96	10,927,487.97
折合金圓券（千圓）	229,329.0	2,898.7	7,386.3	1,300.5	138,048.2	81956

資料來源：《上海各行局收兌金銀外幣數量表》，《經濟評論》，1948 年第 4 卷第 4 期，
　　　　　第 16 頁。

〔註43〕 李之華：《幣制改革以後》，《中國建設》，1948 年第 7 卷第 1 期，第 22 頁。
〔註44〕 李之華：《幣制改革以後》，《中國建設》，1948 年第 7 卷第 1 期，第 22 頁。
〔註45〕 《八、九、十、三月全國各地收兌金銀外幣統計》，《金融週報》，1948 年第
　　　　19 卷第 20 期，第 2 頁。

上海的收兌成績的取得同蔣經國的督導有很大關係。上海經濟管制督導員辦公處曾訂立頒佈了《獎勵密報經營金銀幣紗布黑市交易辦法》，明確規定：「凡在管制區內之公司行號個人，有：一、擅自收兌黃金白銀銀幣或外國幣券。二、買賣黃金外幣或以黃金外幣代替通貨作爲交易收付者。三、以超過法定兌換率之價格買賣金飾銀飾者。……不論任何國籍人民，得據實並儘量檢證，以口頭‧書面向管區內各當地主管官署查緝……密報一經查獲，即以屬於一二三項之案件照沒收物品價值之罰款，給予獎金百分之四十；……」〔註46〕

再看看廣州。「據一般估計流通及儲藏在民間的港幣約有二億以上，廣州一地即有一億左右。」〔註47〕那麼，實際收兌如何？我們看一下行政院廣州區經濟管制督導委員辦公處公佈的收兌法幣及外幣金銀數（見下表）：

表2-6：廣州收兌法幣及金銀外幣表（8月23日～9月30日）

時間	名稱	兌入總數	折付金圓總數	比　率
8.23～9.30	美鈔	1,432,344.30	5,729,377.20	美鈔一元兌換金圓四元
一	港幣	49,281,913.66	36,961,435.25	港幣一元兌換金圓七角五分
一	菲幣	9,067.00	17,698.20	菲幣一元兌換金圓一元九角五分
一	黃金	121,811.235 盎司	24,248,038.80	純金一市兩兌換金圓二百元
一	白銀	626,351.966 市兩	1,879,055	白銀一市兩兌換金圓三元
一	銀元	466,406.00	932,812.00	銀元一元兌換金圓二元
一	法幣	5,271,662,530,000.00	1,757,220.84	
總　計			71,525,638.19	如減去法幣收兌數實爲69,768,417,35 金圓

〔註46〕《取締黑市，滬訂獎勵密報辦法》，《中央日報》，1948 年 10 月 19 日，第 4版。

〔註47〕邢廣益：《就華南論幣制改革》，《銀行週報》，1948 年第 32 卷第 46 期，第 7頁。

附注：1. 菲幣限於有「勝利」字樣者始行收兌於 9 月 23 日由國行總行電開始辦理。

2. 上項兌入數額因各縣電報未齊收兌數字未列在內又汕頭廈門因奉電劃入本處督導範圍爲時較遲數目未經列入。

資料來源：行政院廣州區經濟管制督導委員辦公處編印：《廣州區一月來經濟管制工作概況》，第 1～2 頁。

「據中央銀行穗分行統計自八月二十三日之九月三十日止，計共兌進港幣四千九百二十八萬一千九百十三元六角六分，即梧州一地也兌進港幣三百餘萬元。但從以往港幣在華南汎濫情形看，當不止此數。據一般估計流通及儲藏在民間的港幣約有二億以上，廣州一地即有一億左右，足徵未兌換的港幣爲數尙鉅。」〔註48〕。從 8 月 23 日到 11 月 31 日，這二個月零九天中廣州黃金外幣兌換的數目是：「港幣五五，八七五，二四一元，美鈔一六三，八〇九，五五元，黃金一〇三，一七三，五六市兩，菲幣二七，六六八元。據金融界人士指出，港幣發行額到今年八月底止爲七億五千三百餘元，而流入廣州的達二億元以上。從上述數字中，很明顯今次廣州的外幣收兌成績連十份之一數目也不夠。」〔註49〕然而，儘管如此，「港幣收兌數，廣州第一，占百分之六十以上。」〔註50〕

再看看天津。金銀外幣收兌之初，天津市民兌換金銀外幣裹足不前並對金圓券表示懷疑。「各行局自開始收兌金銀外幣以來，連日前往收兌之市民甚爲踊躍，惟兌換黃金時常因成色問題發生糾紛，且苦於手續過繁，遂相率裹足，對收兌工作影響頗大，盼望政府迅予糾正。」「金圓券流通市面後，因票面並無金圓字樣，且係 1945 年印製，故一般無知市民咸謂金圓券即係前未發行之法幣，而對金圓券將來發行之數字亦表懷疑。此事從表面上觀之，似屬無足輕重，但揆諸於年來一般民眾對法幣印象惡劣與國民意識薄弱，此種輕視新幣心理之蔓延，誠屬不可忽視也。」〔註51〕「天津自廿三日至月底（8 月）

〔註48〕 邢廣益：《就華南論幣制改革》，《銀行週報》，1948 年第 32 卷第 46 期，第 7 頁。

〔註49〕 巨浪：《解凍後的廣州》，《時事評論》，1948 年第 1 卷第 21 期，第 19 頁。

〔註50〕 《八、九、十、三月全國各地收兌金銀外幣統計》，《金融週報》，1948 年第 19 卷第 20 期，第 2 頁。

〔註51〕 《總統府第三局抄送財政部文——天津市民掉換金銀外幣裹足不前並對金圓券表示懷疑》，中國人民銀行總行參事室：《中華民國貨幣史資料第 2 輯（1924～1949）》，上海人民出版社，1991 年版，第 583 頁。

止，計收兌黃金三千六百六十五兩，白銀二十四萬八千餘兩，美鈔三十四萬五千七百餘美元，銀元一萬二千八百五十元，港幣五千餘元。」〔註52〕截至10月31日，「白銀收兌數，天津第一（一百十三萬五千七百三十三點二期市兩）。」〔註53〕

　　為了更好地收兌金銀外幣，中央銀行業務局多次召集國家行局商討收兌金銀辦法，並委託各行局和各省銀行代為兌換法幣、金銀、外幣。10月9日，中央銀行業務局召開收兌金銀辦法談話會，參加者除國家六行局外，還有河南、湖北、山東、江蘇、甘肅、陝西、江蘇省農民、貴州、廣西、福建、河北、安徽、廣東、江西、湖南、浙江等16家省銀行，具體討論有關收兌金銀的辦法。與會者熱烈討論，各抒己見，高度評價收兌工作的成績，也毫不諱言地指出收兌工作中的困難和缺點：「對兌換基金撥付簡捷全表滿意，對如何鑒驗黃金成色、運送金銀外幣途中因不可抗力發生損失由誰負擔，代兌行服務應簡捷、周到、和藹等方面暢所欲言。」最後提議：「此次會談之後，各代表應立即電報總行，按照協議書原則及本日會談要點積極辦理：未開兌地區，即日設法開兌；已開兌地區，加強收兌，並與各省市政府取得聯繫，宣傳通信、申報辦法。」〔註54〕

　　改革幣制時，政府在《人民所有金銀外幣處理辦法》中規定兌換金銀外幣的截止日期為9月30日，雖然國民黨政府當局特別強調收兌限期屆滿後，決不延續，逾期未兌換者，一律沒收，並依法處罰。但不料等到9月30日，行政院臨時會議又宣佈「金銀外幣收兌延期」，內容如下：「（一）人民所有金銀外幣處理辦法第三條規定的期限，分別展期如下：（甲）黃金及外幣券展期至三十七年十月三十一日截止，（乙）舊銀幣及白銀展期至三十七年十一月三十日截止；（二）內地未設有收兌金銀外幣銀行，各地均由持有人於上列期限內，以信件報告附近中央銀行，申明金銀數量，舊銀幣或外幣種類及數額，流商兌換辦法，其日期以郵局發日戳記為準，將來展限期滿，若未遵照辦理者，所有黃金，白銀，銀元，外國幣券等經查明後，一律沒收，並依法處罰。」

〔註52〕 馬雪原：《幣制改革一個月來的天津市場》，《天津經濟統計月報》，1948年第31期，第5頁。

〔註53〕 《八、九、十、三月全國各地收兌金銀外幣統計》，《金融週報》，1948年第19卷第20期，第2頁。

〔註54〕 湖北省檔案館：《檢討收兌金銀辦法談話會記錄及兌換金圓券各項事宜》，檔號：LS29－1－142－1。

〔註 55〕關於收兌舊幣的範圍和期限，王雲五回憶他原來主張被修改了兩點：「一是關於臺幣之收兌，一是關於收兌的期限」，「又關於收兌舊幣期限，本來是愈速愈好；我原擬三月爲期，本已過長，係因考慮到輔幣不甚充足，且國內交通困難，故延至三個月。但小組討論時，咸認爲至少需時六個月，後來也折衷決定以三七年年底爲截止期，那便是四個多月。」〔註 56〕「可是行政院臨時卻將收兌金鈔之期限延長。那時候，我正在美國開會，接到此項消息，至感奇異，但自延長之日起，即十月一日起，不僅求兌者寥寥無幾，而四十日之樂觀局面，也就從此突變。」〔註 57〕對於收兌延期一事，徐永昌有此評價「如此無信，急切攫取人民現金之心情畢露，敗壞國事至此，無賴可笑尚屬餘事。」〔註 58〕

那麼行政院爲什麼要延期呢？通過冀朝鼎呈給中央銀行總裁、副總裁的電文我們看出了原委：「朝鼎此次在西安、蘭州兩處，與金融業及各界人士接觸頗多，謹將與各方談話所得及朝鼎觀察所及，略爲電呈如下；（一）西北前者民間多用銀元交易，惟幅員廣闊及交通不便，遠處鄉間之銀兩，銀元，恐非一月內所能兌換完畢。西安、蘭州金融業有經驗人士，皆強調在西北特殊情形下，有延長兌換限期之必要。……」〔註 59〕

自政府通令金銀外幣收兌期限分別展延後，中央銀行爲爭取時間完成收兌工作起見，除已在未設分行各地委託國家行局庫及各省省銀行代兌外，邀集國家行局庫及各省省銀行負責人研討如何加強收兌技術問題，並決定：「1. 請各省市政府轉飭縣府下行保甲擴大宣傳，勸導人民在限期內從速兌換金銀外幣，毋再延誤。2.鄉僻地區不便兌換，爲利用通訊申報方式，各地委託代兌銀行，均可接受，並應由各代兌行以簡化扼要之函件迅即答覆申報人，俾利收兌。3.通訊申報與巡迴收兌工作配合進行，但巡迴收兌須俟必要時辦理。4.各委託銀行兌得金銀外幣，可即就近繳送國行分行，由就近之國行先發證明

〔註 55〕《一週經濟》，《周論》，1948 年第 13 期，第 12 頁。

〔註 56〕王雲五：《岫廬八十自述》，臺灣商務印書館，1967 年版，第 501～502 頁。

〔註 57〕王雲五：《岫廬八十自述》，臺灣商務印書館，1967 年版，第 536 頁。

〔註 58〕《徐永昌日記》第 9 冊，1948 年 10 月 1 日，中央研究院近代史研究所，1990 年版，第 128 頁。

〔註 59〕《中央銀行經濟研究處處長冀朝鼎呈總裁、副總裁電──陳報西北地方金融特殊情況》，1948 年 9 月 1 日，中國人民銀行總行參事室：《中華民國貨幣史資料第 2 輯（1924～1949）》，上海人民出版社，1991 年版，第 580～581 頁。注：冀朝鼎爲中共地下黨員。

書，以利繳達分行，由國行洽辦請領護照，以資迅捷。5.各地收兌得之金銀外幣，應先集國行分行再彙繳總行。」〔註60〕

金圓券發行後，中央銀行承擔了發行的重任，還組織國家行局協助兌換法幣，使金圓券盡快在社會上流通。中央銀行及各地分支機構委託國家各行局及各地分支機構共同收兌，制定相關政策、措施。由於民眾對金圓券的抵制和法幣流通數額的巨大，財政部規定的兌換期限一再延期，由最初的 1948 年 11 月 20 日，延期到 12 月 15。但到 12 月 25 日，市面仍法幣充斥，各地軍政、公私機關無法及時兌現者很多，他們強行要求兌換，且騷動不安，財政部只得再次下令，設有國家行局的城市延期到 1949 年 2 月底止，其他各縣展至 3 月底止。

到 1948 年 10 月底止，據中央銀行自己統計，共計收兌黃金 165.7 萬兩，白銀 909.2 萬兩，銀元 2323 萬枚，美鈔 4782 萬元，港幣 8769 萬元，總共合計的約值近 ? 億美元。另據《外匯統計彙編初集》統計，收兌黃金共計 167.7 萬兩，白銀 888.1 萬兩，銀元 2356 萬枚（詳見下表）。

表 2－7：全國各地收兌金銀量（8～10 月）

	黃　金		白　銀		銀　元	
	收兌量（市兩）	比重%	收兌量（市兩）	比重%	收兌量（元）	比重%
上海	1,116,670.893	66.58	923,349.076	10.40	3,564,305.50	15.13
南京	40,289.480	2.40	59,828.40	0.67	958,087.00	4.06
杭州	12,317.502	0.74	164,950.81	1.86	874,546.00	3.71
鎮江	3,018,560	0.18	24,749.45	0.28	238,045.00	1.01
寧波	5,061.304	0.30	150,718.82	1.70	201,865.00	0.86
無錫	3,298.024	0.20	9,827.11	0.11	198,491.00	0.84
下關	…	…	…	…	87,169.50	0.37
連雲	…	…	…	…	9,635.00	0.04
淮陰	233.246	0.01	794.20	0.01	7,289.00	0.03
廈門	6,834.145	0.41	170,224.91	1.92	159,452.00	0.68

〔註60〕《加強收兌金鈔決定五項辦法》，《金融週報》，1948 年第 19 卷第 16 期，第 10 頁。

	黃　金		白　銀		銀　元	
	收兌量（市兩）	比重%	收兌量（市兩）	比重%	收兌量（元）	比重%
福州	6,515.337	0.39	149,243.52	1.68	58,206.00	0.25
廣州	121,953.164	7.27	668,775.56	7.53	128,653.00	0.54
臺灣	30,517.146	1.82	142,971.623	1.61	20,653.00	0.09
昆明	61,879.132	3.69	433,485.35	4.88	814,014.50	3.45
江門	8,224.481	0.49	17,898.37	0.20	416.00	⋯
汕頭	6,791.424	0.41	182,896.31	2.06	121,236.50	0.51
海口	619.579	0.04	9,386.98	0.11	141,393.00	0.60
梧州	379.557	0.02	1,288.46	0.02	3,124.00	0.01
桂林	7,960.360	0.48	8,583.916	0.10	15,590.00	0.07
南寧	3,886.898	0.23	28,323.44	0.32	8,861.50	0.04
柳州	1,928.687	0.12	140,544.74	1.58	13,975.50	0.06
湛江	⋯	⋯	71,228.65	0.80	24,460.00	0.10
重慶	57,817.853	3.45	356,511.15	4.01	1,300,649.00	5.52
成都	2,412.756	0.15	210,059.00	2.36	1,576,704.50	6.69
貴陽	4,595.560	0.28	7,518.28	0.08	230,742.50	0.98
迪化	⋯	⋯	⋯	⋯	323.00	⋯
萬縣	290.765	0.02	9.029.85	0.10	51,108.00	0.22
西寧	17.087	⋯	130,078.50	1.46	159,075.50	0.67
雅安	71.014	⋯	17,198.25	0.19	7,103.90	0.03
康定	162.769	0.01	892.88	0.01	7,703.00	0.03
哈密	2.153	⋯	1,317.21	0.01	19.00	⋯
五通橋	⋯	⋯	⋯	⋯	125.00	⋯
自流井	175.454	0.01	9,139.03	0.10	3,044.50	0.01
青島	4,689.133	0.28	63,308.07	0.71	943,119.00	4.00
天津	12,401.451	0.74	1,135,733.27	12.79	362,478.00	1.54
北京	9,577.745	0.57	659,196.97	7.42	1,256,066.50	5.33

	黃　金		白　銀		銀　元	
	收兌量（市兩）	比重%	收兌量（市兩）	比重%	收兌量（元）	比重%
西安	9,728.871	0.58	111,585.77	1.26	282,146.00	1.20
瀋陽	98.854	…	210,257.68	2.37	18,840.50	0.08
錦州	1.622	…	20,757.07	0.23	7,497.00	0.03
煙臺	348.174	0.02	74,345.46	0.84	44,357.50	0.19
濟南	158.991	0.01	54,921.47	0.63	43,514.00	0.18
蘭州	4,231.270	0.25	152,609.98	1.72	674,490.00	2.86
歸綏	14.732	…	107,423.82	1.21	428,176.00	1.82
寧夏	748.599	0.04	20,435.35	0.23	45,588.50	0.19
太原	20.565	…	151,505.25	1.70	83,049.00	0.35
寶雞	454.503	0.03	1,414.20	0.02	14,300.00	0.06
天水	0.560	…	11,416.67	0.13	20,983.00	0.39
張家口	73.506	…	17,575.75	0.20	259,684.00	1.10
承德	…	…	14,570.88	0.16	8,615.50	0.04
酒泉	42,971	…	6,203.23	0.07	1,635.00	…
山海關	5.555	…	38,377.54	0.43	9,499.00	0.04
長春	0.860	…	…	…	…	…
漢口	73,614.386	4.39	551,882.56	6.21	5,205,915.00	22.09
長沙	33,699.397	2.01	237,907.19	2.68	863,184.50	3.66
蕪湖	1,534.135	0.09	21,913.71	0.25	173,179.50	0.73
南昌	9,692.260	0.58	666,325.39	7.50	627,623.00	2.66
衡陽	3,872.543	0.23	51,979.26	0.58	139,041.00	0.59
九江	669.604	0.04	104,408.99	1.17	609,616.00	2.59
徐州	850.472	0.05	12,950.31	0.15	129,106.00	0.55
蚌埠	3,484.262	0.21	10,068.48	0.11	92,552.00	0.39
沅陵	169.622	0.01	1,173.27	0.01	27,962.50	0.12
開封	391.640	0.02	37,359.27	0.42	1,654.00	…

	黃 金		白 銀		銀 元	
	收兌量（市兩）	比重%	收兌量（市兩）	比重%	收兌量（元）	比重%
鄭州	680.968	0.04	1.704.07	0.02	3,801.00	0.02
吉安	1,834.449	0.11	207,761.88	.34	75,705.00	0.32
合肥	62.535	…	1,343.91	0.02	49,187.00	0.21
新浦	81.988	…	23,251.93	0.26	61,367.00	0.26
總計	（1）1,677,163.553	100.00	（2）8,881,373.385	100.00	（3）23,564,068.90	100.00

原資料內黃金收兌總額與其內容不符，計其內容數位少 3 市兩。

原資料內白銀收兌總額與其內容不符，計其內容數位多 1,119.11 市兩。

原資料內銀元收兌總額與其內容不符，計其內容數位多 55,929 元。

資料來源：中國銀行總管理處編：《外匯統計彙編初集》，中國銀行總管理處，1950 年版，第 100～101 頁。

　　翁文灝在出席 11 月 2 日立法院的報告中也說「收回黃金外鈔，可說有了相當的成效。到現在為止，中央銀行收進金鈔共計達一億九千萬美元」。〔註 61〕

　　在金圓券問世前夕，國內保有的金銀外幣保有量究竟有多少呢？當時有兩種認識：一種認為「國內保存的金銀外幣約值金圓券三十九億一千九百三十四萬二千元，比金圓券的法定發行限額還要高出百分之九五強。」〔註 62〕另一種估計「黃金白銀等合計，共應值金圓三十七億九千五百萬圓，幾於超過金圓可能發行的最高額八成。」〔註 63〕

　　無論哪種估計，民間所藏的金銀外幣等合計至少在三十多億金圓。雖然政府允許上述物資的持有人得用以購買美金公債，或折合成美元，存入中央銀行，備作限額以外的輸入之用，但持有人肯這樣做的是少數，比較多數的還是要兌換現鈔的。由此可知，實際收兌的金銀外幣等只相當於國內保有量的 20%左右。這項政策的執行能算有成效或成功麼？單純從政策執行角度講，斷難言「成功」。政府雖頒佈命令，限期將私人所有黃金外幣全部送交中

〔註 61〕《國內經濟動態》，《中央銀行月報》，1948 年第 3 卷第 12 期，第 58 頁。
〔註 62〕李之華：《幣制改革以後》，《中國建設》，1948 年第 7 卷第 1 期，第 22 頁。
〔註 63〕吳承禧：《新幣制評價》，《工商天地》，1948 年第 3 卷第 6～7 期，第 5 頁。

央銀行兌換金圓券，不准私藏。但仍有將近 80%的金銀外幣沒有收兌。例如「顏料鉅賈周宗良一次送繳一百條黃金，共一千兩。我家五嫂也將所有金飾都送繳兌換，六嫂卻未繳。」〔註64〕已兌換的金銀外幣中，「兌換美鈔的人比起兌換銀元的要少，拿黃金去兌的又比兌換美鈔的少。」〔註65〕

魏友棐對金銀收兌有這樣的預測和評價：「這金銀本身已是民間的窖藏，一化為金圓券之後，就立刻變成市場上的購買力，通貨數量學說自然立刻發生了作用。有準備的發行，固然可以鞏固幣信，却不能說信用就此並不因之而擴張，所以，這是一種愚昧而天真的想法。」〔註66〕8 月 20 日下午，國民黨立法院開會討論改革幣制問題時，黃紹竑也曾提到：「問題在許多人民把黃金美鈔掉換金圓券後，是不是和信任黃金一樣，把它放在保險箱裏？他們可能把所有掉換的金圓券，拿到市場上去搶購物資，萬一造成這種現象，物價就可想而知了。」〔註67〕不幸的是，大量收兌金銀外幣的舉動，證實了他們的預測。金銀外幣收兌得到兩個結果：「一是使許多持有少量黃金以勉維生活的人民，受到重大損失；二是金圓券流出太多，釀成新的膨脹和爭購物資的風潮。」〔註68〕市場上游資增多，而金圓券的流通速率遠在金銀外幣之上，人民收兌後用金圓券囤購貨物。

國民黨政府為了解決收兌金銀外幣而釋放出的大量遊資問題，雖然後來也採取了加速拋售剩餘物資、敵偽物資；出售國營事業的一部分股權；發行短期國庫券；商業銀行限期增加資本；發行金圓公債等等措施，但由於國民黨政府發行金圓過多、收支不能平衡、信用喪失等緣故，上述措施收效甚微。

〔註64〕 張緒諤：《亂世風華：20 世紀 40 年代上海生活與娛樂的回憶》，上海人民出版社，2009 年版，第 243 頁。
〔註65〕 《新幣發行後的反應》，《民國日報》（天津版），1948 年 8 月 24 日，第 3 版。
〔註66〕 魏友棐：《八一九政策對於金融上的謬解》，《錢業月報》，1948 年第 19 卷第 11 期，第 7 頁。
〔註67〕 《留滬立委舉行座談討論改革幣制問題》，《工商法規》，1948 年第 24 期，第 853 頁。
〔註68〕 翁文灝：《回顧往事》，《文史資料選輯》第 80 輯，1982 年版，第 10 頁。

第三章　適應幣制改革的財政金融措施

　　爲了維持新幣的價值，平衡國庫收支，適應此次幣制改革，財政部長王雲五也採取了不少的財政金融措施，如增稅、整理舊債與發行金圓公債、發售國營股票、出售敵僞產業等。幣制改革之初，王雲五樂觀估計通過開源節流勉強可以達到財政平衡。但實際上，據其回憶「此一目標之執行，其成績在七目標中爲最劣。換言之，不僅無成績可言，簡直較前尤惡化。」〔註1〕

第一節　增稅

　　幣制改革與財政收支平衡，具有因果關係，國民黨政府收支不平之最大原因，爲政府之稅收不能隨物價之上升而稅額加大，例如貨物稅係依照 1948 年前數月之物價計算，營業稅係按上季度之營業額計算，所得稅更是按 1948 年上半年之營利所得計算。在物價不斷上升的情況下，徵收時的購買力，則大爲降低。但國民黨政府之支出，則因物價高漲而日益加大，以致收支赤字，龐大驚人。如果在財政收支平衡後，再謀幣制之改革，可謂永無此日。反之，惟有改革幣制成功，物價穩定，始可避免購買力落後之損失，從而設法平衡其收支。

　　據財政部長王雲五所說，戰後平均每年支出約爲 10 億美元，折合金圓券即 40 億圓；但今後可減至 9 億美元。收入呢？據王雲五的估計：「關稅四億八千萬元，貨物稅七億圓，直接稅三億六千萬圓，鹽稅三億二千萬圓，其他各稅連同國營事業盈餘及規費收入等共二億元，出售剩餘物資與敵僞產業等

〔註 1〕 王雲五：《岫廬八十自述》，臺灣商務印書館，1967 年版，第 540 頁。

約四億圓，以上共計爲金圓券廿四億六千萬圓。收支相抵，赤字尚有十一億四千萬元的金圓券。」〔註2〕

表 3-1：王雲五預估收支表

稅額	1948 年下半年原預算額（億元）	折合金圓券額（萬圓）	王雲五所期望之全年增收額（萬圓）	折合半年應有之增收額	增加率
關稅	1,009,143	3,364	48,000	24,000	613%
貨物稅	1,127,000	3,757	70,000	35,000	832%
直接稅	442,000	1,473	36,000	18,000	1122%
鹽稅	81,000	270	32,000	16,000	5826%

資料來源：根據王雲五：《財政經濟緊急措施之內容》，《財政評論》，1948 年第 19 卷第 2 期，第 10 頁；康永仁：《財政赤字問題——論財政經濟緊急處分之二》，《世紀評論》，1948 年第 4 卷第 10 期整理而成。

由上表可見，王雲五預想的稅額最少要增加接近 7 倍，最大增幅爲鹽稅，要增加 58 倍多，增加如此幅度的稅額，能夠保證物價不漲麼？

財政平衡最重要的方法是開源節流。開源方面，不外增稅、舉債與發鈔三種。改良收稅方法，調整稅率增加收入首當其衝。

改革伊始，行政院院長翁文灝便號召全國人民「必須體認當前財政之困難，踴躍繳納稅捐……」〔註3〕

按整理財政辦法的規定中有關增稅條款爲「切實增進各種稅收。其稅率低於戰前標準者，應按照戰前標準調整之。奢侈性之課稅標的並應提高其稅率。」〔註4〕

8 月 26 日，行政院又公佈《整理財政補充辦法》：

財政經濟緊急處分令補充事項

一、關於增加稅收變更稅率者：

甲、食鹽稅每市擔徵金圓六元，井鹽及土膏鹽每市擔徵金圓四

〔註2〕 王雲五：《財政經濟緊急措施之內容》，《財政評論》，1948 年第 19 卷第 2 期，第 10 頁。

〔註3〕 《關於財經緊急處分之談話》，《工商法規》，1948 年第 24 號，第 851 頁。

〔註4〕 洪葭管：《中央銀行史料》，中國金融出版社，2005 年版，第 1284 頁。

元二角，漁業用鹽每市擔徵金圓三角，工業用鹽及農業用鹽一律免收。

乙、海關進口稅加徵戡亂時期附加稅，按正稅徵百分之四十，但協定一律不在此限。

二、關於增加稅收變更稽徵方式者：

甲、營利事業所得稅自三十七年起分上下兩半年度徵收，其要旨如左。

1. 納稅義務人應於八月底（三十七年准展至九月底）及次年二月底以前，分別向徵收機關申報其半年度所得額公會，徵收機關得於查定後通知限期繳納。

2. 徵收機關於半年度終了後，得參酌上半年度各業營利實況，估定各業所得額及應納稅額，通知納稅義務人於限期內繳納，其遵限繳納者，免除其申報義務，並免予查帳。遵照估繳三十七年上半年度所得稅者，並免除其三十六年度所得已估繳稅款以外之納稅義務。

3. 納稅義務人不依限申報或納稅者，依照所得稅法處罰。

4. 關於申報及估繳之詳細補充辦法，由財政部定之。

乙、實物稅、國產煙酒類稅及礦產稅之征收，一律依三十七年八月十九日之市場批發價格減除該期實際稅額後，以其餘額為完稅價格，依法定稅率徵收之。

三、關於參照戰前稅率改訂課稅起徵額及稅率級距者：

甲、改訂所得稅起徵額及稅率級距，依附表（一）之規定。

乙、改訂遺產稅起徵額、寬減額及稅率級距，依附表（二）之規定。

丙、改訂印花稅稅率表及免稅標準，依附表（三）之規定。

四、關於改訂罰金罰鍰標準者：

甲、罰金罰鍰提高標準條例停止適用。

乙、凡規定罰金罰鍰之法律，原適用罰金罰鍰提高標準條例之規定者，一律依各該法律之原定金額改以金圓處罰，關於易服勞役及易料罰金之標準亦同。

丙、凡規定罰金罰鍰之法律,原不適用罰金罰鍰提高標準條例之規定者,一律以其所定金額按其公佈時之全國躉售物價指數與三十七年八月上半月之全國躉售物價指數之比例調整後。再依規定折合比率折合金圓處罰,其折合金圓之金額。由主管機關公佈之。

五、關於改定規費徵收標準者:

各項規費徵收標準,一律由主管機關參照戰前標準改訂,報經主管院核定後徵收金圓。

附表:改訂分類所得稅起徵額及稅率級距表

一、營利事業所得稅之起徵額與稅率:

甲、起徵額每年所得額滿金圓三百元者。

乙、稅率:

(一)所得額在金圓三百元以上未滿金圓五百元者課稅百分之五。

(二)所得額在金圓五百元以上未滿金圓八百元者就其超過額課稅百分之六。

(三)所得額在金圓八百元以上未滿金圓一千五百元者,就其超過額課稅百分之八。

(四)所得額在金圓一千五百元以上未滿金圓二千元者,就其超過額課稅百分之十。

(五)所得額在金圓三千元以上未滿金圓六千元者,就其超過額課稅百分之十二。

(六)所得額在金圓六千元以上未滿金圓一萬二千元者,就其超過額課稅百分之十四。

(七)所得額在金圓二萬二千元以上未滿金圓二萬四千元者‧就其超過額課稅百分之十六。

(八)所得額在金圓二萬四千元以上,未滿金圓五萬元者‧就其超過額課稅百分之十八。

(九)所得額在金圓五萬元以上,未滿金圓十萬元者,就其超過額課稅百分之二十一。

（十）所得額在金圓十萬元以上，未滿金圓二十萬元者，就其超過額課稅百分之二十五。

（十一）所得額在金圓二十萬元以上者，一律就其超過額課稅百分之三十。

屬於公用工礦及運輸事業者依前項各款規定減徵百分之十。

二、報酬及薪資所得稅之起徵額與稅率：

甲、甲項業務或技藝報酬所得稅：

（一）起徵額每年所得額滿金圓四百八十元者。

（二）稅率百分之三。

乙、（二）項定額薪資所得稅：

（一）起徵額每月所得額滿金圓四十元者。

（二）稅率：

1. 所得額在金圓四十元以上，未滿金圓一百五十元者，就其超過額課稅百分之一。

2. 所得額在金圓一百五十元者，就其超過額課稅百分之二。

3. 所得額在金圓三百元以上，未滿金圓六百元者就其超過額課稅百分之三。

4. 所得額在金圓六百元以上，就其超過額課稅百分之四。

三、財產租賃所得稅之起徵額與稅率：

（一）起徵額每年所得額滿金圓八十元者。

（二）稅率百分之四。

四、一時所得稅之起徵額稅率及標準純益率：

（一）起徵額每次所得額滿金圓四十元者。

（二）稅率百分之十。

（三）行商一時所得之計算，以其每次售貨收入減除百分之九十之成本開支後之餘額為所得額。〔註5〕

細讀上述條款，可知上述規定的要點完全是調整稅率。關稅加徵戡亂附加稅 40%；鹽稅增為每擔金圓八圓，較幣制改革前增加 50 餘倍；營利事業所

〔註 5〕中國第二歷史檔案館：《中華民國史檔案資料彙編》第 5 輯第 3 編財政經濟第 1 冊，江蘇古籍出版社，2000 年版，第 147～150 頁。

得稅改爲每半年徵收一次，並予納稅人以優惠條件；印花稅除按金圓計稅外，無多變動；遺產稅亦係以金圓券訂免稅額及稅率。

上述稅率調整後，即開始徵收。據 10 月 5 日《申報》稱：「首由應邀列席之財次代理部徐柏園說明稅率增加情形，徐氏當指出三點：1、鹽稅之增加，係根據『八一九』總統頒佈緊急處分令，2、關稅係依照立院通過新關稅稅率另徵附加稅，3、貨物稅係按照立院通過稅率而從價徵收。繼由委員質詢，其要點在於鹽稅增加過重，忽視人民生計，更忽視立院上會期之決議，各委員復相繼起立質詢，……旋再由徐次長答覆，其要點如下：1、稅率增加，係根據緊急處分令，應否送立院完成立法程序，須待解釋，如認爲應送審議，行政當局自當送審。2、當時擬計劃時，確甚審愼，惟爲使收支平衡，實有迫不及待之苦。3、鹽稅雖增加，但人民負擔並不過重。4、增加鹽稅，不敢在時間上有所拖延，藉防弊竇，當時實非得以。……」〔註6〕「至於煙酒錫箔等七種貨物經濟管制委員會通過之新稅額，政府規定自十月一日實施改徵。……捲煙平均約照八月十九日批價加百分之七十六，薰煙葉百分之十九，錫箔百分之四十，啤酒百分之七十二，洋酒百分之四十五，土酒百分之七十，土煙葉百分之卅七，土煙絲百分之廿五。」〔註7〕

以上海爲例，上海市貨物稅局 9 月份徵收之貨物稅款，總額達七百餘萬金圓，其中捲煙稅占三百四十萬金圓，幾占全數二分之一，棉紗占二百餘萬金圓，糖、酒、化裝品等類約占一百餘（萬）金圓。「聞此次調整稅額後，如捲煙生產量不減，則捲煙稅收可能增加二百餘萬金圓。至於酒類。各種洋酒、啤酒在七、八、九月每月銷四萬箱，每箱納稅金圓二圓六角四分，現調整至十圓九角六分，計每箱增加八圓三角二分，本月產量如仍以四萬箱計，可增加稅收三十二萬餘圓，如加上土酒，則稅收可能增加四十萬圓以上，故稅額改徵後，上海區煙酒貨物稅收，可能增加三百萬圓左右。至於本月份上海區貨物稅收總額，可望達一千餘萬金圓。」〔註8〕

自煙酒等稅調整後，一般老百姓，皆擔心其他貨物也將步煙酒稅之後塵，繼續增稅，此時，行政院翁文灝則明確表示除煙酒外，其他貨物決不加稅。10 月 6 日《和平日報》曾有如下之記載：

〔註6〕 《立院財金法制兩委會熱烈討論增加稅率案》，《申報》，1948 年 10 月 5 日，第 1 版。
〔註7〕 《煙酒稅增加前後》，《金融週報》，1948 年第 19 卷第 15 期，第 8 頁。
〔註8〕 《煙酒稅增加前後》，《金融週報》，1948 年第 19 卷第 15 期，第 8 頁。

「翁院長以上海市民自煙酒兩項增稅後，不明真相，深恐其他物品亦將增稅，紛紛搶購物資，黃牛黨擠購之風，頗為猖獗，特於昨日下午五時，自京親自長途電話致蔣經國氏，指示兩項事宜：一、自今日（六日）起，凡旅客由滬出境，所帶之對象，以自用者為限，凡非自用者一律不准攜帶，尤注意京滬線，滬杭線，嚴格檢查。二、除煙酒加稅之外，保證其他貨物，稅率不加變動。」〔註9〕

但翁文灝的講話並沒有發揮多大作用，煙酒增稅後隨即引起了上海的搶購浪潮，而上海的搶購風潮迅速蔓延至全國各大中小城市，各地都發生了搶購風潮。雖然在限價期內，部分開支（如公教人員之薪資）被凍結，可是收入也並未如預期之增加。迫於全國搶購的嚴峻形勢，一般租稅根本未調整至戰前水準，王雲五的如意算盤也落了空。據王雲五回憶：「經管會曾因恐調整稅收勢須准許十餘種貨物加價，深恐因此影響全域，一再決議從緩實施，以致九月底以前貨物稅之收入，絲毫沒有增加。二則直接稅以營利事業所得稅為最要項，此項稅收前此係一年一度徵收，最近雖改為半年一度，仍須遲至年底始有收入。三種鹽稅率表面上雖增加不少……故第一個月間，實際增收之鹽稅當然不多。……由於以上各項情形，致各稅稅收規費，在改革後一個月或四十日間實際增收之數，多未能達到預期目的。」〔註10〕

對於此次增稅，嚴仁賡尖銳指出：「總而言之，此次增稅，不獨不能安定民生，甚且進一步的迫害民生；不獨沒有達到社會政策的目的，又因放過豪富專門壓向負擔能力最薄弱的人民，所以就連增加收入平衡收支的主要目標也不易達到，幾可說一無可取。我國稅制，患在負擔不公與稅政腐敗，此二者乃稅收徵不起色的主因。故縱使稅率不改，只要澄清稅吏操守，加強稅務行政，稅收便不難有大量增加。『整理財政補充辦法』的施行，徒滋騷擾，大可全部廢止。」〔註11〕

<hr>

〔註9〕《翁院長致電蔣經國，保證貨物不加稅，嚴禁旅客帶商品》，《和平日報》（上海），1948年10月6日，第4版。
〔註10〕王雲五：《岫廬八十自述》，臺灣商務印書館，1967年版，第539頁。
〔註11〕嚴仁賡：《豈可徒因收入而漠視社會政策？──論「幣改」後所得稅制之益不合理》，《世紀評論》，1948年第4卷第1期，第6頁。

第二節　整理舊債與發行金圓公債

關於金圓公債，王雲五在改革幣制之前的考慮，是用以彌補所預想的財政收支不敷的部分。其在 8 月 20 日發表的談話中說：「估計關稅全年收入為金圓四億八千萬圓、貨物稅七億圓、直接稅三億六千萬圓、鹽稅三億二千萬圓、其他各稅連同國營事業盈利規費收入等共二億圓、出售剩餘物資敵偽產業等約四億圓，以上收入共金圓二十四億六千萬金圓。收支相抵，所短之數為十一億四千萬元，約當總歲出百分之三十弱，擬運用美援以抵補其一部分，其尚不足之數當發行金圓公債以資彌補。」〔註12〕

同月，財政部將抗戰前、戰時和戰後所借內債未償部分作了統計，截至 1948 年 8 月，「尚欠內債 330900809.91 美元，28151266 英鎊，法幣 21158637587.70 元，關金券 121776379.19 元。」〔註13〕其內債未償還之本金、利息數如下表：

表 3-2：國民黨政府戰前、戰時和戰後未償內債表

幣別 ＼ 債別	戰前內債	戰時內債	戰後內債	總　計
美元	2849600	225879437.91	102171772	330900809.91
英鎊		28151266		28151266
法幣	1523171325	19635466262.70		21158637587.70
關金券		121776379.19		121776379.19

資料來源：陸仰淵、方慶秋：《民國社會經濟史》，中國經濟出版社，1991 年版，第 799 頁。

依照《金圓券發行辦法》第七條第二十三項原文如下：「政府發行之法幣公債尚未清償者，由行政院另行辦法處理之。除民國三十六年美金公債應照原條例償付外，所有民國二十七年金公債，民國二十九年建設金公債，民國三十一年同盟勝利美金公債，及民國三十六年美金短期庫券，應按法定兌換率換發金圓公債」。

〔註12〕 王雲五：《財政經濟緊急措施之內容》，《財政評論》，1948 年第 19 卷第 2 期，第 10 頁。

〔註13〕 陸仰淵、方慶秋：《民國社會經濟史》，中國經濟出版社，1991 年版，第 799 頁。

　　9 月 4 日，行政院臨時會議通過各種債券處理辦法：1.《法幣公債處理辦法》；2.《整理外幣公債發行原則》、《政府外幣債券處理辦法》。9 月 17 日，財政部正式頒佈了《政府法幣公債處理辦法》和《政府外幣公債處理辦法》，開始通盤整理舊債。至於整理方式，法幣實行一次性加倍償還，外幣實行換發新債。

　　9 月 22 日，據財政部公債司司長陳炳章說明，政府戰前戰後債務情形，謂在戰前政府尚欠本金總數，折合法幣約計三十九億五千餘萬元（等於美金十一億八千五百萬元），其中內債約占百分之五十七，外債約占五億餘萬美元，當時國民負擔，每人平均約合法幣八元八角，自抗戰以來，內外債務增加頗巨，至目前止全部債務尚欠本金約合四十八億二千餘萬金圓，其中內債部分，在最近整理之後，尚欠本金約合金圓七億八千萬元，占全部債務百分之十六，外債部分尚欠本金約十億另一千二百萬美元，是則現在國民負擔，每人約合金圓十元七角二分。〔註 14〕

　　公債清償工作具體情況如下：

一、法幣公債的清償

　　國民政府歷年發行的法幣公債實銷部分而未清償者，一律提前清償，按照 1948 年 8 月 19 日　般法幣公債市價，依各債發行先後，分級規定償還倍數，倍數最高者為「十七年金融長期公債」等 5 種債票，定為 27000 倍（後改為 1350000 倍），最低者為「三十三年同盟勝利公債」，定為 1000 倍（後改50000 倍），並限於一個月內辦理結束。

表 3-3：各種法幣公債提前清償分級加倍標準

公債名稱	票面倍數	附　注
十七年金融長期公債	27,000	所有各債在三十七年八月二十日以後最近到期之一期息票一律算至九月三十日為止並照左列各級加倍數折付金圓在九月三十日以後概不計息。
二十五年統一公債乙丙丁戊種債票	27,000	
二十五年復興公債	27,000	
二十五年四川善後公債	27,000	
二十五年整理廣東金融公債	27,000	

〔註 14〕《經濟大事日誌》，《經濟評論》，1948 年第 4 卷第 1 期，第 20 頁。

公債名稱	票面倍數	附　注
二十六年救國公債	13,000	
二十六年整理廣西金融公債	13,000	
二十七年國防公債	12,000	
二十七年金公債關金債票	12,000	
二十七年振濟公債第一期債票	12,000	
二十八年軍需公債第二期債票	10,000	
二十九年軍需公債第一期債票	9,000	
三十年軍需公債第一期債票	7,000	
三十一年同盟勝利公債	5,000	
三十二年同盟勝利公債	3,000	
三十二年整理省債公債一二三四類債票	3,000	
三十三年同盟勝利公債	1,000	

資料來源：《四種外幣債券換發整理公債之標準》，《銀行周報》，1948 年第 32 卷第 40
期，第 20 頁。

　　國民黨政府戰前及戰時所發行法幣公債，至 1948 年幣制改革時尙未清償
者，共計 19 種，其中 1939 年建設公債及 1941 年建設公債，均未銷售，而係
抵押於國家銀行者。故行政院公佈提前清償之法幣公債係以實銷部分之 17 種
爲限，抵押於銀行部分未列在內。關於清償倍數，在戰前發行 1928 年金融長
期公債，1936 年統一公債，1936 年復興公債，1936 年四川善後公債及 1936
年整理廣東金融公債等五種，一律按二萬七千倍清償。此項倍數之決定，係
按照 1948 年 8 月 19 日一般法幣公債之市價而定。例如該日上海統一公債丙
種收盤爲票面百元賣價二百六十萬元，該日最高價爲二百七十萬元，故定爲
二萬七千倍。

　　戰前所發五種法幣公債，尙有十二億零二百萬餘元本金未償付，關於實銷
部分應提前清償者，估計約爲七億九千五百萬元，照二萬七千倍估計應約爲二
十一萬四千六百五十億元，折合金圓券約七百一十五萬五千元。戰時所發行法
幣公債，尙有一百零三億餘元未償付，實銷部分須提前償付者，估計約爲五十
億餘元，加倍後折合金圓券約爲四百七十五萬餘元，兩者合計約爲一千一百九
十萬餘金圓。國民黨政府戰前及戰時發行法幣公債總額爲一百七十億餘元，實

銷數額僅六十五億餘元，抵押於國家銀行者為六十一億餘元，其餘為未銷數。……實銷部分須提前清償者約為五十八億餘元，照規定清償倍數計算後約為法幣三十五萬七千四百餘億元，折合金圓券約一千一百九十萬餘元，再加上截至 1948 年 9 月底止利息，合計當在一千二百萬金圓左右（詳見下表）。

表 3-4：國民黨政府法幣公債發行額及應提前清償部分折合金圓估計
　　　　數目表（截至 1948 年 9 月底）

	公債名稱	發行額	實銷數	抵押數	截至本年三月止尚欠本金	估計提前清償本金數	加倍後法幣數	折合金圓數
戰前公債	十七年金融長期公債	45,000,000	44,145,690	854,310	12,375,000	12,000,000	324,000,000	108,000
	廿五年統一公債	1,460,000,000	1,048,314,210	111,605,780	842,900,000	700,000,000	18,900,000,000,000	6,300,000
	廿五年復興公債	340,000,000	10,611,400	329,388,600	263,160,000	8,500,000	229,500,000,000	70,500
	廿五年四川善後公債	15,000,000	15,000,000	——	4,500,000	4,500,000	121,500,000,000	40,500
	廿五年整理廣東金融公債	120,000,000	99,862,300	20,137,700	79,100,000	70,000,000	1,890,000,000,000	620,000
	戰前公債小計	1,980,000,000	1,217,933,610	762,066,390	1,202,135,000	795,000,000	21,465,000,000,000	7,155,000
戰時公債	廿六年救國公債	500,000,000	222,500,000	269,562,535	475,115,824	222,000,000	2,886,000,000,000	962,000
	廿六年整理廣西金融公債	17,000,000	2,720,000	14,280,000	11,560,000	2,000,000	26,000,000,000	8,667
	廿七年關金公債	100,000,000	110	99,000,000	93,252,110	100	——	——
	廿七年國防公債	500,000,000	33,111,050	465,000,000	458,846,320	30,000,000	360,000,000	120,000
	廿七年振濟公債	30,000,000	50	25,000,000	24,491,450	40,	——	——
	廿八年軍需公債	600,000,000	50,000,000	550,000,000	573,433,530	48,000,000	576,000,000,000	192,000

	公債 名稱	發行額	實銷數	抵押數	截至本 年三月 止尚欠 本金	估計提 前清償 本金數	加倍後 法幣數	折合 金圓數
	廿八年建設 公債	600,000,000	——	600,000,000	571,440,000	——	——	——
	廿九年軍需 公債	1,200,000,000	117,117,535	1,107,050,000	1,199,483,567	110,000,000	990,000,000,000	330,000
	卅年軍需 公債	120,000,000	14,577,690	1,174,600,000	1,167,017,106	14,000,000	98,000,000,000	32,667
戰 時 公 債	卅年建設 公債	1,200,000,000	——	1,200,000,000	1,175,600,000	——	——	——
	卅一年同盟 勝利公債	1,000,000,000	609,650,100	——	492,516,250	492,516,250	2,462,581,250,000	820,860
	卅二年同盟 勝利公債	2,000,000,000	1,310,880,800	——	1,241,608,800	1,241,608,800	3,724,826,400,000	1,241,608
	廿二年整理 省債公債	175,000,000	146,672,000	——	115,445,000	115,445,000	346,335,000,000	115,445
	卅三年同盟 勝利公債	5,000,000,000	2,834,454,300	——	2,805,854,300	2,805,854,300	2,805,854,300,000	935,288
	戰時公債 小計	15,022,000,000	5,341,683,525	5,405,492,535	10,312,412,147	5,071,414,390	14,275,596,950,000	4,758,535
總　計		17,002,000,000	6,559,617,135	6,167,559,925	11,514,547,147	5,866,424,390	35,740,596,950,000	11,913,535

資料來源：宋同福：《幣制改革後發行金圓公債問題》，《資本市場》，1948 年第 1 卷第 8～9 期，第 19～20 頁。

9 月 29 日，財政部公佈《政府法幣公債提前清償辦理注意事項》：

1、財政部依照政府法幣公債處理辦法之規定，指定中央銀行及其委託銀行經理，政府法幣公債提前清償十五，國外並委託中國銀行辦理。

2、上項辦法所規定提前清償之公債，係以歷年市價銷售領發債票，在民國卅七年八月十九日尚未到期還清之本息票為限。其在該日以前業已到期者，應由持票人自行檢出，照原定償還辦法，令向經理銀行折合金圓兌領本息，不得混入未到期本息票內，申請加倍清償。

3、凡政府未經實際銷售而撥作銀行借款抵押品之法幣公債，由財部另行處理，不再前項規定提前清償之列，但持票人所有之法幣公債，如有充作私人借款抵押品者，仍予提前清償。

　　4、上項提前清償各項加倍計算標準，應照政府法幣公債處理辦法附表所定並另對利息扣除所得稅計算之。

　　5、持票人申請提前清償時，應先向經理銀行領取申請書，將所持之債票名稱、種類、張數、金額附帶息票張數暨應兌領金圓數額，詳細填明，加蓋名章，並在債票右上角加蓋同樣名章，繳交經理銀行請兌。

　　6、經理銀行收到持票人所送申請及債票應逐張核對暗記與樣張是否相符，號碼有無在卅七年八月十九日以前已到期。或經掛失作廢停止支付之債票，並驗查應繳息票張數，有誤缺少等等，經查均無錯誤後，即行兌付，如不及即時兌付者，得先發給收據約期兌付。

　　7、上項查核無誤准予兌付之本息票，應由經理銀行打洞作廢，並按向例由經理銀行總行匯送財政部核銷。〔註15〕

二、外幣債券的清償

　　財政部爲通盤整理已發行之外幣公債起見，特依據金圓券發行辦法第七條第三項之規定，擬定政府《外幣公債處理辦法》及《民國三十七年整理外幣公債發行原則》各一種，並提經 9 月 4 日行政院會通過，於 9 月 6 日命令頒佈。

　　（1）《外幣公債處理辦法》。依《外幣公債處理辦法》第二條之規定：（一）民國二十年年金公債，英金債票及美金債票，（二）民國二十九年建設金公債，第一期英金債票及美金債票，（三）民國三十一年同盟勝利美金公債，（四）民國三十六年美金短期庫券，上述四種外幣債券實效部分尚未清償之本金，連同截至三十七年九月底之利息，一律以三十七年整理外幣公債換發收回之。其未經銷售者（包括抵押銀行部分），由財政部另行處理。

　　（2）《民國三十七年整理外幣公債發行原則》。發行總額規定爲金圓五億二千三百萬元，分爲三種。甲種債票定額一億三千七百萬元，爲換發三十六年第一、二期美金短期庫券之用。乙種債票定額三億二千五百萬元，爲換發民國二十七年金公債英美金債票，及三十一年同盟勝利美金公債之用。丙種定額六千一百萬元，爲換發民國二十九年建設金公債第一期英美金債票之用。

〔註15〕《政府法幣公債提前清償辦理注意事項》，《銀行週報》，1948 第 42 期，第 31 頁。

　　按國民黨政府發行之四種外幣公債，發行總額計爲英金二千萬鎊，美金五億零五十萬元，實銷數計英金八十二萬二千零四十鎊，美金一四九、六二七、五四三元，抵押數計英金一八，一五五，○○○鎊，美金七六，四八九，○○○元，截至 1948 年三月底止，尚欠本金計英金一八，三五五，五三六鎊，美金一九○，九二五，四六五元，惟實銷部分估計尚欠本金計英金八七○，○○○鎊，美金一一七，八○五，九八六元，兩項合計折合金圓券爲四億八千一百六十六萬餘元，另加截至 1948 年 9 月底止之利息數，合計當爲五億二千三百萬元之數。

表 3－5：國民黨政府外幣公債發行額及所欠本金數額統計表
（截至 1948 年 9 月底）

公債名稱	單　位	發行額	實銷數	抵押數	截至本年三月止尚欠本金	估計實銷部分尚欠本金
二十七年英金公債	磅	10,000,000	162,045	9,000,000	8,630,773	160,000
二十七年美金公債	美金	50,500,000	4,668,920	43,527,450	45,473,362	4,500,000
二十九年建設英金公債	磅	10,000,000	719,995	9,115,000	9,724,763	710,000
二十九年建設美金公債	美金	50,000,000	13,235,485	32,961,550	45,246,117	12,000,000
三十一年同盟勝利美金公債	美金	100,000,000	99,805,028	──	80,175,828	80,175,828
三十六年美金短期庫券	美金	300,000,000	31,918,110	──	20,130,158.77	20,130,158
總　　計	磅	20,000,000	882,040	18,155,000	18,355,536	870,000
	美金	500,500,000	149,627,543	76,489,000	190,925,465.77	117,805,986

資料來源：宋同福：《幣制改革後發行金圓公債問題》，《資本市場》，1948 年第 1 卷第 8～9 期，第 21 頁。

　　9 月 22 日，政務會議通過《民國三十七年整理公債發行條例》發行總額爲五億二千三百萬金圓，分甲、乙、丙三種，自 11 月 1 日起十足發行，以調換舊有發出之各種外幣債券。10 月 1 日，財政部擬定一《政府外幣債券換民國三十七年整理公債辦理注意事項》，通令各分行處察照辦理。

三、評價

對於法幣公債的清償，國民黨政府標榜盡最大努力，維護債權人利益。財政部公債司司長陳炳章稱：「關於法幣公債者，按法幣公債之本息，向係依照條例規定，按票面法幣數額一兌一還付，抗戰期間在後方亦照此辦理，蓋政府公債與普通借債性質不同，政府募銷公債，所有款項，均繫隨時用作國家之開支，非如銀行企業可將吸收之存款作營利之運用。況公債債票可以自由移轉流通，目前持有人未必均繫原認購人，是以復員以來，各地法院對戰前銀行存款及私人借貸增倍償還公訴案，其判決標準，雖因時間前後而有出入，但對公債均經特別提出『除外』，不在加倍償還之列。現在幣制改革，政府為體念持票人以往購債助國之熱忱，不惜加重國庫負擔，毅然決定予以分級加倍償付，以示優待，且見維護持票人利益之至意，抑有進者，查各種法幣公債，依其原定償期尚餘期間計算，短者尚有數年，長者竟達卅三年餘之久，現在政府不論其尚餘償期長短，一律並予提前一次清償，至所定分級加還之倍數，最多二萬七千倍，最少一千倍，如以戰前發行各債為列，較之本年八月十九日上海統一公債暗市價格且有過之無不及。假定與銀行業戰前存款放款清償條例附表加成計算，每元應還本利和數額比較，則各種公債加倍償還之數，均約增至八倍之多，政府在財政極端困難之際，作此決定，可謂已盡其最大之能事。」〔註16〕

但實際上，《法幣公債處理辦法》和《政府外幣債券處理辦法》公佈後，對於此次法幣公債之償還倍數，以戰前法幣購買與現在金圓券購買力比較而言等很多人認為政府規定辦法不合理，欠公平。於是，上海法幣公債持有人推代表宋謝銘九、戚俊華、傅承華、施卓庸等四人赴京請願，戚等於 17 日晨抵京，即於上午赴立法院及財部，下午赴中央黨部及監察院請願，並遞送呈文一件。戚等並定於十八日赴總統府及行政院呼籲，要求政府將《國幣公債處理辦法》重新修訂，其呼籲要點中指出：「《國幣公債處理辦法》中規定，已中簽各債之本息，一律以法幣一還一折合金圓券償還，未中簽各債之本金，一律以倍數提前償清，未中簽之息票與已中簽之本息同樣辦法，此種辦法凡持有國幣公債者莫不認為太不合理其理由：1.戰前統一公債之本位為銀元，息票上記載詳明，當時一萬元債券票面，實值黃金七十兩，可購買白米七百石，

〔註16〕 《政府通盤整理舊債，財部公債司長談整債意義》，《工商法規》，1948 年第 30 號，第 1010 頁。

今日以足夠白米四石之二萬七千倍代價提前償清，其不合理之程度，於此為極。2.已中簽之各種國幣債票，一律以法幣一還一折合金圓券償還，政府等於賴債。3.各種美金債票與國幣債票同為國債，何以處理美金債票獨特優越，處理國幣債票如此不合理，重外幣而請國幣，其難昭公信。」〔註 17〕

就法幣公債與外幣公債清償這一問題，立法委員劉振東等也曾在立法院會議上提出《修正行政院公佈之整理外幣與國幣公債辦法，以彰公道，而減經國庫負擔案》。劉振東認為「美金公債還本數額，政院規定過高，而國幣公債之還本如此之低，殊失平允，應由立法院通知政院立即廢止九月四日所公佈之《公債處理辦法》，另訂公平合理之辦法，以昭示公允。」〔註 18〕孟廣隨後表示贊成，謂：「國幣公債政府既可賴債，外幣公債何必不賴，若外幣公債如數償還，則國幣公債何獨偏頗，政府此舉殊似有優待豪門之嫌，應予改正，故對本案表示讚同」。表示贊成的還有江一平：「人民既已有重視美鈔之心理，若政府再對外幣公債過於優待，將更助長此種心理，而影響人民對國幣之重視。」楊公達也對此案表示贊成，並要求大會決定立即諮請政院停止執行《公債整理辦法》。〔註 19〕反對修正整理外幣與國幣公債辦法者亦不少，李永懋在劉振東話畢即發言反對；此外郭登鼇認為「為維持金圓券之信用，外債還本之辦法決不可改，以為政府下次發行公債留有地步，故對本案表示反對」。雷殷隨後提出折衷意見，認為外幣國幣公債之債信，均應維持，但各公債持有人所得政府歸還之款項，仍須捐予政府，如此可兼顧債信及國庫負擔。立法院長孫科最後宣稱本案討論終止，交付財政金融委員會審查，並即諮請政府停止執行《整理公債辦法》。〔註 20〕

廉星橋直言政府對債權人的殘酷剝削。他指出：「戰前存款與法幣公債受損失的原因，無疑義是因為法幣貶值。……現在不但貶值，而且改革了，不但改革了，而且規定了關鍵，每元值金圓券三忽，也就是值銀元一忽五微。當初發行法幣是，規定官價每元至銀元一元，彼時向政府銀行交存款的，買

〔註 17〕 《滬國幣公債持有人推代表抵京請願》，《工商法規》，1948 年第 32 號，第 1059 頁。
〔註 18〕 《對公債償還辦法曾力爭公平處理》，《工商法規》，1948 年第 36 號，第 1159 頁。
〔註 19〕 《對公債償還辦法曾力爭公平處理》，《工商法規》，1948 年第 36 號，第 1159 頁。
〔註 20〕 《對公債償還辦法曾力爭公平處理》，《工商法規》，1948 年第 36 號，第 1159 頁。

公債的，都是交銀元一元，充做法幣一元。……乃是以金圓三忽，償還銀元一元，也就是以銀元一忽五微，償還銀元一元。」「政府規定戰前存款，每銀元或初期法幣一元，最多償付法幣三千四百元，值金圓券一釐一毫，存款人的損失是二千分之一千九百九十九。法幣公債每元最多償付法幣二萬七千元，值金元券九釐，原繳公債人的損失，是二千分之一千九百九十一，美金公債，換發金圓公債，照官價不折不扣，這三樣債權，只有美金公債，得天獨厚。」〔註21〕而政府方面理由則相當可笑，認為「政府公債之發行，多係無記名式，可以隨時轉讓，現在持債券之人，多不是原始購債券之人，如照購買力之倍數償還，不特政府負擔不起，難免有獎勵投機取巧之嫌。不過假定持券人為原始購債人，則吃虧太大，此無可諱言者。惟如何證明持券人為原始購債人，頗為困難。」〔註22〕

　　國民黨政府在幣制改革之時，推行整理舊債辦法，發行金圓公債，並未取得預期的效果。原因主要有如下幾點：

　　第一，銀行、錢莊在惡性通貨膨脹的影響下，以及國民政府的嚴密管制下，奄奄待斃。為求生存，它們都把從事重要商品、物資的囤積居奇和金銀外匯的投機買賣活動作為其主要業務，根本沒有興趣購買政府發行的、利率相對較低的公債；而廣大的民眾，在物價持續飛漲、通貨惡性膨脹的情況下，生活極度痛苦，大都掙扎在死亡線上，並沒有餘力購買公債。

　　第二，國民黨公債債信喪失。對於整理公債，孔祥熙曾發表如下看法「有些公債是應該整理的，不過整理時不但應該顧到國家之信用，而且對債權人的權益亦應顧及。」〔註23〕但國民黨政府並沒有這麼考慮。「政府對於財政的信用，一損於宋子文黃金儲蓄四成捐獻政策，二損於國幣公債償還倍數太低，三損於此次財經改革失敗。政府的債信全失，何況人民對於公債認為是比短期國庫券期限更長的長期儲蓄，當然缺乏興趣，公債發行能收縮的通貨數量，也就不言可知了。」〔註24〕馬寅初也指出：「財政赤字，

〔註21〕廉星橋：《戰前存款及公債償還辦法是違憲的》，《新聞雜誌》，1948年第2卷第1期，第16頁。

〔註22〕宋同福：《幣制改革後發行金圓公債問題》，《資本市場》，1948年第1卷第8～9期，第19頁。

〔註23〕《公債應該整理，但須顧到信用》，王放勛：《紐約訪孔先生》，《金融日報》，1948年10月6日，第3版。

〔註24〕王公維：《急救金圓券的危症》，《輿論》，1948年第1卷第6期，第13頁。

原擬發行金圓公債以爲抵補，但事實證明，發行公債是財政部門的單相思。在 8 年抗戰期中，反動政府所發的公債，因人民太窮無力承受或購買，故只能做到『發』，不能做到『銷』（銷不出去）的地步，結果不得不用『總預約券』向中央銀行抵借，於是通貨膨脹，物價隨之而飛漲以至於不可收拾。」〔註25〕《金融日報》社評也指出：「公債的整理，就是公債的破產。」〔註26〕

第三節　發售國營股票與出售敵僞產業

　　王雲五在改革幣制之前的考慮，是想通過發售國營股票與出售敵僞產業以彌補所預想的財政收支不敷的部分。其在 8 月 20 日發表的談話中說：「國營事業盈利規費收入等共二億圓、出售剩餘物資敵僞產業等約四億圓」〔註27〕，用作平衡國內收支。那麼，實際情況如何呢？

一、發售國營股票

　　幣制改革後，國有事業資產，已被列作金圓券發行準備的一部分，據《金圓券發行準備移交保管辦法》的規定，其第二部分的準備，除敵僞產業計值 74,283,809.06 美元外，尚有中紡公司資產 70%，計值 101,538,505.43 美元，招商局資產 50%，計值 71,642,379.34 美元，臺糖公司官股 4300 萬美元，臺紙公司官股 800 萬美元，天津紙漿公司資產一部分 200 萬美元。

　　財政部長王雲五發表談話稱：「關於國營事業股票之發售，現已開始在滬辦理，因事屬創辦，社會一般認識對於發售辦法之內容及政府之立意容有尚欠明瞭之處，願就此稍有說明，以供人民投資承購時之參考。查此次發售股票之國營事業，共有中紡公司，招商局，台灣糖業公司，台灣紙業公司，天津紙業公司五單位。均爲目前政府管理下設備最佳，營業最甚，而前途最有希望之生產或建設事業，政府爲誘導並輔助私人資本獲得正當之發展起見，特將上述五單位之股票先以一部分分別出售，藉予人民以一最有利之機會參加投資，故發售股票實爲政府與人民兩方之共同利益著想。關於全部股票之

〔註25〕　馬寅初：《馬寅初演講與論文集》，北京大學出版社，2005 年版，第 188 頁。
〔註26〕　《社評：論外幣債券處理辦法的影響》，《金融日報》，1948 年 9 月 7 日，第 2 版。
〔註27〕　王雲五：《財政經濟緊急措施之內容》，《財政評論》，1948 年第 19 卷第 2 期，第 10 頁。

發行金額，係依照其資產總值之最低估計，從嚴核計，共為金圓券十七億五千三百餘萬元，實際上遠較各該事業之目前市價為低，且政府所保留之股權部分，須移交金圓券發行準備監理委會保管，並充金圓券發行準備，是股票價值是否能與票面相稱，該會當有所考核，決不容許高估。至發售民營部分，為金圓券五億六千四百萬元，約占總額三分之一，衡諸過去一股官商合股之銀行或廠礦，此次比例已不為少，且依照政府決定，商股部分俟招足十分之一時，即可召集股東大會。關於公司之行政管理，股票持有人自可在會主張，所推舉之董監事更可參加實際指導工作，今後公司如何經營，亦當嚴格依據公司法之規定辦理。故政府方面對於公司資產之估價，股權分配之比例，以及商股之合法權益等等，均充分顧及，將來政府並當考慮提高商股比例，增加發售數額，以便人民有依法控制各公司之機會與權力，而逐漸趨向於全體民營之道路。」〔註28〕

根據行政院的規定，各有關國營事業，因此均要改組為股份有限公司，「規定股票以一百金圓為一股，票面分為一股、五股、十股、五十股、一百股及一千股等六種，各公司現在正趕印股票，將來除掉一部分交與金圓券發行準備監理委員會保管外，其餘的部分，據說在中秋節前，即可發售。」〔註29〕

五種國營事業股票，於9月10日首先在上海市發售後，發售情況並不理想。「國營事業股票十四日共售出金圓四十萬零四千四百圓，數額比十三日又減少了。總計自十日到十四日五天，（十二日為星期日），共售出二百九十六萬三千九百圓。其中計中紡公司二百零九萬四千圓，招商局二萬二千五百圓，台紙公司八萬二千三百圓，台糖公司七十六萬一千一百圓，天津紙業公司四千圓。」〔註30〕

「自九月十日在本市發售以來，截至九月十八日止，總額共售出金圓券三百五十四萬五千九百圓」，「五種股票中，以紡建公司，台糖公司兩股票銷售最多，天津紙業公司較少，茲將各項股票銷售數額總計如下：

（一）紡建公司股票二百五十五萬五千五百圓。（二）台糖公司八十七萬零一百金圓。（三）台紙公司八萬二千八百金圓。（四）招商局三萬三千五百

〔註28〕　《國營事業股票增加銷售地區》，《金融週報》，1948 年第 19 卷第 13 期，第 6頁。

〔註29〕　《經濟匯誌》，《銀行週報》，1948 年第 32 卷第 38 期，第 36 頁。

〔註30〕　《國營事業股票購者未見踊躍》，《工商法規》1948 年第 32 號，第 1062～1063頁。

金圓。（五）天津紙業公司四千金圓，合計金圓三百五十四萬五千九百圓。」
〔註 31〕

　　據《大公報》9 月 15 日訊：國營事業股票自發售以來，承購者不如預料之踊躍。據有關方面分析未能暢銷之原因約有數點：「1.政府所佔股份過多，計紡建公司官股占十分之七，台糖公司官股占十分之九，台紙公司占十分之八，民股所佔成分過少，對公司之業務及管理權不易過問。2.照政府發表各公司資產總額，雖都超過資本額，但其詳確資產負債數字未見公佈，且未經社會中立公證人士檢查證明，難以取得人民信任。3.各公司改組後法定地位如何？是否獨立經營，不再受政府行政命令支配，未見政府表示，亦易啓人民疑懼，如紡建公司供應軍用紗布，價款拖欠經載，損失甚巨，招商局輪船供應軍差，台糖公司平價配糖，都影響其本身業務損益。今後如一仍舊貫，勢將減低人民投資興趣。4.紡建公司及台糖公司股票最低面額五股，價值五百金圓，為一般平民購買力量所不及，似嫌過高。5.最後最重要之點，為國營事業股票今後是否上市問題，如不能上市，則人民購買股票大，但政府如無明確表示，人民亦不敢輕易買進也。根據以上數點，過去對紡建公司出售頗有興趣之民營紡織業，此次竟未有一廠購買紡建股票，而民營航業界對招商局股票亦表示毫無興趣。」〔註 32〕

　　鑒於上海國營股票銷售受挫，國民黨當局為了吸引顧客打開銷路，又決定三項辦法：「（1）國營事業各單位之資產負債，趕速呈報，分別印發，以便投資人之選擇。（2）保證投資人之利益，提高股息。（3）保證投資人之興趣，過去一年付息一次，現擬改為三個月付息。（四）增加發售地區，分期普及各大都市。」〔註 33〕「當局為加速完成國營事業股票之發行，以達到吸收遊資，收縮通貨之目的起見，決自二十一日起，除於本市發售外，再增平津京穗四大都市同時發售，以便於此四處人士之就近購買。一切股票與表冊，已於日前分別送達。至於台灣區之發售，亦正與台灣省銀行洽商中，聞日內即可開始。至於國內未發售地區人民。如需要購買此項股票，亦可經由當地國家行局以匯款方式請求代購云。」〔註 34〕然而，形勢依然嚴峻，10 月 13 日，當局又擴大發行地區。「國

〔註 31〕　《國營事業股票售出額》，《銀行週報》，1948 年第 32 卷第 40 期，第 19 頁。
〔註 32〕　《國營事業股票購者未見踊躍》，《大公報》，1948 年 9 月 15 日，第 2 版。
〔註 33〕　《一週瞭望》，《經濟週報》，1948 年第 7 卷第 13 期，第 3 頁。
〔註 34〕　《國營事業股票增加銷售地區》，《金融週報》，1948 年第 19 卷第 13 期，第 6 頁。

營事業股票繼在津、滬、平、漢、穗五地發行後，現決擴大發行地區，繼在昆明、廈門、成都、重慶、西安等地發售。」〔註35〕

　　五家國營股票發售區域的不斷擴大，並沒有帶來多少發售額的增加。「國營事業股票，各地國行及其委託經售行局，截至十月三十日止，合計售出金圓六百六十八萬二千五百圓。內中仍以中紡、台糖售出最多，津紙較次，計中紡股票售出二百四十六萬另五百圓，台糖股票售出二百七十八萬七千三百圓，台灣紙業售出三十七萬七千二百圓，招商局售出五萬三千五百圓，天津紙業售出四千圓。」〔註36〕

　　「國營事業股票各地央行及其委託經售銀行截止十一月六日止，售出總額一千另三十八萬七千二百金圓，計台糖六百廿二萬六千九百餘圓，紡建三百七十萬另九千五百金圓，台紙三十九萬二千八百金圓，招商局五萬四千金圓，津紙四千元。」〔註37〕

　　11 月 12 日，行政院命令各銀行自即日起暫停出售國營事業股票。據有關方面分析停售原因有二：「一為股票銷售最多之中紡公司已準備全部出讓，故不再零星售出。二為金圓券已較發售之初貶值，若再繼續出售，則將受不少損失。」〔註38〕

　　至此，國營股票發售告一段落，所售金額僅及王雲五所談及「發售民營部分，為金圓券五億六千四百萬元」的五十分之一，王雲五幣制改革之初幻想依靠出售國營股票來吸收遊資，平衡收支的計劃落空。

二、出售敵偽產業與剩餘物資

　　《整理財政及加強管制經濟辦法》第五條規定：「剩餘物資及接收敵偽物資產業，應儘量加速出售，以裕國庫收入。」〔註39〕

　　實際上，行政院原本設有敵偽產業處理委員會，但延至幣制改革之時，仍有大批產業未處理。9 月 25 日，國民黨政府為疏導遊資，特派何浩若到上海主持該項工作，以期望於短期內加速處理敵偽產業。

〔註35〕　《經濟大事日誌》，《經濟評論》，1948 年第 4 卷第 2 期，第 18 頁。
〔註36〕　《國營事業股票全國共售出六六八萬圓》，《銀行週報》，1948 年第 32 卷第 47
　　　　 期，第 24 頁。
〔註37〕　《經濟大事日誌》，《經濟評論》，1948 年第 4 卷第 6 期，第 16 頁。
〔註38〕　《國營事業股票停止發售》，《工商法規》，1948 年第 49 號，第 1460 頁。
〔註39〕　洪葭管：《中央銀行史料》，中國金融出版社，2005 年版，第 1284 頁。

何浩若到上海後不久，便於 9 月底公開表示，將加緊處理敵偽產業工作。其主要原則爲：「（一）全國敵偽產業規定六個月內清理完畢，上海在三個月全清理完畢。（二）全國敵偽產業估計價值在一億美元以上，調查清楚者共值八千萬美元，已撥充金圓券準備；（三）德僑產業以和約尚未簽訂，奉令暫緩辦理。」〔註40〕

10 月 1 日，行政院召開有關各單位舉行敵偽產業處理檢討會，2 日繼續開會，由主委何浩若主持。出席中央各有關部會代表及全國各地區處理敵偽產業機構負責人。上午會議討論提案，經通過第一審查小組報告，提案三件爲：

「（甲）關於各地方政府機關接收動用之敵偽物資，多有無從追查，或收款無著，擬具結案辦法如次：查處理機關，成立較遲，各地敵偽所遺物資，多係由當地機關，及受降或駐防部隊先行接收，陸續動用，經清理處多方追查，嚴限移交，其已經動用者，則估價催收價款，惟因種種情形，每感無法追究，以致案懸不決，爲迅謀解決，擬具辦法如次：

（一）各地方機關接收動用之敵偽物資，如經各省政府證明，當時確屬因公動用，而其數量不多，價值又不鉅者，准由處理機關斟酌情形，予以銷案。

（二）各地方機關，因公動用之接收敵偽物資，如數量價值較鉅者，由處理機關匯案呈院，於補助地方經費項下扣抵，或准追加預算，轉帳結案。

（三）各地方機關，接收之敵偽物資，雖經接收，但未動用者，仍應交由處理機關，依法處理。

（四）各地方機關接收之敵偽物資，屢經追銷，或因隔時太久，或因主管更易，成因改組撤銷，或因並無原始清冊或接收憑證可資核對，而始終查無著落，一併列單呈院核銷。

（乙）關於各機關及軍事機關，依法接收敵偽產業之如何作價轉帳，及催收結案，擬具辦法如次：

（一）撥交國營事業機關經營之工廠及其設備，應由各該區處理機構列冊呈院核定其作價標準，限本年年底以前轉帳，以資結案。其有歷年經營所得盈餘，亦應照案交由處理機構轉解國庫。

〔註40〕《敵偽產業限期清理》，《周論》，1948 年第 2 卷第 13 期，第 12 頁。

（二）各政府機關，軍事機關接收之敵偽產業，未移交處理及未作價清算者，應分別嚴予核定，何者必須留用，何者不必留用，其必須留用者，即應限期照時價轉帳，其不必留用者即限令移交處理。

（丙）為各機關接收留用敵偽產業，擬請簡化辦理轉帳手續案。查各機關接收留用敵偽產業，其價款多係呈請行政院核准轉帳，須俟辦竣轉帳手續，方能結案，依照院頒各公務機關領用敵偽產業國庫轉帳手續辦理以來，困難滋多，如：（一）領用機關原有預算法案不足扣抵，而又遲遲不辦追加預算手續者。（二）有已辦妥追加預算，而延不填給領款收據，亦有因領用機關久不辦理轉帳，以致逾期調整價格：其已辦之追加預算因而不敷者。（三）有因填送領款收據過遲，其已辦妥之追加預算法案因年度已過，須辦轉移年度手續者。（四）有企圖不作價留用，既不付現，又不辦轉帳者。綜上所述，遂致辦理轉帳案件雖經多方洽催，但仍曠日持久，不克結案，本處為一臨時機關，自難任其長此遷延，影響結束期限，為求轉帳案件迅速辦結起見，擬請飭令國庫署變通簡化手續，對於已核准轉帳各案，國庫署在接奉大院核准令後，即憑本處檢送之繳款書，開具支付命令，辦理轉帳手續，如領用機關無預算法案足資扣抵者，除由財政部通知該領用機關，限期辦竣追加預算手續外，由國庫署先以「暫收款項」科目與本處轉帳，俟領用機關辦妥追加預算後，再行申請，藉以節省時日，而期早日結束。」〔註41〕

隨後討論第二組審查報告，對平津青島等地之敵偽產業處理，以何浩若之意見為結論，作為對該區敵偽產業處理之原則。何浩若認為：「平津青島等地情形固屬特殊，然較之東北自關外入關者視之，前者又無寧謂為樂土勝地。東北入關遊資其先必經平津而求出路，如能善為利導，未必不可納入正軌。故如將一般極合實用之敵產房屋公平定價，且使買主能有管業，保證彼等對認購敵偽產業，必樂為之。如各地機構感於本身權力有限，可組織各地處理敵偽產業督導委會，由當地高級軍政長官組成，負責督促執行標賣出清等事。處理機關應拿出勇氣，負責任，放膽去做。最後討論第三審查小組所提出之《加速出售敵偽房地產辦法草案》，亦經修正通過。」〔註42〕

10月2日，據各地敵偽產業清理機關業已清理及確定產權立刻可以出售之敵偽產業，總值達三億三千六百七十四萬金圓，若連同大量敵偽物資，則

〔註41〕 《國內時事：敵產處理：加速出售敵偽產業，敵產處理會通過草案》，《外交部週報》，1948年第95期，第2版。

〔註42〕 《敵偽產業處理近訊》，《金融週報》，1948年第19卷第15期，第9頁。

總值將在一億美元以上，其中地產數值最巨，約占七成〔註 43〕。據新聞局消息：「行政院敵偽產業處理委員會，現正加緊處理敵偽產業。茲據該會統計全國各區敵偽產業未處理之數量價值如次：

蘇浙皖區：房地產八三二處，值九千零二十八萬圓。工廠七十一家，值二百一十四萬五千圓。物資值二千三百零九萬五千圓，船舶二百艘，值十萬圓。車輛十三輛，值五萬圓。金銀證券三千四百七十二萬圓。其他七十六萬圓，總計一億五千一百一十五萬圓。

冀平津區：房地產二千八百四十七處，值八千二百六十五萬一千九百二十六圓五角。工廠七十家，值二百九十六萬五千八百八十二圓。物資值三十萬零八千零二十七圓三角七分。金銀證券五十六萬二千八百九十六圓一角一分。碼頭倉庫十座值一百二十萬七千二百七十九圓五角。總計八千七百六十九萬六千零十一圓四角八分。

魯青區：房地產二千二白八十一處，值四千零一萬二千八百六十一圓。工廠二家，值二萬四千零八十五元，船舶四艘，值一萬圓。車輛八輛，值六千二百圓。總計四千零五萬三千一百四十六圓。

粵桂閩區：房地產二百七十一處，值六百九十萬六千零二十圓二角。工廠二十家，值八十七萬五千八百七十五圓二角。物資七十三萬八千一百四十六圓三角。船舶六十一艘，值十萬零三千二百六十九圓六角四分。車輛十三輛，值二萬四千三百圓，碼頭倉庫一座，值二百六十五萬八千八百三十二圓三角六分。總計一千一百三十萬六千四百四十三圓七角。

武漢區：房地產六百零八處，值二千八百零八萬一千三百零七圓一角二分。工廠六十三家，值二百萬圓。物資十九萬五千八百零九圓。船舶四百五十六艘，值八十萬圓。車輛二千五萬（百）五十輛，值七千六百五十三圓。金銀證券三千六百三十四圓。碼頭倉庫八座，值四百二十一萬六千一百圓零八角五分。其他四百七十三萬七千六百三十一圓五角九分。總計四千零四萬二千一百三十五圓五角五分。

河南區：房地產二百七十四處，值七萬四千四百圓。工廠二家，值一百二十萬圓。物資一百另五萬圓。其他十七萬六千一百圓。總計二百五十萬零五百圓。

各區合計：房地產七千一百一十三處，值二億四千八百萬六千五百一十四元八角二分。工廠二百二十八家，值九百二十一萬零八百四十二圓二角。

〔註 43〕 《經濟大事日誌》，《經濟評論》，1948 年第 4 卷第 1 期，第 20 頁。

物資二千五百三十八萬六千九百八十二圓六角七分。船舶七百二十一艘，值一百零一萬三千二百六十九圓六角四分。車輛二千五百八十四輛，值八萬八千一百五十三圓。金銀證券三千五百二十八萬六千五百三十圓一角一分。碼頭倉庫十九座，值八百零八萬二千二百一十二圓七角一分。其他五百六十七萬三千七百三十一圓五角九分。總計三億三千二百七十四萬八千二百三十六圓七角四分。」〔註44〕

據《申報》10月3日登載：「全國敵偽產業變價出售所得，為金圓券發行準備金之一部分，其數目相當龐大。據各地清理機關業已清理及確定產權立刻可以出售之敵偽產業，總值達三億三千二百七十四萬金圓。折合美金為八千三百十八萬五千元，而且尚有東北區已估價待售之敵偽產業五千餘萬金圓，及陸續即可處理結案出售之大量敵偽物資，均未列入。因此全國敵偽產業之出售所得總值，將逾美金一億元以上。據現時估價之敵偽產業三億三千餘金圓數額中，以地產一項所佔數目最大，約為全額之百分之七十。若按地區分別計算，則蘇浙皖區所佔數目最多，達一億五千餘萬金圓。河北平津區占八千七百餘萬金圓，山東青島區占四千餘萬金圓，武漢區占四千餘萬金圓，粵桂閩區占一千一百餘萬金圓，河南區占二百五十餘萬金圓。」〔註45〕

10月13日，行政院政務會議通過《加速出售敵偽房地產辦法》，規定出售敵偽房地產，應按市值估價，通知住戶，限於通知到達之日起，十五日內承購，先交房價半數為保證金，其餘於通知日起一個月內繳清，逾期不繳，沒收保證金等。具體內容如下：

「（一）出售敵偽房地產，應一律按市值估價，通知住戶，限十五日內承購，先交保證金板書，其餘於通知日起一個月內繳清，逾期不繳，沒收保證金。如十五日不為承購，作為放棄論，即行公開招標，仍準住戶參加投標，（二）敵偽房地產現住戶自放棄承購之日起，一個月內，必須遷讓，以憑標售。如不在限期內遷讓，應由經濟督導員辦公處，當地政府、軍警機關、強制執行。（三）敵偽房地產，包括已未移充金圓券發行準備，一律處理，限六個月內辦理完竣。（四）政府機關使用房屋，除經政務會議核定轉帳者外，一律依照本辦法出售，（五）出售敵偽房屋，各區設置房地產複估委員會，聘請民意、

〔註44〕　《全國各區敵偽產業總值共達三億餘元》，《外交部週報》，1948年第95期，第3版。
〔註45〕　《全國各地敵偽產業總值逾一億美金》，《申報》，1948年10月3日，第1版。

司法等機關及社團代表、專家為委員，並邀請當地審計機關，派員參加。（六）私有工地上敵建房屋，仍依收復區私有土地上敵偽建築物處理辦法之規定辦理；敵偽圈購、徵購、及強購之房地產，如可由原業主贖回時，原業主仍有請求優先繳價領回之權。（七）私有房地產，經敵偽增益修建，其增益部分，應准原業主優先承購。（八）敵偽房屋經戰事破壞後之殘餘建築物，由私人修建，或建築住用者，其地基及房屋，得准該修理或建築人依本方法一，二兩項之規定辦理。房地如經標售，應將修建部分價值，攤還修建人。（九）出售敵偽房屋，如房屋內附有機器，其機器不包括優先承購之內，得分別處理，另行公開標售。（十）逆產房屋已經判決確定，應行沒收者依本辦法之規定辦理。（十一）逆產土地已出租耕種，或作其他使用者，除法令另有規定外，得比照本辦法第一，第二項之規定，由原租用人有限承購。（十二）德僑房地產仍暫予保管，但可出租使用，收取使用費，繳解國庫。（十三）外人現住戶之請購敵偽房屋，應專案呈行政院核辦。（十四）現行有關處理敵偽房地產法令，與本辦法不牴觸者，仍使用之。（十五）本辦法自公佈日施行。」〔註46〕

同日，立法院經濟資源委員會13日下午舉行全體會議，敵偽產業處理委員會主委何浩若被邀列席，報告敵偽產業處理情形，並答覆質詢。報告大意為：「1.關於敵偽產業的處理，希望自十月一日起六個月內全部處理完畢。……6.到現在為止，已經處理的敵偽產業收入為法幣 93,148 億，過去由各機關轉帳的收入 4,956 億，預計以後處理敵偽產業的收入估計為三億三千二百七十四萬金圓。」〔註47〕

為了加強各地區敵偽產業之處理工作，何浩若「定於本月（10月）十五日前後分別出發赴全國各地視察督導。……先至青島，然後轉赴平津以至東北，下月初旬始行返京，再度視察京滬，轉武漢，華南等地。」〔註48〕

10月16日，何浩若自南京抵達青島，視察青島市敵偽產業處理情形，並指導加速出售。青島「全市已處理之敵偽房產，約七百幢，擱置經年，尚待處理者二千餘幢。估計共值四千萬金圓。」〔註49〕在青島逗留三日後，何浩若前往平津視察。據天津市長杜建時回憶：「1948 年 10 月底，……蔣介石還

〔註46〕 《國內時事：敵產處理：出售敵偽房地產，政院會議通過辦法》，《外交部週報》1948 年第 95 期，第 3 版。
〔註47〕 《處理敵偽產業續訊》，《金融週報》，1948 年第 19 卷第 16 期，第 10 頁。
〔註48〕 《何浩若將分赴各地視察》，《申報》，1948 年 10 月 3 日，第 1 版。
〔註49〕 《何浩若抵青督售敵偽產業》，《時事公報》，1948 年 10 月 18 日，第 2 版。

派其行政院政務委員何浩若來天津，找我商量迅速處理敵僞物資的辦法。何對我說，在蔣政權從平津撤退以前，設法將未處理的敵僞產業，主要是未處理的住房、工廠，迅速拋售，希望多弄些錢走。經我召集所謂天津有錢的紳商在利順德飯店開會，何浩若在會上宣傳了『廉價出售，大拍賣』的辦法，但無一人應聲，何遂悄悄離去。」〔註50〕

　　儘管爲了出售敵僞產業，何浩若和敵僞產業處理委員會作了許多工作，但由於「許多敵僞產業都已經被顯要權貴所佔有，能否處理尚屬問題，縱令可以標售，標價低於市場甚遠，這是特權階級憑藉權勢就可以賣到的便宜貨，對於國庫收入的幫助，諒不可觀」〔註51〕。此外，「出售剩餘物資及敵僞產業，因辦理遲緩，在拍賣與承購之間，物價已上漲甚巨，所收回之金圓已不能作預定之開支，所以金圓財政預算純屬紙面文章，事後看來，毫無意義可言。」〔註52〕

〔註50〕　《中華文史資料文庫》第 6 卷政治軍事編（20－6），中國文史出版社，1996
　　　　　年版，第 54 頁。
〔註51〕　王公維：《急救金圓券的危症》，《輿論》，1948 年第 1 卷第 6 期，第 13 頁。
〔註52〕　劉光第：《一九四八年之財政與物價》，《經濟評論》，1949 年第 4 卷第 13～14
　　　　　期，第 5 頁。

第四章　配合幣制改革的物價管制及實效

　　將全國各該地各種物品及勞務價格應該限定在 8 月 19 日該地各種物品及勞務價格，此項措施是行政院政務會議上多數委員的意見，王雲五曾極力反對，但並沒有影響該項措施的通過及施行。為了執行這一措施，國民黨在中央層面成立了行政院經濟管制委員會，在地方設立了上海、廣州、天津三個督導區，各省市政府也有相應的配套機構和措施。物價管制的施行大致上可以分為兩個時期。幣制改革初期，總體來講，華東、華北方面許多城市比較平穩，若干物價並呈低落，華南、西南和華中方面則發生波動，物價上漲較大。原因之一為政府擬定收兌黃金、白銀、銀元等兌換率時沒有注意到區域差別；原因之二為各地執行限價政策上差異，有的嚴刑懲罰，有的不聞不問。物價管制政策的失效發生在第二個時期。該時期自上海煙酒增稅政策出臺，引發全國性搶購風潮而起。自從搶購風潮發生後，各地市場物資匱乏，部分物資藏匿，日用必需品如米、麵、油、煤、布匹及棉花等均絕跡於市場，物價貴賤問題變成貨物有無問題，進而造成了嚴重的經濟危機和社會危機，物價管制政策隨之破產。物價管制政策是此次幣制改革最主要的配套措施，物價管制的失敗也就意味著此次幣制改革的失敗。

第一節　經濟管制政策的由來及其組織層級體系

一、行政院經濟管制委員會的由來

　　國民黨政府統治時期的限價政策正式實施於 1943 年 1 月 15 日，其根據

則爲蔣介石 1942 年手訂，1942 年 10 月 29 日經國民參政會第三屆第一次會議通過，國家總動員會議多次詳加討論之《加強管制物價方案》。《加強管制物價方案》中包括十大方針，明列實施限價爲首要，再以掌握物資，增進生產，節約消費，便利運輸，嚴密組織，管制金融，緊縮預算，調整稅法與寬籌費用爲推行限價之輔助。12 月 17 日蔣介石通電財政、經濟、交通、農林、社會、糧食六部及各省市政府，指示要點：「（一）各省市重要市場之物價運價工資應於民國三十二年一月十五日起一律實施限價，並以民國三十一年十一月三十日各該市場價格作評價標準。（二）實施限價特別注重民生重要必需品，糧、鹽、食油、棉花、棉紗、布疋、燃料、紙張等物及運價工資。（三）價格核定之手續爲由各地同業公會依據前列標準議價，再由當地政府核定施行，同時迅報上級機關審核備案。（四）最終目的則在達到同一地區同一時期同一物品只有一個價格。上列各項於統一標準之中，寓有因地因事制宜之便，而最終則以全面管制爲目標，合於理論，至一月十五日各地限價，多能如期實施。」〔註 1〕

王雲五參考 1942 年的《加強管制物價方案》和 1947 年的《經濟緊急措施方案》，搞了一個《整理財政及加強管制經濟辦法》。金圓券發行以後，配套措施之一便是凍結八一九物價。爲什麼要凍結物價呢？王雲五回憶當時原規定的要旨有四：「（一）因恐物品改按金圓券發售時，商人乘機抬價，故規定不得超過金圓券發行前一日各該地各該物品法幣價格折合金圓券之數；（二）設有若干物品在金圓券發行前一日之法幣價格，因特殊原因，致有低於成本情事，則經主管官署核准後，自可准予調整，並非硬性規定無論如何不得調整；（三）凡須按照上開（一）、（二）兩辦法者以日用必需品爲限，原意蓋不欲過於苛細，認爲只需管制若干種日用必需品之價格，其他可由各地方採取合理議價辦法；（四）管制日用必需品價格之地方，以重要都市爲準。這些要旨，小組討論時一致讚同；因此，在後來草定之整理財政及加強管制經濟辦法的原案中，分別作下列之規定：

第十三條　在行政院指定之都市內，各種日用重要物品之價格，應照改行金圓本位前一日各該地各該物品貨價，依兌換率折合金圓出售。經主管官署核准，不得擅自抬價。

〔註 1〕楊壽標：《限價之理論與實際》，《軍事與政治》，1943 年第 4 卷第 3 期，第 11頁。

　　第十四條　各種公用交通事業，除國營者按第三條之規定調整外，民營者應參照第三條之規定及實際成本，經主管官署核定後改收金圓。以後非有特殊原因，不得准其加價。

　　第十五條　除第十三第十四兩條規定外，其餘物品或勞務之價格改由各地主管官署於改行金圓本位之日起，召集各該同業公會迅即議定改收金圓之數，經主管官署核准後，標明其價格，以後非有特殊原因，不得准其加價。」〔註2〕

　　王雲五認為依照上述規定，對於物價係分別性質，或採取合理的限價，或採取議價，俾於管制之中，仍不致窒礙難行。但「此項規定在8月19日下午國民黨中央常會中，亦經照案通過；但同日提出於行政院政務會議時，有若干委員堅持非嚴格限價，不能收平抑物價之效。經王雲五再三解釋，謂限價過嚴將行不通，並須分別限價議價兩種。惟討論結果，多數仍主張從嚴，結果作折衷的決議」〔註3〕，將原案自第十三至第十五條修正，便形成了《整理財政及加強管制經濟辦法》的第十二條、第十四條和第十五條。由此可見，將物價固定在八一九水準上的賬不能算在王雲五頭上，而是行政院政務會議大多數委員的意見。

　　按照8月19日發佈的《整理財政及加強管制經濟辦法》的第十三條規定：「全國各地各種物品及勞務價格，應照民國三十七年八月十九日各該地各種物品及勞務價格，依兌換率折合金圓出售，由當地主管官署嚴格監督執行。」兩天後，行政院又通電各省市政府：「即日起各地物價務必以八月十九日之當地市價為最高價格，如發現不肖商人有玩法故違情事，應予嚴懲，勿稍寬縱。」〔註4〕

　　為什麼要成立這麼一個機構呢？據王雲五回憶當時的考慮：「改革幣制不能專靠本身而已足，必須與控制金銀外匯，整理財政和管制經濟三者密切配合。於管制經濟和控制金銀外匯方面，事前商定在行政院中組織一個經濟管制委員會主持其事，而由該會在滬津穗漢等重要都市，設置經濟管制督導員，負責督導各該地區執行財經緊急處分令事宜。除政院經管會以行政院院長兼主任委員外，並設委員六人，由行政院院長聘任之，其下設

〔註2〕王雲五：《岫廬八十自述》，臺灣商務印書館，1967年版，第505～506頁。
〔註3〕王雲五：《岫廬八十自述》，臺灣商務印書館，1967年版，第506頁。
〔註4〕《政院注意物價》，《大公報》，1948年8月22日，第2版。

一秘書處,置秘書長一人主持之。各重要都市之督導員,在財經緊急處分令發佈以前,其人選亦早擬定,即上海方面以俞鴻鈞兼督導員,蔣經國協同督導;天津方面,以張厲生爲督導員,王撫洲協同督導;廣州方面以宋子文爲督導員,霍寶樹協同督導;漢口方面,人選尚未定。」〔註5〕徐柏園也回憶:「我們又分別在華東(上海爲主)、華北(平津爲主)、華南(廣州爲主),及華中,華西(漢口、重慶爲主)指派大員,嚴格督導,雷厲風行,不稍寬假。」〔註6〕8 月 21 日,蔣介石正式頒佈命令:「1.特派俞鴻鈞爲上海區經濟管制督導員,並派蔣經國協助督導。2.特派張厲生爲天津區經濟管制督導員,並派王撫洲協助督導。3.特派宋子文爲廣州區經濟管制督導員,並派霍寶樹協助督導。」〔註7〕那麼,爲什麼要選這三個地區督導呢?因爲隨著中國近代工商業和近代銀行業的發展,以北京、天津爲中心的華北資本集團,以廣州、香港爲中心的華南資本集團,以上海爲中心的江浙資本集團的三大資本集團形成了。〔註8〕在上述三個資本最爲發達的地區開展督導工作,有利於幣制改革的推進。

二、行政院經濟管制委員會機構簡介

　　行政院經濟管制委員會於 8 月 26 日正式成立,以行政院長翁文灝爲主任委員,聘定王雲五、陳啓天、俞鴻鈞、張厲生、嚴家淦、蔣經國等六人爲委員,並以徐柏園爲秘書長。其成立目的爲「推行安定經濟各項措施」,其職掌主要爲「關於物價管制之策劃督導事項」;「關於取締投機囤積非法經營之策劃管制事項」;「關於調節物資供應節約消費之策劃督導事項」;「關於金融管理之策劃督導事項」;「關於經濟行政及經濟業務機關工作之聯繫督導事項」〔註9〕等。

〔註5〕　王雲五:《岫廬八十自述》,臺灣商務印書館,1967 年版,第 525 頁。

〔註6〕　《徐柏園遺稿:徐柏園先生有關「金圓券」的記錄》,《傳記文學》第 44 卷第 4 期,第 27 頁。

〔註7〕　《總統電令嚴格推行經濟改革》,《金融週報》,1948 年第 19 卷第 9 期,第 4 頁。

〔註8〕　董長芝、馬東玉:《民國財政經濟史》,遼寧師範大學出版社,1997 年版,第 99 頁。

〔註9〕　《經濟管制委會組織規程要點》,《銀行週報》,1948 年第 32 卷第 35 期,第 33 頁。

　　為了嚴厲執行管制與督導，行政院經濟管制委會隨後在上海區設置物資調節委會，檢查委會及物價審議委員會三個機構。上海物資調節委員會委員名單：劉攻芸、李立俠、程遠帆、束雲章、楊綽庵、江杓、沈熙瑞、沈鎮南、張滋闓、張希為、王嵐僧。上海檢查委員會委員名單蔣經國、俞叔平、宣鐵吾、周力行、林崇庸、張勇年、張毓泉、王震南。上海物價審議委員會委員名單：吳國楨、吳開先、潘公展、方治、李立俠、徐寄頏、吳蘊初、水祥雲。〔註10〕

　　蔣經國為了更好地執行上海的經管工作，於 8 月初，調王升任隊長的戡建第六大隊來滬，協助執行經濟管制工作。戡建大隊設人民服務站，於 8 月 29 日起開始工作，接受市民對於政府之建議及對於檢舉奸商與不肖官吏之密告。

　　至於廣州督導區，行政院的命令是宋子文為督導員，霍寶樹為協督導員，由於宋子文主抓軍事，政治等，故經管的工作，實際上多由協督導員霍寶樹策劃。廣州區經濟管制督導委員辦公處下設顧問二人，為刁民仁、朱希圖，專員秘書各一人，並分社秘書，物資，物價，檢查四組，各組設主任一人，秘書組輸管處長許振南，物資組央行經理丁世祺，物價組中國銀行經理王振芳，檢查組金管局長朱盛荃，組員共十四人，除了專任組員二人及雇員一人外，其餘都是向各經管機關借調的。9 月 1 日，行政院廣州區經濟管制督導委員辦公處於廣州中央銀行正式成立，6 日遷入交通銀行二樓辦公。

　　廣州區經濟管制督導委員辦公處還仿傚上海處的辦法，組織物價審議物資調節檢查三委員會，各委員人選，物價審議委員會主任委員市長歐陽駒，副主任委員社會局局長朱瑞元，市參議長陸幼剛，委員林翼中，陳洪範，余俊賢，高信，伍智梅，黃光，何輯屏，陳秉鐸，林德中，曾西盛，物資調節主任委員央行經理丁世祺，副主任委員央行經理王振芳，委員蔡壽孫，侯或華，方瑞南，黃佐時，陳思誠，唐應華，王鎧，檢查委員主任委員保安司令部副司令黃鎮球，副主任委員警察局局長黎鐵漢，委員朱盛荃，方度，許振南，鄺星搓，符世潔等。〔註11〕

〔註10〕《經管會在滬設置機構》，《金融週報》，1948 年第 19 卷第 9 期，第 4 頁。
〔註11〕銳成：《廣州的經管工作》，《金融日報》，1948－10－14－3；行政院廣州區經濟管制督導委員辦公處：《廣州區一月來經濟管制工作概況》，1948 年 9 月 30 日，第 26 頁。

　　至於天津、北平方面，張厲生於 9 月 5 日在北平設立「北平市經濟會報」這一組織。由市政府、市參議會、金融管制局、監察使署、特刑庭、憲兵團、地方法院、社會局、警察局、公用局、財政局、中央銀行分行、市工業會、市商會等單位參加，由市長劉瑤章任主席，每週開會一次，交流情報，處理問題。此外，還組織「經濟檢查組」，由社會局、警察局、警備司令部稽查處、憲兵團等調派人員組成。其任務如下：（一）關於物價管制之策劃。（二）關於取締投機囤積非法經營的策劃。（三）關於物價的審議事項。（四）關於調劑物資供應節約消費的策劃。（五）關於金融管理。（六）其他有關經濟安定之各項策劃。」〔註 12〕

　　此外，爲了配合蔣介石提出的「勤儉建國」運動，9 月 1 日，行政院經濟管制委員會還決議成立了節約指導委員會等組織。爲了貫徹各省市物價情形，行政院還命令各地組織經濟檢查隊，其指定主要任務五項：「1、調查各地方政府執行新經濟措施方案情形。2、徹查物價波動原因，及應負責之人事。3、檢查國家行局措施是否合法。4、檢查各省市縣銀行及商業行莊是否違反新方案。5、嚴格取締黑市交易，並限於即日成立。」〔註 13〕

　　以上可知，爲了實施物價管制政策，在中央層面，國民黨政府成立了行政院經濟管制委員會這一組織，並經常召開經濟會議；在地方層面，國民黨在上海、廣州、天津三個督導區都設立相應的地方管制機構。上海和廣州都設置了經濟管制督導員辦公處，並且都成立了物資調節委員會、物資檢查委員會及物價審議委員會三個常設機構，天津督導區則在張厲生的領導下，對原有的經濟會報這一組織進行了修正。

　　11 月 24 日行政院舉行第 26 次會議，決議通過經濟管制委員會及各區督導員撤銷案。自政府變更經濟管制以後，經濟管制機構已分別結束或改組。上海區經濟管制督導員辦公處已辦理結束外，上海區物資調節委員會亦已在結束中。該會物資調節工作，分別交原主管機關繼續處理。〔註 14〕短短不到兩個月的時間，這些管制機構便隨著幣制改革的失敗而退出了歷史舞臺。

〔註 12〕 中國經濟研究所：《新幣制——金圓券》，華夏圖書出版公司，1948 年版，第 115 頁。

〔註 13〕 《政院通令各地組經濟檢查隊》，《商報》，1948 年 9 月 14 日，第 1 版。

〔註 14〕 《管制機構結束》，《銀行週報》，1948 年第 32 卷第 50（上）期，第 40 頁。

第二節　三個督導區的物價管制及市場動態

　　蔣介石以財政經濟緊急處分令的形式公佈幣制改革後，8 月 21 日特電令各省市政府，曉示此次政府改革幣制穩定經濟之決心，並「嚴諭各級地方政府，應自懍職責，執法以繩，如怠忽職守，中央必將予以嚴厲處分，決不稍存姑息」〔註 15〕。行政院鑒於「此次財政經濟緊急處分令所訂各項辦法，關係國計民生至深且巨，而『整理財政及加強管制經濟辦法』第十三條所定，『全國各地各種物品及勞務價格，應照民國三十七年八月十九日各該地各種物品貨價依兌換率折合金圓出售』一點，尤為整個財政改革成敗所繫之重要之一環，乃四項辦法甫經公佈，各方認識或有未盡明瞭，消息傳來，若干地區物價日來間有波動情事」〔註 16〕，為此，特分電各省市政府，切囑務必對前述條款，嚴格執行，即日起各地物價，必以 8 月 19 日之當地市價為最高價格，如發現不肖商人，有玩法故違情事，應嚴懲勿稍寬縱。茲錄原電如下：「各省市政府末皓電，諒以遵辦，此次財政經濟處分令，所定各項辦法，務須通令切實整理，一體遵行，通貨膨脹，既已停止，經濟狀況，自能安定，加強管制經濟辦法內，對於穩定物價，具有明確規定，對日用重要物品之價格，尤宜特為注意，仰即令飭主管機關及人員，廣為誥諭。認真查察，期得安定之實效，行政院末簡機。」〔註 17〕

　　8 月 22 日，翁文灝特意再次致電各省市政府，嚴申各地各項物品價格概以 8 月 19 日為最高標準，原令如下：「各省市政府：關於財政經濟緊急處分令，各省市政府當前最重要工作為管制當地各項物品價格，概以八月十九日為最高標準，非經核准，不得擅自加價，違者除照規定逕予行政處分外，並應將情節較重者，依戡亂時期危害國家緊急治罪條例，移送特種刑事法庭嚴加懲辦，以儆效尤，地方政府對此必須切實嚴厲執行，不容稍存瞻顧，並希將執行情形隨時具報為要。」〔註 18〕於是，管制物價便成了各省市配合幣制改革的主要工作之一。

〔註 15〕　《總統電令嚴格推行經濟改革》，《金融週報》，1948 年第 19 卷第 9 期，第 3 頁。

〔註 16〕　《總統電令嚴格推行經濟改革》，《金融週報》，1948 年第 19 卷第 9 期，第 4 頁。

〔註 17〕　《總統電令嚴格推行經濟改革》，《金融週報》，1948 年第 19 卷第 9 期，第 4 頁。

〔註 18〕　《行政院長再電嚴申各地物價概以八月十九日為最高標準》，《工商法規》，1948 年第 25 號，第 873 頁。

一、上海督導區的物價管制及市場動態

8 月 20 日晚，蔣經國離京赴滬，開始了其上海區經濟管制督導工作。蔣經國上任後，採取的主要措施有如下幾種：

（一）深入群眾，發動群眾檢舉揭發

8 月 27 日，蔣經國向記者發表談話，《申報》報導如下：「蔣氏認為經濟緊急措施方案之成敗繫於兩點：（一）政府有無決心，（二）人民是否積極參加政策的執行。渠稱過去人民與政府很隔閡，若干民意機關並不能真正代表民意，現戡建大隊之設置人民服務站甚為妥當，蓋如此可真正使政府與人民站在一起，於政府為耳目，於人民為口舌，關於檢查工作，此次對任何方面決不留情，但絕對不擾百姓，過去有人借檢查之機會行使敲詐，此後決嚴予防止，服務站成立後，人民對此亦可加以監督。總之，執行經濟政策之原則為『一路哭，不如一家哭。』凡人民能負責準確的指出奸商貪官污吏，渠一定能夠懲辦。對於戡建大隊隊員，渠勉以永遠保持『鄉下佬』的作風，保持廉潔，決心，毅力，及積極的忍耐心，為國服務，更希望服務站能進一步逐漸推行，組織人民，則一年半載後上海的風氣當可改觀。最後蔣氏稱：今後風浪或風波在所不免，但只要冷靜堅決，相信沒有什麼困難。天下沒有力量比人民的力量更大，沒有說話比人民的說話更準確。渠此後擬於每星期二及四下午親自接見民眾，以直接聽取人民的呼聲云。」〔註 19〕

具體做法為：1、設置人民服務站，頒佈《獎勵人民告密辦法》，發動市民協助政府推行財經緊急處分令，檢舉奸商與不肖官吏。人民服務站首期設立十個站，每個站設告密箱一隻，設在各區區公所門口。其設置地區為：「（1）黃浦區，（2）新成區，（3）老閘區，（4）蓬萊區，（5）北四川路區，（6）北站區，（7）提籃橋區，（8）徐家匯區，（9）盧家灣區，（10）靜安寺路區，（均在各該區區公所附近。又各站站長姓名如下：1、黃浦區丁德權，2、老閘區崔怡君，3、新成區楊霖雨，4、靜安寺區陳尚章，5、北四川路區王國藩，6、北站區何進初，7、提籃橋區崔文彬，8、徐家匯區李清蘭，9、盧家灣區張懷恩，10、蓬萊區師道立。」〔註 20〕

〔註 19〕 《蔣經國堅決表示：一路哭不如一家哭，任何方面決不留情。此後每週定兩天接見民眾》，《申報》1948 年 8 月 28 日，第 4 版。
〔註 20〕 《人民服務站設置辦法》，《工商法規》，1948 年第 26 號，第 907～908 頁。

2、制定《獎勵人民告密辦法》，獎勵人民告密。《獎勵人民告密辦法》具體內容為：

　　一、本大隊為協助政府破獲有關奸匪、不法商人及官吏貪污違法案件起見，特設置密告箱。

　　二、凡發現有關前條所列案件之嫌疑人犯或物品時，無論何人均可列舉其事證密告之。

　　三、檢舉人應將其告密文件妥為封固，就近送投本大隊人民服務站設置之密告箱中。

　　四、人民服務工作站密告箱設置之地點，由大隊部在報端上公佈之。

　　五、凡因密告而破獲案件時，無論其案件之性質大小如何，對密告人均應予以獎勵，如同時查獲違法物品時，並得予以提成充獎。

　　六、前條之獎勵，除政府法令已有規定者，依其規定辦法外，其尚未經規定者，由大隊部予以精神上或物質上之獎勵，並得由大隊派人通知或協助告密人領取之。

　　七、告密人之姓名住址等，無論您案件已否破獲，本隊絕對永久保守秘密。

　　八、告密人於必要時，得申請本大隊予以特別之保護。

　　九、挾嫌誣告者應受法律的反坐。〔註21〕

後來為使上海民眾能更好投寄告密信起見，於8月30日，設了一個郵政信箱（即申字七○○九號信箱）。當然告密的方式除了投入密告箱或者郵寄外，也可以找人民服務站的隊員口頭述說。

各區密告箱設立以後，告密者極為踴躍。「戡建大隊人民服務站，昨為開始工作之第二日，各區市民前往投送密告函者，大為踴躍，中午一部分密告箱開啟結果，即達百餘封之多。……蔣經國氏曾赴戡建大隊將此項函件過目，並指示凡情節輕微者，送交市警局經濟員警大隊辦理，重大者則送經濟督導員辦公室。」〔註22〕設立密告箱一個月後，共收到密告信達1871件，密告之種類以檢舉抬高物價為最多，占36％，囤積居奇案占15％，黑市金鈔案占3.3

〔註21〕《獎勵人民告密辦法》，《工商法規》，1948年第26號，第908頁。
〔註22〕《人民服務站密告者踴躍》，《申報》，1948年8月31日，第4版。

％，政治性案件占 2.8％，貪污案占 2.5％，偷運物資案占 1.6％，房屋糾紛案占 1.5％，其他建設性函件占 4.5％。其中重要者直接送請蔣經國核辦；一般性案件，則送請軍警機關調查執行。〔註 23〕隨後，鑒於戡亂建國工作總隊第六大隊只有 300 多人，感覺力量不夠，遂以服務社會、檢舉奸商及貪官污吏為名，招募青年，組設大上海青年服務總隊。該隊正式成立於 9 月 25 日，共 12339 人，分 20 個大隊，其主要工作是「協助政府推行新經濟政策」、「推行勤儉建國」等〔註 24〕。

（二）召開經檢會議和督導會議，發佈命令，密切商討和處理各種問題

8 月 19 日以後，上海限價期間各管制機構召開的會議和開展的工作如下表：

表 4-1：上海限價期間經濟管制主要會議和工作開展簡表

時　　間	會　　次	討論事項
8 月 21 日	吳國楨特召各業代表舉行緊急會議	為配合中樞經濟措施，市府決心穩定物價，滬市長吳國楨特召各業代表舉行緊急會議，希望共體時艱，維護國策，要求今後：1.物價不得超過八月十九日之價格，2.澈底消滅黑市，3.如有困難坦白向政府陳述，共謀解決。
8 月 22 日	第一次督導會報	經濟管制委員會滬區督導員俞鴻鈞、蔣經國召開第一次督導會報，檢討配合新辦法有關各點，及穩定物價一切必要之措施，並為防止金鈔及物資之移動逃避，即日起派遣幹員，分赴各交通碼頭場站，秘密監視，如有逃避情事，即行沒收。
8 月 25 日	俞鴻鈞、蔣經國分別在中央銀行召開緊急會議	上海區經濟管制督導員俞鴻鈞、蔣經國為穩定食油及紗布價格，特於 25 日上午下午分別在中央銀行會議室召開緊急會議，由蔣經國督導員主持。
8 月 30 日	各商業同業公會負責人談話會	各商業同業公會負責人，舉行談話會，上海區經濟督導員蔣經國氏亦應邀參加，說明政府管制物價又改革幣制政策。出席本市市商會，五金，南貨，米，雜糧，食油，粉麩，棉布，煤油燈八十一商業同業公會負責人共三百餘人。首由社會局吳局長報告，略謂：此次政府頒佈財政經濟緊急處分令，改革幣制，穩定物價，上海區經濟

〔註 23〕 王章陵：《蔣經國上海打虎記》，臺北：正中書局，1999 年版，第 28 頁。
〔註 24〕 《大上海青年服務總隊的組織、訓練與工作》，詳見王章陵：《蔣經國上海打虎記》，臺北：正中書局，1999 年版，第 28～52 頁。

時　間	會　次	討論事項
		督導員蔣經國先生向各位報告政府對此次新政之措置，並希望聽取各位意見，以供參考。吳氏並勉勵各商人協助政府，推行政策，尤望各同業公會負責人，轉告各會員，一致遵行。
8月31日	第一次物資調節會	1. 關於加速物資處理部分，包括剩餘物資，敵偽產業及美援物資三部分。 2. 關於物資調節供應部分，包括石油、燃料、紗布、糖、糧食等。
8月31日	經濟督導二次會報	俞督導員報告辦公處所督導之工作，計分四部門：1.物資調節由物資調節委員會負責辦理，該會已於今日上午舉行第一次會議。2.物價審議，由物價審議委員會負責辦理。3.經濟檢查，由經濟檢查委員會負責辦理，4.金融管理，由金融管理局負責辦理。
9月3日	各商業同業公會談話會	1. 上海社會局長吳開先報告。 2. 蔣經國報告有關物價、遊資等問題。 3. 各業意見。
9月4日	行政院經管會上海區物價審議委員會於央行舉行首次會議	俞鴻鈞宣佈上海區物價審議委員會以溝通中央與地方之物價政策為工作範圍。關於上海市各項物價之審訂，由各主管機關依照該會所定之原則擬定，再由審議會加以審議。
9月5日	經濟檢查會報	除檢討過去一週來之工作，就各執行人員進行工作之報告，詳加研討外，並決定下周繼續加強檢查，工作計劃，亦經決定為：1.加強繼續上周檢查工作。2.為解決物資之供應，增加廠商原料之需求，下周去由物資調節委會，大量拋售市上缺乏之各項物資。3.經予檢查沒收之大量囤積物資，以向中央銀行建議，全部出售，至所獲款項，建議三點用途：（甲）一部分充清寒學生獎學金，（乙）一部分救濟難民，（丙）慰勞前方將士。
9月7日	第二次物資調節會	滬區物資調節委會討論如何調節物資適應需求，及維持生產事業問題。決議：1.食油北運不予限制，2.臺糖禁止南運，3.應滬絲織業公會申請，決由中信局按限價先售五百擔，以後繼續配售。
9月7日	有關機關首長舉行緊急會議	蔣經國氏於九月七日由京返滬後，……於當晚十一時許，曾邀集有關機關首長舉行緊急會議。決定以全力貫徹緊急措施。……蔣氏認為今後除平抑物價外，經濟管制之另一中心工作，將著重於物資之調節與遊資疏導云。

時　間	會　次	討論事項
9 月 10 日	第四次經檢督導會議	1. 本市私營金鈔及套匯行莊，連日破獲甚多，足見市上仍有此種非法行為，今後宜改善偵查行動與兜捕三項之技巧。 2. 加強管制紗布交易，市府原已轉飭社會局澈底執行。 3. 沒收物資的最後處理辦法，暫推行。
9 月 13 日	經檢四次會議	滬經檢四次會議四項決定：一、秋節乘機抬價加倍處罰，二、搜捕黃牛黨服兵役，三、密告獎勵辦法日內公佈，四、冒充經檢逮捕交局。
9 月 14 日	物調委會三次會議	行政院經濟管制委員會上海區物資調節委員會 14 日上午十一時在國行會議室舉行第三次會議，由劉攻芸主席，首由各物資主管機關報告物資調節概況，繼議決各案如次：1.關於收購棉花，決定由中央銀行聯合國民營紗廠在重要地區，將聯合收購辦法，由民營及國營紡織機構會同中央銀行共同組織聯營處從事收購。2.關於禁運出境物資申請許可辦法，決由各同業公會負責審核，發給許可證明書。3.關於棉花聯營處之組織最近即可公佈。
9 月 14 日	極端重要之內部會議	上海區經管督導員辦公處，十四日在蔣經國親自主持之下，舉行一性質極端重要之內部會議，與會者有專家級機要人士多人。據與會人士透露：所討論者，非執行之枝節技術問題，而將整個經濟管制之方向問題。最重要之一點，即為謀物價之長期穩定起見，上海之生產，不僅需繼續進行，且需設法加以擴充。……第一步措施為以政府之力量，使日用民生必需品之供應日趨充分。……將全力支持中小企業。
9 月 18 日	公佈今後經濟督導工作	滬區經濟管制督導員辦公處，頃公佈今後經濟督導工作，除嚴查囤積投機和黑市外，將以促進生產為工作重心：1.調查上海各工廠各項原料之需要量，國內原料由政府協助各工廠採購，國外者決以自備外匯所買之原料准許其進口，2.準備日常必需品配給，計分米，油，煤，糖四種，配給對象以產業工人，職業工人，公教人員學生及平民為主。
9 月 19 日	第六次經檢會報	加強檢查金鈔外運，調查戶口準備全面配給，嚴查南貨店小菜市場價格，工業產品准其外運等。
9 月 21 日		滬區經濟管制督導員蔣經國氏，今邀滬市工商界商討原料供需問題，即席決定五項辦法以謀合理解，決（一）要求各工廠商號將所存原料商品之數量，按實登記，以明滬市究存若干物資，（二）開放自備外匯限制，使工業

時　間	會　次	討論事項
		原料及器材可購運進口，(三)調查上海工業製品除本是需要之消費量外，准許輸運，出境但以不影響滬市物價爲原則（四）關於原料方面，由廠商會同當局往原料產地購運，（五）協助各業解決商業經營方面之困難。
9月21日	物資調節會四次會議	1.在臺灣交換物資詳細辦法未確定之前，暫行將紗布交換用煤，由燃管會於紡建公司統籌辦理。2.中信局原定對日易貨用之煤斤二萬六千噸，決定撥作本市之安全煤。3.爲調節本市之用煤起見，決由燃管會儘量採購，作安全煤之用。4.敵僞房屋加速處理辦法，由中信局草擬，昨日會議中通過，交由中信局辦理。5.中信局人造絲配售，決依原配售名單，採標售方式處理。
9月23日	第七次經檢會議	督導員辦公處工作重心將移於增加生產及發展商業，爲明瞭滬市現存之商品及原料起見，決實行商品原料限期全面登記。
9月26日	第八次經檢會議	物資登記月底截止，期滿舉行普遍總懷查，工廠缺原料即日表報，物資移運出境從嚴禁止。
9月28日	物資調節五次會議	配給糧食、燃料、油、糖、布
9月30日	第九次經檢會議	發動物資總檢查，米粉油布存量登記完竣，紗業存底日枯呈請疏導。
10月3日	第十次經檢會議	全市倉庫分三十二區普遍檢查，整頓菜場魚市場，蘇浙皖三省全面配合經管範圍，抽查各公會物資登記。
10月5日	物資調節六次會議	經濟委員會上海區物資調節委員會，今（五日）午十一時舉行會議，到會正副主委劉攻芸、李立俠，委員林崇墉、吳開先等十餘人，由劉攻芸主席，討論中心，爲本市食油及工業原料之供應問題，工業會秘書長歐陽侖亦列席報告工廠所需之原料情形。
10月8日	經濟管制督導會小組會議	討論上海區物資之供應問題，已決定數要點：(一)上海區內三省兩市之物資，應儘量相互流通，如滬市應儘量先供給本區內製成品之消費，而蘇浙皖三省則儘量供應本區內所需之原料。(二)嚴格管制產區物價使不超過「八一九限價」，消費市場之價格則根據成本整個重加合理調整。(三)本區內重要民生日用必需品，由政府會同商人聯合向產區收購，分配供應，逐漸實行重要物品之配售制度。(四)對新搶購風潮，應由各當地政府限定人民每年得購買各項重要物資之數量以消滅變態之搶購心理。(五)各國產消耗品奢侈品不予管制，可自由購買。

時　間	會　次	討論事項
10 月 12 日	物資調節七次會議	通過工業原料供應辦法，複製業配紗每月三萬件爲度，分設工業原料、日用品、燃料三小組，通過換購糧食辦法。
10 月 19 日	物資調節八次會議	決盡快成立工業原料，燃料及日用必需品三小組。
10 月 24 日	第十四次經檢會議	沒收物資配售工廠市民，努力撲滅金鈔黑市，勸導商人改善營業，囤積抬價從嚴懲處，配闔戶口總清查，澈底清查地下倉庫。
10 月 26 日	物資調節九次會議	報告煤、米、原棉、小麥、等物資調節情形。

資料來源：根據同期《申報》;《經濟評論》「經濟大事日誌」;《金融周報》「國內經濟紀要」;《銀行周報》「經濟匯誌」;《工商法規》「工商消息」;《周論》「一週經濟」;《中央銀行月報》「國內經濟動態」;《徵信新聞》;上海檔案館館藏相關檔案整理而成。

　　上海督導區在物價管制期間，至少召開經檢會議 14 次，物資調節會議 9 次，還有其他方面的重要會議。會議主要內容爲落實限價政策，執行物價管制規定及調整物資，以求得既能控制物價，又能保障供給。由此可知，過去認爲蔣經國在上海主要工作是打虎是不夠全面的。

（三）聯合各經檢單位檢查登記物資，嚴辦大案要案，打擊囤積居奇等

　　8 月 28 日，上海區經濟督導員蔣經國令市警察局特刑處經警大隊「着即檢查各倉庫存儲棉紗布量，如發現即向社會局登記而逾三個月尙未出棧者，一律予以封存沒收。警局奉令後，當即派員分組出動，計全日檢查之銀行倉庫有中國、交通、通商、建業、四行、上海、大陸、亞洲、浙江實業、亞東、聚興誠、浙江興業、金城、中國鄉業、中國實業、東萊、江蘇農民等十八家，共查獲逾期棉紗 3,052 件，棉布 5,930 件，立即加以封存。」〔註 25〕

　　9 月 25 日至 9 月 30 日，上海開始全市物資總登記。9 月 23 日，蔣經國召開經檢大會，指出：「今後督導員辦公處之工作重心，將移於增加生產及發展商業，現已開始佈置一切。當局爲明瞭滬市現存之商品及原料起見，決實

─────────

〔註 25〕　《滬開始檢查銀行倉庫，近九千件紗布被封存》，《工商法規》1948 年第 27 號，第 940 頁。

行全面登記，限各工廠及商家於本月廿五日至三十日之限期內，將其所存商品原料之性質總額，向各該業公會據實登記，再由公會發給登記證，以資證明。規定必須登記之物資，計爲米，麵粉，紗布，紙張，食油，工業原料等。一經登記後，各商店應嚴格依照限價售貨。經管當局並計劃於登記完畢後，以五千人之陣容，舉行全市總檢查。如發現未登記之商品原料，除沒收充公外，並將予貨主以嚴厲懲處。」〔註26〕

　　9 月 30 日，滬市各業存貨總登記完成，其所得資料共二萬二千八百八十二份。滬市主要民食，米，麵粉，油之存量全部統計完畢，計有：「（一）米，該業公會會員登記者共有三百另六家，存量總數爲二十萬四千担，（二）麵粉，該業公會會員登記者共有二百九十五家，存量總數爲二萬七千一百八十五包，（三）油，聞該業公會會員登記者未曾完全，其存量已登記者共計十萬一千三百五十擔，包括生油，豆油，生菜油，清油，蔴油等，依該項存量而言，恐無法維持較長時期之供應，故其來源必需加強疏導云。（四）棉布，登記統計總額計總額計棉布一，四六五，二六七疋，五二一，○八三段又一七五，五○八碼，二，四○二公尺，一六，一六二磅及被單八三九條，約合疋額一白萬疋。」〔註27〕

　　10 月 1 日，上海督導員辦公處、戡建大隊、上海社會局、上海警察局等相關當局在外灘中央銀行三樓召開「上海市物資總檢查座談會」〔註28〕，商議物資總檢查事宜，決議了分組方式、動員檢查方式、總務等具體事務〔註29〕。

〔註26〕《滬七次經檢會議決定，商品原料限期全面登記》，《工商法規》，第 1948 年第 34 號，第 1115 頁。
〔註27〕《滬第九次經檢會議決定發動物資總檢查》，《工商法規》，第 1948 年第 36 號，第 1162 頁。
〔註28〕上海檔案館藏：《上海市物資總檢查座談會會議紀錄》，檔號：Q141－2－62。
〔註29〕上海檔案館藏：《上海市物資總檢查座談會會議紀錄》，檔號：Q141－2－62。

表 4-2：上海市物資總檢查組織系統表

（一）總指揮部組織

總指揮（俞叔平）── 副總指揮

- 戡建大隊
- 江海關
- 憲兵第九團
- 警備司令部
- 京滬杭鐵路警務處
- 民政局
- 社會局

聯絡組
　組　長　程義寬
　副組長　李念祥 ── 經警隊員六十人

導督組
　組　長　張維仁
　副組長　張□□ ── 督導員三十人

總務組
　組　長　孫家良
　副組長　崔漢翹 ── 庶務　會計　文書　各三人

（二）區指揮部組織

區指揮（各分局長）── 區副指揮（各副分局長）

- 食米隊
- 麵粉隊
- 食油隊
- 棉紗隊
- 紙類隊
- 工業原料隊

隊長（各股長等）── 檢查小組長、檢查隊員

資料來源：上海檔案館藏：《上海市物資總檢查座談會會議紀錄》，檔號：Q141-2-62。

　　10 月 3 日上午 10 時，上海區經濟檢查委員會舉行第 10 次會報，邀集各經檢機構負責人俞叔平，鄧葆光，王兆槐，林崇墉，俞繼虞，何龍慶等多人參加，由蔣經國親自主持，討論日內全面展開關於全市物資總檢查辦法，並決定除上海市已嚴格執行囤積居奇之檢查外，京滬滬杭兩路沿線各城市，即日起同樣執行檢查，以粉碎不法商人逃避物資之企圖。決定如下：「1、此次全面檢查倉庫工作，由市警察局局長俞叔平主持，2、劃分全市為三十二檢查區，3、應使全市大小公私倉庫全部受到檢查並力求不驚動民眾，會中並討論及菜魚市場問題，並決定由社會局，警察局，及各該同業公會即日指派專人負責整頓，務使供應毋缺。」〔註30〕

　　上海經管當局為明瞭上海市現存日用品數量，舉行全市物資總檢查。10 月 8 日起全面展開，限 2 日內完成，執行此項檢查工作人員計戡建大隊動員 3000 人，市警察局動員 2600 百人，共為 5600 人，並有保警隊及員警學校全體人員千餘人，及時待命準備調動參加協助。此次檢查範圍「以米、麵粉、紗、布、食油、紙張（白報紙及毛邊紙），工業原料（棉花、汽油、柴油、煤、燒鹼、橡膠、顏料）等重要日用品為限。如經查獲現存物資與所報數量不相符時，其少於登記表所填數量者，查明原由後填表呈核，多餘登記表所填數量時，無論任何理由，於查明數量，進貨日期，物主後，一律予以查封，著物主保管報候核示，務使全市物資數量於此次檢查後得有精確之統計。檢查人員於執行工作時，無論為公私倉庫，必須負責人及保甲長或鄰人共同在場點查，如有開拆箱、袋包、桶等之必要，須於查驗完畢後責令被查人自行包紮，並填具財物無損失之證明書，並注明曾經開拆之數量，如需檢取樣品以供查驗，檢查人員亦須出給收據。檢查以日間行之為原則，日間已開始而不及完成者，得繼續至夜間，執行檢查時，須有檢查人員二人及被查人一人在場，不得單獨行動，執行此項總檢查之總指揮部設福州路警察總局八樓，其組織系統為總指揮部下，以各警察分局為單位，設三十個區指揮部，總指揮部正副總指揮由警局正局長俞叔平，副局長師二氏擔任外，社會局民政局，京滬杭鐵路警察處、淞滬警備司令部、憲兵第九團、江海關暨戡建大隊等有關各機關代表為指導員，下設聯絡、督導、總務三組，分別執掌人員調遣風紀、糾察、交通等各項職務，區指導部正副區指導由各分局正副局長擔任，

〔註30〕《滬經管局新措施》，《金融週報》，1948 年第 19 卷第 15 期，第 10 頁。

下分食米、麵粉食油，棉紗、棉布、紙類、工業原料等七隊，隊長由各該分局股長擔任，再下爲檢查小組，直接執行檢查工作。」〔註31〕

在蔣經國督導上海期間，重大案件有：將經營金銀外匯黑市的大戶林王公司經理王春哲處以死刑（後於 9 月 24 日槍決）；榮鴻元案：逮捕申新紗廠負責人榮鴻元；杜維屏案：逮捕證券交易所經紀人杜維屏；詹沛霖案：8 月底，上海市面紙荒，一度甚爲嚴重，當經當局偵查係有人從事囤積，操作黑市交易所致，9 月 2 日，經警奉交下之密報，將紙業公會理事長有詹沛霖逮捕，在詹之廣東路與泗涇路兩處倉庫中，抄獲囤積之各色紙張達三千餘見，詹在警局對囤積一是，供認不諱；黃以聰案：黃以聰爲杜月笙表侄，永泰和煙公司總經理。因被控告有操縱全市香煙價格，並囤積大量香煙之重大嫌疑。經警於 9 月 2 日下午於黃浦路 107 號至 112 號永泰和 D、G、H、N 四倉庫中超出囤積之香煙一萬三千餘箱，隨後被捕；吳錫麟案：吳錫麟爲吳錫記棉布號負責人，爲上海市布業巨頭，以有囤積大批棉布嫌疑，於 9 月 2 日下午由經警拘捕偵訊後扣押；戴家駒案：中國心痛公司自 8 月 19 日以來即從事大規模黑市套匯。9 月 9 日，警備司令部特派軍警會同金融管理局前往該公司查獲套匯信件，即將該公司副總經理戴甲駒和大同紗廠經歷吳國良拘留；8 月 25 日晚，滬市警局經濟員警。在匹卡提公寓破獲一空前巨大之國際性買賣黑市美鈔案，當場抄出美鈔 31220 元。另黃金八大條，金鎊票二十三元，拘獲主犯梅吉、愛齊爾、韋伯祥等三日內，均暫押警局偵辦……〔註32〕

（四）物資調節與日常重要必需品配售

9 月 30 日，上海區物資調節委員會所組設之日用品配給研究委員會決定今後實施日用品配給之原則如下：「（一）日用品配給種類爲米、煤、油、鹽、布五類。（二）配給對象以公教人員產業工人及其家屬爲主。」〔註33〕

10 月 2 日上午，上海市長吳國楨訪蔣經國，商洽今後食米及紗布之調節管制問題。「蔣督導員昨晨曾召集紡建副經理吳味經，六紡區紡業公會理事長王啓宇，棉紗業公會理事長唐志良，棉布業公會理事長董久峰等談話，商洽管制紗布價格問題。當經決定，紗布市場自下周起停業，並實施直接配給制。

〔註31〕 《滬經管局新措施》，《金融週報》，1948 年第 19 卷第 15 期，第 10 頁。
〔註32〕 詳見王章陵：《蔣經國上海打虎記》，臺北：正中書局，1999 年版，第 110～118 頁。
〔註33〕 《經濟大事日誌》，《經濟評論》，1948 年第 4 卷第 1 期，第 19 頁。

聞蔣氏即席表示，紗布既依限價供應，市場不應再有不符限價之情事發生。
今後以運用美援棉花關係，中央銀行當亦有大宗棉紗，可資供應，故今後紗
布供應原則，決由各廠家直接配售予棉紗複製業，門市零售商，及外埠運銷
商等，免再遭受紗布市場波動之影響，至紗布業公會如原亦有運銷紗布至外
埠之交易者，可另組一小機構，另行統籌辦理。蔣氏當分紗布業兩公會負責
人速召同業擬具辦法云。」

　　10 月初，上海市因遊資充斥，捲煙因增稅而提高價格，刺激人心，故市
民搶購之風大盛，影響市民心理殊巨。此種現象如不即加糾正，物價控制政
策將稱具文。故社會局長吳開先，特於 4 日往訪督導員蔣經國，決定在配給
制度未普遍推展前，暫行實施「定時」「定量」購賣制，凡上海市市民皆得憑
身份證購買：「(1) 粗絨線一磅半或細絨線一磅，每年限購一次 (2) 呢絨 (西
裝料或長袍料) 每年購買一次，每次限購一套 (3) 棉布每三個月購買　次，
每次限購一丈五尺。上項限購買辦法，僅限於本市市民已請得身份證者，外
埠來滬之旅客概不適用，以防黃牛黨從中作祟，至其他民生日用品如衫襪，
綢緞，肥皂等，亦將次第實施「時定量」配給辦法，以節減消費而防奸商之
操縱行為云。」〔註34〕

　　10 月 20 日，上海區物資調節委員會，特邀蘇浙皖及京滬兩市代表，商討
加強物資調節供應辦法：「今後擬由國行調撥款項，採購各省重要農產，其適
合於外銷者，則輸出以爭取外匯，適合於本國原料者，則加緊運滬，此外對
各地普遍缺乏之布匹、食糖、肥料等，則擬在滬市剩餘需要量下，酌量運出。
又蔣經國督導員，為疏導滬米來源，將允許凡各地運滬食米之代價，准許百
分之七十五在滬購置日用品，自由放行，運返原處。」〔註35〕

（五）擴大督導範圍

　　行政院「為加強管制起見，爰擬劃定督導區域，並增設華中一區，各區
之督導範圍如下：(1) 上海區：京滬兩市暨蘇浙皖三省。(2) 廣州區：廣州
市及粵閩兩省。(3) 平津區：平津青三市暨冀魯兩省。(4) 漢口區：漢渝兩
市及鄂湘川贛四省。另外其他西南西北各地，則擬隨時由院派員視察督導，
不專設督導員。」〔註36〕上海區經濟管制督導員辦公處職權由行政院明令擴

〔註34〕　《滬經管局新措施》，《金融週報》，1948 年第 19 卷第 15 期，第 9～10 頁。
〔註35〕　《經濟大事日誌》，《經濟評論》，1948 年第 4 卷第 3 期，第 16 頁。
〔註36〕　《加強經濟管制重新劃定管制區域》，《大公報》，1948 年 9 月 30 日，第 2 版。

大至蘇浙皖三省及京滬兩市後不久，上海督導區通過《加強本區經濟管制機構及聯繫辦法案》，擴大了督導範圍和內容。其內容如下：

1、本督導區擴大範圍後，原設上海區物價審議委員會，上海區物資調節委員會，上海區檢查委員會，均應照常集會工作（改稱爲上海物價審議委員會上海物資調節委員會上海檢查委員會）外，並應每月舉行擴大會議一次。包括南京市及蘇浙皖三省選派之代表各二人，幫爲上海區物價會議上海區物資調節會議，上海區檢查會議。

2、蘇浙皖三省政府及南京市政府應於所在地各設置物價審議，物資調節，及檢查三委員會，冠以各省市名，或政府所在地名。

3、各省市經濟管制工作，仍由各省市政府負責，三委員會委員及正副主任委員，均由當地政府提經督導員同意後令派之。

4、上海區督導員辦公處爲各省市切取聯繫，以推進經管工作，得派遣督導員分赴各省市視察，並出席當地經管工作會報及各委員會議。

5、上海區督導員辦公處爲取締商民不法行爲，整肅風氣，得派檢查工作人員，臨時赴本區各地執行工作。〔註37〕

10 月 7 日，五省市經濟管制會議在南京中央銀行舉行。出席俞鴻鈞、蔣經國、丁治磐、陳儀、吳國楨、沈怡、劉攻芸、李立俠、徐柏園、陳啓天、關吉玉暨三省建設廳長、兩市社會局長等。俞鴻鈞主席。翁文灝也出席了會議，致辭後即由各省市首長報告各地經管情形。討論事項如下：「1、加強本區經濟管制機構及聯繫辦法，決定滬區設立的物資調節委員會、檢查委員會與物價審議委員會三機構，每月召開擴大會議一次。除各該委員會等負責人參加外，各省市政府也須派人出席參加。同時在本區各省市設立三個同樣機構，執行經管工作，由當地省市政府自行負責辦理。滬區督導員隨時派人到各地視察，必要時將派員赴各地執行檢查工作。2、調節本區重要物資供求，決定 8 日上午召開小組審查會，由滬區物資調節委員會委員劉攻芸、李立俠與本區各省市建設廳長社會局長等交換意見研究後決定。3、加強五省市金融管理，根絕總統頒佈財政經濟緊急處分令與各項補充辦法，切實執行。」〔註38〕

〔註37〕 上海檔案館藏：《行政院上海經濟管制督導員辦公處文件》，檔號：Q1－9－23。
〔註38〕 《滬經管局新措施》，《金融週報》，1948 年第 19 卷第 15 期，第 11 頁。

上海經濟管制督導員區範圍擴大到蘇浙皖京滬三省兩市以後，決定在杭州、蘇州、嘉興、無錫、鎮江、松江、青浦及蕪湖八地分別成立檢查小組，由戡建大隊派員會同當地軍警機關組織成立，負責檢查當地的進出口物資。〔註 39〕

10 月 8 日，上海區經濟管制督導會小組舉行會議，劉攻芸、李立俠，及三省市之建設廳長及社會局長出席，由劉攻芸主持。會上討論了調節上海區物資之供求等問題，並制定了具體辦法。辦法要點為：「1.本區內三省二市之物資，應儘量相互流通，盡先供應，如滬市應僅先供絕本區內製成品之消費，蘇浙皖三省應儘量供應本區內之所需之原料。2.物價方面，應嚴格管制產區物價，使其不超過「八一九」之限價，消費市場之價格，則根據成本，整個重加合理調整。3.本區內重要民生日用必需品，由政府會同商人，聯合向產區收購，分配供應，逐漸實行重要物品之配售制度。4.對於搶購風潮，應由各當地政府規定人民每年得購賞各項重要物資之數量，以消弭變態之搶購心理。5.各國產消耗品奢侈品，不予管制，可自由購買。」〔註 40〕

金圓券正式投入市場以後，各大城市物價受到極大的波動。在上海，『緊急處分令』公佈的第二天，物價即提高了百分之二十至三十。米價從每石七千四百多萬元漲至七千八百萬元；鮮肉從一百八十萬元一斤漲至三百萬元一斤；蔬菜一致上漲了百分之二十；雞蛋每只由十五萬元漲至十八萬元。金元券發行後，經濟警察、『戡建大隊』曾到各業市場監視，但各種物價仍遠超出限價之上。紡建紗價較限價漲了百分之十以上；棉紗布價則超過百分之十五以上，此外，麵粉、五穀、香煙和所有日用品的市價都比前漲得多，到廿五日晨雞鴨和豬肉商公開宣佈不接受限價，並謂除非政府撤銷限價，他們將不把貨色賣出。這樣，金圓券發行不到三天，上海各區各業因價格逾限而被『戡建隊』逮捕的便達一百多人。」〔註 41〕不過，總體來說，在上海經濟管制督導員俞鴻鈞特別是蔣經國的督導下，上海三個委員會和上海金融管理局、社會局、警察局等的配合下，上海物價在 8 月 23 日後市場初期情形相當良好。「京滬區主要商品價格……成效比較最著。而上海市場經濟督導，不畏強暴，

〔註 39〕《滬經管局新措施》，《金融週報》，1948 年第 19 卷第 15 期，第 11 頁。
〔註 40〕《滬經管局新措施》，《金融週報》，1948 年第 19 卷第 15 期，第 11 頁。
〔註 41〕蔡馥生：《「幣制改革」、物價、與人民生活》，《群眾》（香港版），1948 年第 2 卷第 34 期，第 6 頁。

徹底執行，厥功至偉。」〔註42〕因爲政府嚴令各業不得超過 8 月 19 日市價，同時銀根甚緊，所以各商品市場做價一致回降。「食米普跌一成，薄稻最高只有二十一元五角，門售白粳約二十元，麵粉、雜糧、食油也都下降，紗布回跌，較十九日收盤亦見軋小，其餘如絲綢、捲煙、皂燭、日用品等各物市面都趨下跌。可是這一回跌局面只維持一天，到二十四日因銀根鬆濫紗布價格一致上漲，雖未超越限價，但影響人心已非鮮淺，其他絲綢、捲煙等日用品亦都上昇。二十五日市面頭寸益見充斥，暗息跌進一角五分，紗布市場因當局派警監視鎮壓，交易寥落，執主不肯脫手，食油雜糧等亦見緊俏；二十六日當局禁止食油出口，停止棉紗南運，並令廠商拋售棉紗、麵粉，但市面依然堅挺；二十七日市場休假；二十八日食米微漲，雜糧、麵粉、食油都漲達限度，紗布市況沉寂，但紡建所開紗布牌價較限價只低百分之一、二，商人承購後尚不敷利息稅捐之需，此外捲煙廠紗廠等因限價不敷成本，連日都無貨開出。至於小菜價格雖在經濟警察嚴格查禁下，不得超逾限價，但應市數量則日趨減少。其他公司商店零售物價因超過八月十九日限價而被市民檢舉，當局查辦的更不計其數。」〔註43〕

好景不長，上海的市場狀況於 10 月 1 日因煙酒增稅即引起空前巨波，成爲搶購風潮之導火線後，形勢發生變化。「自九月三十一日起因爲貨物稅調整消息行已傳佈，一日起正式證實，故人心惶惶。拼命搶購物資，各商店人潮洶湧，軋得水洩不通，一切物品都被搶購，商店均延遲開門（有至上午十二時開門者）提早打烊（有在下午一時即停止者）還要拉緊鐵門，逐個進出和限制數量。商店大量逃避物資，不甘賣出，情形之嚴重，前所未有。」〔註44〕10 月 1 日之前的 40 天裏，上海經管工作進行總體來說還是順利，但上海搶購風潮發生後，「上海經管工作，卻由主動的宣傳、查察、市場審視、民生物資調配，變成被動的對搶購的因應。」〔註45〕

〔註42〕 程紹德：《金圓本位與經濟管制》，《中央銀行月報》，1948 年第 3 卷第 9 號，第 9 頁。

〔註43〕 季崇威：《幣制改革後的市場反應》，《新中華》，1948 年第 6 卷第 18 期，第 16 頁。

〔註44〕 《經濟新方案施行後全國物品市場綜合報導》，《銀行週報》，1948 年第 32 卷第 47 期，第 25 頁。

〔註45〕 王章陵：《蔣經國上海打虎記》，臺北：正中書局，1999 年版，第 72 頁。

二、天津督導區的物價管制及其市場動態

　　天津是北方最大之工業都市，又為主要之貿易港口，瀕臨渤海，貼近塘沽新港，其腹地廣及冀、魯、晉、察、綏諸省以及西北之大部，「其在全國經濟上地位的重要，僅次於上海。至就全國各種資源之分佈言，無論輕重工業之主要資源又多在北方各地。舉凡工業上所用最基本的煤與鐵，蘊藏及出產最富之區，均在天津腹地所及之區。近如冀晉的煤產，華北平原的棉花，遠如遼寧的鐵砂，西北的羊毛，亦多以天津為集中聚散之地。如他日塘沽新港能順利完成，其對整個華北對外貿易及天津的經濟地位的提高，更當具有深遠的影響。」〔註 46〕所以，幣制改革將天津也納入了督導區的範圍，並派張厲生和王撫洲為正副督導員督導。

　　8 月 22 日，天津市府便舉行緊急會議，商定加強管制市場辦法，並於 23 日晨召集各業商人訓話，囑咐各業商人共同遵從政府法令，不得任意抬價。警察局長社會局長並親往市場巡視。自此以後，市政當局更先後檢查貨棧，凍結倉庫物資。嚴厲地執行八一九的限價政策，其中因違反限價，被罰停業三天與經理遭受拘捕的商店，為數頗多。

　　由於當局以全力堵襲遊資，取締投機，雷厲風行，投機者不敢以身試法，商人行動也格外小心，故一向熱鬧活躍的天津市場，在幣制改革後的兩周內，呈現空前未有的冷落，市場沉寂，各種貨物成交稀少，物價則在明平暗堅的走勢下，大體維持在八一九水準，波動幅度極微。「改幣後一週由於物價之跌落或無漲落，人心大定，同時張副院長蒞津督導，市政府動員全力遵行新經濟管制辦法，市場極呈穩定，唯自九月三日起市場復呈半停頓狀態，若干物品有逾限價情形。」〔註47〕

　　不過，由於遊資始終缺乏正當出路，而市場頭寸又因收兌金鈔與東北匯款不斷累積地增加。物資供應情形，也無顯著好轉現象，其中紙煙一項，因謠傳貨稅倍增，上海廠家將停止派貨，預期供給減少，致平靜一時的商品市場，又開始蠢動起來，高抬物價現象不少（見下表）。據 9 月 3 日上海《金融日報》報導：「9 月 2 日晚市，津市場波動頗烈，多數貨物均已漲達限價，當局雖一再保證物資不虞缺乏，但人情透堅，搶購之風仍熾，致 9 月 3 日，各

〔註 46〕《天津的經濟地位》，《物調旬刊》，1948 年第 48 期，第 18 頁。
〔註 47〕馬雪原：《幣制改革一個月來的天津市場》，《天津經濟統計月報》，1948 第 31
　　　　期，第 5 頁。

市場完全停頓，紗布百貨米糧俱無正式成交。紙煙與雞蛋，更因限價關係，造成市場絕貨，零售拒賣的無煙無蛋現象。」〔註 48〕「此種轉變可自九月初醞釀開始至九月七日申匯兩平做轉捩點。超越限價者初爲食鹽商人，因增稅藉口，繼則紙煙亦爲神經過敏者借機作祟。同時上海紗布報昇，本市紗布交易因扼於限價亦告停頓，繼因秋節關係消費增多季節物品如糖蔬菜肉類雞蛋亦有不軌行動，有關進出口物資亦價格趨昂。唯因當局奉行法令越加嚴厲，市場遂陷停滯，唯主要物品如食糧及疋頭尚未超越限價，對社會穩定力量甚大。」〔註 49〕

表 4-3：天津市警察局經濟案件統計表　（8 月 28 日～9 月 4 日）

案　　由	次　　數	人　　犯
高抬物價	62	62
買賣銀幣	5	5
拒絕檢查物價	1	1
拒售麵粉	2	2
操縱行市	1	1
囤積食鹽	43	43
移存私鹽	1	1
拒售食鹽	1	1
違反價格	1	1
黑銀號	1	1
私存食鹽	4	4
共　　計	122	122

資料來源：天津檔案館藏：《天津市警察局管制物價工作檢討》，檔號：401206800－J0002－3－002476－039。

〔註 48〕宋承先：《改革幣制後的國內各地市場》，《經濟評論》，1948 年第 3 卷第 23 期，第 8 頁。

〔註 49〕馬雪原：《幣制改革一個月來的天津市場》，《天津經濟統計月報》，1948 第 31 期，第 5 頁。

　　鑒於市場物資缺乏，天津市政當局為防止市場各商乘機抬價，徹底執行新經濟政策，市長杜建時特於 9 月 14 日上午 10 時召集各局處首長舉行臨時會議，決定自 15 日起，發動全面物價總檢查，以資撲滅黑市。14 日制定詳細辦法如下：「1、由市府各局及會計人事，統計三處職員及警局督士組成二百六十小組，每小組三人，由市府二人警士一人組成之。2、工作範圍：一區及十二區由財政局派員九十人，二區由教育局派員三十人，三區由地政局派員三十人，四區由民政局派員廿人，五區由人事處派員四十人，六區由工務局派員三十人，七區由公用局派員四十人，八區由警察局派員百廿人，九區由衛生局派員三十人，十區由社會局派員十五人，十一區由會計，統計兩處派員廿人，以上各區由警局發動警士五百餘人，配合以上各局處組成小組。3、檢查對象為一般商店及批發零售市商。4、檢查注意事項：（1）是否超過八一九限價，（2）門面貨品是否充實。（3）所售貨品是否標價。（4）是否有拒售或惜售情形。（5）標價是否有過高情形。（6）外商是否有用美金單位標價情形。（7）一個標籤是否兩面有兩個不同價格。（8）各商店如有上列情形之一者，即將該店店址及經理人姓名，詳報警局依法嚴辦。5、檢查時期暫定四天，必要時再行延長。6、檢查人員除配有市府證章外，並於胸前戴有布條等字樣。」〔註 50〕15 日，天津當局「動員 756 人，大舉檢查市場，以限止秋節抬價」〔註 51〕。

　　10 月 5 日，天津爆發搶購風潮，自此之後，「實際上各地市場按限價幾乎買不到東西，要買到東西，則必須向諸黑市，在國內各地黑市價格與限價距離相差最大的，首推平津。以十月中旬的平均黑市價而言，平津者竟為限價的七倍左右。」〔註 52〕

　　總體來說，天津幣制改革後的市場動態如下：

　　　　八月下旬金圓券發行，市當局遵照限價，監視市場甚嚴，市氣雖堅，各工商不敢活動，故物價穩定，成交甚少；九月上旬之初，各貨明平暗漲，蓋以銀根鬆弛，遊資搶購促成拒售惜售現象，嗣以滬價全面下跌人心動搖，各商見不利長貨紛紛脫手，物價轉穩；九

〔註 50〕　《天津市經濟新聞紀要》，《天津經濟統計月報》，1948 年第 32～33 期，第 24 頁。

〔註 51〕　上海檔案館館藏：《聯合徵信所關於幣制改革後金融物價情形表》，檔號：Q78 －2－16468。

〔註 52〕　《平津公教人員為待遇呼籲》，《周論》，1948 年第 2 卷第 17 期，第 12 頁。

月中旬：各商以滬市疲風持續及秋節在即俱在結算帳目，一般商人心安，市場風平浪靜均恪守限價；九月下旬：秋節已過銀根鬆動人情暗中堅持，惟以當局監視甚嚴，各貨行情均在限價內盤旋；十月上旬：本旬因受上海搶購物資影響，人心惶惶，各貨暗堅，行情一日三異，更以糧價市外較市內為高，遂演成嚴重糧荒局勢；中旬：各貨市氣續成堅俏，蓋以現貨來源不多，人心仍旺，進戶搶吸售戶觀望，影響市氣甚堅；下旬：各貨以遊資南流，交通漸暢，管制和緩，人心安定，劃價超跌，現貨亦漸次出現市場。〔註53〕

對於天津的市場狀態，天津警察局歸結為「因限價關係，商人惜售，囤積者居奇，貨物逃避造成黑市雖經嚴格取締亦未完全消除」，檢討其原因如下：

（1）金圓券本身問題：發行金圓券原定收回法幣，但金圓券發行以來法幣並未收回，以致幣額增加，金圓券被民眾認為大幣，結果等於貨幣膨脹，影響金圓券之信用。

（2）破壞金圓券之因素：匪人發行「硬幣」，其兌換率為「硬幣」一元等於金圓券五元，匪區運來土產成本提高，黑市價乃高出限價，又東北已發行金圓券大券，遊資流入為數甚巨且無法管制加重遊資沉濫，故金圓券之購買力大為削減。

（3）破壞金圓券之偶然因素：在物價限制期間，食鹽忽於廿八日奉命增稅，鹽？價由金圓券三分漲至一角一分，鹽價雖仍然照舊，因增稅而售價提高民眾只知售價超出限價，不問稅率若干紙煙忽謠傳加稅商人惜售存貨，市民搶購，黑市價格比較任何物品高漲，中紡公司又錯掛牌價布匹市價隨之高漲，以上三者引導物價上升是以至廿八日以後市內物價普漲雖加強管制嚴刑處罰，亦未能是物價低落。

（4）貨價供應問題：匪區土產因「硬幣」提高價格，市內又嚴格限價商人因血本關係，不肯冒險販運粗糧菜蔬肉食等類來源減少供不應求，外埠貨物因上海物價已有波動，商人見無利可求，亦多觀望，存貨者居奇惜售，管制力量雖日日加強而物價仍暗中步步高漲。

〔註53〕 天津檔案館藏：《報南京第 1090 號信箱幣制改革及經濟動態稿表匯存》，檔號：401206800－J0219－3－045084。

（5）經辦管制物價之困難：

甲、無標準價格執行困難——八月十九日價格據新聞報紙所載與本局調查及各業公會所報者每有出入對於審判其是否超價頗難根據，若以各該商號十九日門估單爲憑則多藉口無門估單故無從判定，又有部分物品八月十九日以前尚未應市或已應市而公會未予定價各方亦無調查記載，對於核價亦無從根據

乙、管制物價不能與檢查登記貨物配合造成惜售拒售現象——嚴擬管制物價，部分商人則囤不應市將貨物存儲倉棧或住宅因本市環境特殊全面檢查倉棧尚須顧慮，故未予執行，奸商得乘此漏洞消極抵抗政令惜售拒售造成部分市場無行無市現象。

丙、貨品變質應市檢查无憑據——部分商號因嚴格限價然又不能不應市遂以次貨劣貨變質應市原有較精美貨品收存後臺黑價交易破壞限價如以陳貨應市以港皮皮鞋充美國皮鞋應市以外地香油出售等是檢查人員無從辨別取締。〔註54〕

北平方面，8月25日下午，張厲生在北平市政府西花廳召集冀平各機關團體談話，出席者有張厲生、王撫洲、夏晉熊、北平市市長劉瑤章、河北省主席楚溪春等。北平市長劉瑤章就執行命令情形做了如下報告：

1、二十日發表談話，強調執行此項緊急令之重點，在管制物價只成敗足以影響私人生活及政府預算收支之平衡，亦爲整個方案成敗之關鍵。

2、二十一日上午召集各有關單位舉行緊急經濟會報，決定四項緊急措施：（1）凍結物價停止在八月十九日，只准下跌，不准上漲。（2）組成物價檢查小組出動各市場監視交易。（3）通告市民持有黃金白銀銀元美鈔者統限價於九月三十日前兌換。（4）通知各報社不准刊登物價黑市。

3、二十一日下午招待記者宣佈緊急經濟會報決議案。

4、二十二日對市民廣播，説明財政經濟緊急措施爲政府目前一大改革。

〔註54〕　天津檔案館藏：《天津市警察局管制物價工作檢討》，檔號：401206800－J00 02－3－002476－039。

5、二十三日起檢查小組出動，此後物價普落，小組之監督工作原定三天，今晨決定延長三天，並將日用品零售市場，列入監視範圍。

6、二十三日下午召集各同業公會七十八單位代表，解釋有關法令，並將政府希望予以說明。

7、最近幾天市場交易在檢查小組監視下極為穩定，兌換黃金白銀美鈔銀元者極為踴躍，且有擁擠情形。

8、將緊急處分令辦法要點用問答體裁變成白話告市民書，散發市民並送電臺廣播各報刊載。

9、處罰違反命令報紙兩家：（1）二十四日益世報刊載物價消息棉紗布價格反撲猛漲並謂「通貨膨脹難以避免」等語查紗布十九價格為九千八百萬元。二十三日為七千五百萬，顯係刊載失實，淆亂聽聞。已令停刊一日。（2）同日北方日報報導當時物價……事實不符，情節較輕已予警告。

10、今後交換情報齊一步調，研討問題加強管制計，決成立經濟管制會報，每週開會一次。

11、近擬召集各市場管理人說明法令要義，以便普遍執行。
〔註55〕

北平市為徹底實施新經濟政策，監督金融管制物價起見，成立經濟會報這一組織來管制物價。自8月底至10月底，經濟會報共舉行了8次會議。經濟會報具體辦法如下：

1、平市為切實執行財政經濟緊急處分令，加強管制物價，取締投機囤積，調節物資供應，節約消費，特成立北平市經濟會報。

2、該會報的任務如下：（1）關於物價管制之策劃。（2）關於取締投機囤積非法經營的策劃。（3）關於物價的審議事項。（4）關於調節物資供應節約消費的策劃。（5）關於金融管理之策劃。（6）關

〔註55〕 北京市檔案館藏：《北平市政府奉發行政院關於財政經濟緊急處理辦法、勤儉建國運動綱領等的訓令及工務局民國卅七年上半年度工作報告等》，檔號：J017－001－03368。

於經濟行政及經濟業務機關工作聯繫。（7）其他有關安定經濟之策劃。〔註56〕

該會報8月28日在北平市政府西花廳首次舉行會議時，決議如下：「1、加強檢查工作：（1）檢查小組分為兩組，由市政府，警備司令部，憲兵十九團，社會局分別派員組織之。（2）關於檢查金融案件，並金管局隨時派代表參加。（3）該小組由市長發佈命令統一指揮，並指定專人負責。（4）對於抬高物價，囤積居奇等不法情形，鼓勵市民向市府告密。2、加強地下錢莊之檢查：（1）由市長發表談話，鼓勵市民向市政府或金管局告密，並由市府通令各區及員警分局向市府檢舉。（2）設立專用電話，公佈號碼，以便市民告密。（3）函全國稅局及財政局於檢查商號帳目等，發現有黑銀號情事者，隨時檢舉。（4）告密人必須注明真實姓名住址，以便查緝時易得線索。（5）根據告密而查獲案件，由主管機關從速核辦，並依規定發給告密人獎金。3、取締銀元買賣，請中央銀行增設兌換處所，由軍警憲成立聯合小組，在兌換處所維持秩序。遇有收買假銀元欺詐人民，企圖獲利者扭送法院辦理。並於市區隨時巡查，遇有買賣銀元者得勒令赴中央銀行兌換，有觸犯違警法情事者送警局辦理。」〔註57〕

自9月1日起，在張厲生親自「督導」下，北平市經濟檢查組開始了經濟大檢查，並號召市民檢舉。首先查抄了18家金店，勒令將所存金銀交中央銀行兌換金圓券，又不斷查獲「黑銀號」、銀元販子及超過限價、囤積居奇等案件，除黃金、銀元送交中央銀行外，其他物資均予查封，如9月3和4日查封了超價、囤積的紙煙近1000箱又25000餘條。9月4日，經濟會報召開第2次會議，北平市政府參事胡寄聰提議「為收穩定物價效果應擴大實行檢查突擊式檢查尤應繼續」〔註58〕獲得通過，突擊式檢查成為經濟會報工作內容之一。9月8日，北平市政府突擊檢查查封了一戶囤存的棉布150件（3000匹）。此後每日都查封幾批大宗物資，有麵粉、大米、雜糧、

〔註56〕北京市檔案館藏：《北平市政府轉發總統財政經濟緊急處分令及制定金元券發行等有關貨幣公債辦法的訓令》，檔號：J013－001－00829。
〔註57〕《北平成立經濟會報，監督金融管制物價》，《金融日報》，1948年9月6日，第2版。
〔註58〕北京市檔案館藏：《北平市政府關於經濟緊急措施的布告、經濟會報紀錄及社會局轉發全國券發行辦法、存放款利率限製辦法的訓令以及市商會關於各業價格事宜的呈和通告等》，檔號：J071－001－00671。

小麥、棉布、紙煙、煤油、食鹽、肥皂、香皂、玻璃、煤炭等。也查獲黃金、白銀、銀元。數日內「黑銀號」、銀元販子及囤積戶被送往特刑庭者達數十人。

9 月 11 日下午 3 時，北平市經濟會報第 3 次會議舉行，北平社會局長溫崇信報告了一週來各項案件之處理與工作之推進情形後，張厲生指示了如下事項：

1、新經濟政策之要點及應有之認識：

（1）新經濟政策，係以政治力量支持經濟改革，我們應以政治力量徹底實行。

（2）新經濟政策原則上絕無錯誤，不應再作原則上修改之考慮，只可在施行上研求技術之改進。

2、執行新經濟政策應行注意事項：

（1）對售貨價格超過 8 月 19 日市價者，嚴屬查辦。

（2）檢查工作仍應研究，再求進步。

（3）查辦各案移送特刑庭後，應迅速依法裁定。

（4）查辦各案情形於發佈消息，應改善新聞版面，務使標題明顯醒目。

（5）新輔幣應由中央銀行盡速發行。

（6）對正當商人與奸商應予明確劃分，發表談話以正觀聽，而免正當商人受奸商影響妨礙商務。

「凡無門市，未經登記，亦未加入同業公會及商會，而以大量資金囤購大量物品者為奸商。反之即為正當商人。」

（7）應使同業公會自動約束會員，不得擅自高抬物價并負責檢舉奸商，尤應指定公會內本黨同志負責暗中監視。；

（8）本日各項決議應通知天津市。

（9）對共匪破壞新經濟政策之陰謀及行動象徵，應妥謀對策。

（10）應早日防中秋節後物價波動。

3、完成新經濟政策之必要工作：

（1）物資來源必求充暢。主要民生必需品以糧食為主，此間糧食消耗以雜糧為大宗，雜糧來源應力謀疏暢。檢查機構對各地運來雜糧應予放行便利，不得留難（由市政府與軍隊聯繫，並建議華北剿

總司令部）。尤應發動糧商趁此糧食收割之際，向產區搶購運進。其成本較高因限價不易出售者，由政府予以合理利潤收購之，再定價出售（由社會局辦理）。

（2）遊資出路導人正軌。遊資充濫易刺激物價，必使納入正軌。應組織商業銀行、錢莊成立銀行團，以富裕頭寸供借政府。正當商人由政府監督向上海等地購買次要民生日用品辦理配銷（由中央、中國、農民三銀行經理負責擬案）。

（3）研究解決生產問題。對各種民生必需品生產機構，應調查其資金、產量及原料運輸情形，遇有困難協助其解決（由社會局召集有關機關辦理）。

（4）解決都市人口就業問題。匪區人民逃集都市無業者日多，影響甚大，應速謀以工代賑辦法，利用勞力免只增加都市消耗，並應將此種嚴重情形向中央呼籲。〔註59〕

9 月 15 日，北平市府依照張副院長指示，決定再次對全市發動突擊性的普遍檢查。檢查時，動員市府，警局，憲兵團，警備部，區公所等單位 2400 餘人，城區分配 2000 人，郊區分配 400 人，共編 396 組，包括憲兵 400 名，員警 800 名，市府職員 400 名，軍人 180 名。396 組中每組五六人，計員警兩名，憲兵一名，軍人一名，市府職員一或二名，以警察局職員為組長。全市劃為 12 區，每區派 33 個小組，分乘大卡車至各指定地點，以該地派出所為中心，出發檢查。此次檢查以警察局長楊清楨任總指揮，張副院長及劉市長均坐鎮市府。大隊出發前，警察局長楊清楨說明檢查對象包括公私倉庫，糧店，商店，糧貨棧，茉場，商場，煤棧，工廠，有囤積嫌疑的住戶。其工作要點主要為：「1、凡超過限價的，由被查人具結證明超過限價，貨品不准移動，聽候處理，未超過限價的照常營業。2、凡查出非營業範圍而存儲大量物資的，被查人須將貨品具結，交出清單，聽候處理。3、如有匿藏情事，或以劣貨充當好貨按現價出售的，一律以超出限價論處。4、凡發現有重大情形或逃亡情形，即送警局法辦。」〔註60〕

〔註59〕北京市檔案館藏：《北平市政府關於經濟緊急措施的布告、經濟會報紀錄及社會局轉發全國券發行辦法、存放款利率限製辦法的訓令以及市商會關於各業價格事宜的呈和通告等》，檔號：J071－001－00671。
〔註60〕魯膺：《經檢工作在北平》，《金融日報》，1948 年 9 月 25 日，第 3 版。

此次突擊性檢查自 19 日晨 9 時開始，直至深夜工作尚在繼續。至 20 日中午，已破獲千餘案。其中重大者有：「平漢鐵路局第一倉庫大米 408 包，麵粉 2917 袋，食鹽 148 包，棉布 38 件，棉紗 580 包。……」〔註 61〕

9 月 19 日這一天，北平又出動了 2400 人，分成數十組，對全市重點商戶、倉庫及部分住戶進行了一次突擊大檢查。出發前，市長劉瑤章親作指示，警察局局長楊清植親自指揮。檢查對象是：（1）超過限價的；（2）非本業所應存之大量物資；（3）非商人囤存物資的。這天查出重要囤積案件 154 件，普通囤積案件 102 件，超出限價 24 件。查封了大批物資。

截至 9 月 21 日，北平市經濟檢查組共查獲囤積抬價等案件約 1502 件，其中重要囤積案件 458 件，普通囤積者 741 件，抬價者 251 件，其他 19 件。其所謂重要囤積是指囤積物資在下列數量以上的：麵粉 300 袋，食鹽 100 包（2 萬斤），煤炭 60 噸，棉布 3 件（60 匹），紙張 70 令，及其他物資價值在金圓券 2000 元以上者而言。〔註 62〕

以上查獲的物資經過「經濟會報」討淪決定，作如下處理：

一、無照營業及非本業商人囤積大量物資者，沒收其物資並送特刑庭究辦。

二、本業商人存貨超過三個月需要量者，超過部分登記平售。

三、住戶存儲日用必需品，糧食超過半年需要量。（按每人每月 45 斤計），布匹超過 50 匹者，作囤積論，予以平售，所得價款以 40％作罰款。

所有查封物資經審查結果，約有 60％決定陸續啓封發還，40％分別沒收、平售及送特刑庭處理。到 9 月底基本審核完畢，由社會局具體執行。〔註 63〕

北平市的經濟大檢查，顯然缺乏蔣經國的打虎氣概，存在要互相勾結，包庇掩護的情況。「如 9 月 15 日在銀行倉庫查出交通銀行分行某辦事處主任以私人名義寄存的棉布 680 件（1.36 萬匹），豬鬃 1220 斤（據說價值法幣 700 億元，實際上這種出口物資很難以法幣準確計價），隨後就有中紡公司出面證明，說這是該公司調進準備在北平拋售及出口之貨。然而，既是中紡公司

〔註 61〕 魯脣：《經檢工作在北平》，《金融日報》，1948 年 9 月 25 日，第 3 版。
〔註 62〕 《全市經濟突擊檢查，查獲案件千五百起》，《華北日報》，1948 年 9 月 21 日，第 4 版。
〔註 63〕 《國民黨崩潰前的一次經濟大掠奪——記北平市執行蔣介石「財政經濟處分令」的經過》，《中華文史資料文庫》經濟工商編第 14 卷，中國文史出版社，1996 年版，第 416 頁。

的貨物，爲何用私人名義存入倉庫？顯然是共同作弊打掩護，但市政府也就不再追究。同一時期，天津市的經濟檢查組也查出了中紡公司七廠經理盧統之（原恒源紗廠老闆），所設瑞豐商行囤積大量棉紗、豬鬃案，據說僅豬鬃一項價值即達法幣上萬億元。該案一時爲社會所矚目，移送天津特刑庭後，亦無下文。後來筆者聽受理該案的原天津市特刑庭負責人談，當時張厲生打電話把他召來北平，當面鄭重地說：『天津出現了『大老虎』，一定要嚴辦！』過了幾天，張厲生到天津，他去彙報時，張厲生卻說：『這件事是胡夢華（國民黨天津市政府社會局長）同盧統之鬧意見搞出來的，請你設法了結，不必追究了。』弄得這位負責人莫名其妙。後來他聽天津中紡公司的一負責人向他透露內幕，才知道原來盧統之已經託人向張厲生關說，只要小追究，原物發還，願按全部貨物價值分給張厲生半數。所以張厲生改變了口氣。這又使這位負責人很作難，法院要講法律手續，一起正式起訴的重大案件，不經審判，怎能隨意了結呢？但又不能違背張厲生的旨意，只好拖下去，不了了之。」〔註64〕

　　10 月初平津的糧油已經不易購到。當時，參議會收到關於糧油等基本組織經濟建議議案共達 19 件之多，大多側重：「（一）日米本市市民必需品糧油等項，已感不易購到，請政府速謀解決對策，對於八一九限價，重作考慮，並廣開糧源，以安民生。（二）建議政府請將南糧北運限制取消，以便北方商民自由採買，而裕民食。由此可見糧油難買，的確嚴重。……六日下午市面情形頗爲緊張，黑市盛行，麵粉每袋由四十而五十……而九十金圓，油肉無價，三輪說：『白拉』！因爲拉了一整天，也買不到東西，大家開始抱怨了。『民以食爲天』，吃不上飯，當然暴躁。七日早晨各大商店十點才坊門前擠著長群得男女；……」〔註65〕

　　自從上海搶購成風後，平津也受到這股搶購風的影響。10 月 7 日，北平市面因全國漲風而動。「搶購之風彌漫全市，米麥糧食店早已十室十空，香煙黑市漫天叫價，一日數變，市民相見莫不以『如何得了』相詢。日用品等均成奇貨，三輪車利市百倍，男女市民多手提小包裹滿載而去。鬧市百貨店顧

〔註64〕　《國民黨崩潰前的一次經濟大掠奪——記北平市執行蔣介石「財政經濟處分令」的經過》，《中華文史資料文庫》經濟工商編第 14 卷，中國文史出版社，1996 年版，第 417 頁。
〔註65〕　李樹：《北平在飢寒的威協下》（北平通訊），《世紀評論》，1948 年第 4 卷第 18 期，第 13 頁。

客激增，排成一字長蛇陣，爭先搶購。王府井大街中原公司等大百貨商店上午就被搶購一空。下午人潮擁到了前門外瑞蚨祥等大布店。幾小時內所存布疋全部山清。黃昏前各鋪店皆已提前打烊，暫避風頭，門口多懸『上午十時營業，下午五時停止。』東城熱市中心的王府井大街，六時許即一片黑暗，家家鐵門緊閉。」〔註66〕「平市搶購之風轉烈，食糧市場市況蕭條，……布匹市場冷落，幾陷停頓，米麵門市鋪戶，仍空空如也。搶購風熾，商人自不敢公開買賣，整日在混亂狀態，高價頻傳，俄而隱聲無價。」「津市搶購風氣，日漸旺盛，東馬路，勸業場，……市民雲集，爭購衣物，其他百貨店貨物，亦頃刻被搶光，若干商店在雇主洶湧情勢之下，將貨物收藏，形色緊張，一如偷竊！」〔註67〕

10 月 9 日下午 3 時，北平市第 7 次經濟會報由劉瑤章主持，張厲生蒞會指示要點：「（一）對『八一九』限價，政府決不更改，並嚴格執行檢查，（二）對搶購情形，政府負責制止，以維秩序。最後決議：（一）實行憑戶口單購物，以防囤積搶購情形……然而曆日以來貨物分散隱匿，正因為限價與檢查關係，『顯然已問題百出，呈現極端混亂的狀態，第一個現象是限價之陽奉陰違。把物價一律釘在八一九的價格上，本來不盡合理，我們最初估計，政府或者還有進一步的辦法，……結果至今還沒有什麼新的對策。』」「凡政策之執行存乎靈活之運用，強制施行，當依事件與任務性質而定。總之，從基本上說，第一先得暢通糧源，南糧北運能得到採購、運輸諸方面之便利。第二設法改進生產，增強工商業之發展，補充交通器材，使交通便利，物資暢流。第三實行合理的配售制度，……孤立的北平，有近乎二百萬人口的大都市，烽火益熾，糧荒嚴重，倘若吃不上飯，人心必更浮動，社會必更不安，後果不可想像。」〔註68〕

陳卓吾對幣制改革對北平影響的描述很是形象：「北平和其他大都市一樣，現在正泅泳在飢餓的大怒濤中。幣制改革以來，物價表面上呆住在限價的水準上，實際上黑市日漸高抬，終於形成『限價無貨，黑市有貨』的局面。

〔註66〕 《經濟新方案施行後全國物品市場綜合報導》，《銀行週報》，1948 年第 32 卷第 47 期，第 25 頁。

〔註67〕 李樹：《北平在飢寒的威脅下》（北平通訊），《世紀評論》，1948 年第 4 卷第 18 期，第 13 頁。

〔註68〕 李樹：《北平在飢寒的威脅下》（北平通訊），《世紀評論》，1948 年第 4 卷第 18 期，第 13 頁。

『九一九』全市突擊式的經濟大檢閱，以及『打虎後援對』的口號和標語，只收到了相反的結果，弄到不但限價貨買不著，連黑市貨也無處可買了。緊隨著由京滬氾濫到全國各區的搶購狂潮，北平在蔣總統蒞臨的幾天內市場突現緊張，王府井大街的大商店拉上了鐵門，靠論斤計兩的玉米麵為生的小民到處買不到雜糧，只好以白薯充饑。於是糊塗老百姓抱怨『總統帶來了物價的大波動』，但事實上呢，許多物品產地的物價早高過了限價，總統不來物價也是要狂漲的。」幣制改革導致了經濟形勢進一步走向惡化，也促使國民黨的統治進一步動搖。為什麼出現這種結果，他分析指出：「推敲市場所以翻臉變化的原因，自有其各方面的因素。改幣以來，政府即把物價凍結在『八一九』的限價上，然而物價本身卻不因一紙的命令就安靜服帖下來。一般人民的眼睛都雪亮地看得出：原來凍結在富戶手頭的黃金、白銀、銀元以及外鈔等等，現在有不少的一部分已換成了金圓券，在市面上參加興風作浪的流通了。有了這一大股遊資，加上前線失利的恐懼心理，主動地促成了大囤小購的狂濤，由上海一隅而氾濫全國。同時限價和黑市的雙簧趣劇，更推波助瀾，使搶購之風如火上加油；狡黠強橫之輩因搶購章能發點小財，黃牛黨套走了限價的物品，結果商店固然吃虧，普通顧客卻吃虧更大了。」〔註69〕

三、廣州的物價管制及其市場動態

在國內各主要城市中，這次幣制改革，市場反應最強烈，影響人民最深的，要算廣州與華南一帶了。

（一）廣州的物價管制措施

1、商討對策，評定物價

在幣制改革以前，港幣的使用，在華南與廣州一帶，已極普遍，差不多成為交易時得主要媒介，因此一般物價，均隨港幣價格而上落。又因廣州、上海兩地頭寸緊鬆的關係，法幣價值的高低不同。在改幣以前，「由上海匯歉到廣州，申水常達百分之四十左右，廣州申匯貼水，約為百分之三十左右，所以廣州法幣的價值，要比上海高出三四成。」〔註70〕在幣制改革前夕，「在八月十

〔註69〕陳卓吾：《搶購怒濤氾濫故都》，《世紀評論》，1948 第 4 卷第 17 期，第 12 頁。
〔註70〕宋承先：《改革幣制後的國內各地市場》，《經濟評論》，1948 年第 3 卷第 23 期，第 8 頁。

九日以前，港幣在穗黑市，每元只合法幣 115 萬元……其時在滬黑市每元已達 200 餘萬」〔註71〕，幣制改革命令規定金圓券與法幣的兌換率，全國一律，則各地法幣價值，因一紙命令而趨於一致。又因「港幣一元合金圓券七角五分，折算成法幣爲二百二十五萬元，即港幣官價較改幣前黑市價格增加一倍，」有鑑於此，宋子文「於十九日夜起，連日召集省市各局處主管人員，省市參議會、商會、銀錢公會等首長，商討執行緊急處分令，及其他種種對策。盡在復在綏靖公署集會，剴切曉諭，各業代表均表示切實擁護奉行。」〔註72〕

幣制改革後，各種貨物上漲的程度來看，凡與港幣有直接關係的貨物，漲勢最爲猛烈。「因此三日來物價少漲，米糧等均約漲百分之五十至一百。」〔註73〕「穗市的水電交通等費，都比十九日漲了一倍以上，如公共汽車票價十九日前爲全票二十萬，優待票十五萬，改用金圓券後爲一角五分，比較起來漲了百分之一百以上了。其次水電收費也同樣乘改幣而漲價，這樣曾引起粵穗參議員的一致評擊，認爲市政當局不但不能穩定物價，反而放任公用事業乘機加價，做了商人漲價的藉口。」〔註74〕於是，粵參議會駐會委員 25 日例會通過《請政府迅即依據十九日物價比照訂定金圓價格公佈切實施行》一案。提案指責政府對物價沒有合理平抑，使物價在「四天期內平均暴漲一倍有奇」，「米在十九日每擔價格法幣四千六百萬元，但這兩天成盤公價竟定每擔金圓廿一元（伸法幣六千三百萬元），旅店每間房租由三四百萬元，而定爲金圓券 2.3 元，伸法幣合六百萬元或九百萬元。」另一參議員並指出：「現在每隻雞蛋售價也要金圓券一角，伸國幣三十萬元。更可怕的是增稅，市稅捐處亦以適應改幣環境需要，決定九月份起對各種稅捐，改徵金圓券，並將全部稅額改爲一百萬元，按市府八月份稅捐徵收總額，原爲法幣五千萬元，今改徵金圓一百萬元，伸法幣爲三億元，即九月稅收將比八月份增加五倍，稅捐徵額的提高，無形增加商店負擔及物價成本，物價自然會因此刺激而上升了。」〔註75〕

〔註71〕《宋子文致蔣介石電》（1948 年 8 月 23 日），復旦大學中國金融史研究中心：《上海金融中心地位的變遷》，復旦大學出版社，2005 年版，第 297 頁。
〔註72〕《宋子文致蔣介石電》（1948 年 8 月 23 日），復旦大學中國金融史研究中心：《上海金融中心地位的變遷》，復旦大學出版社，2005 年版，第 297 頁。
〔註73〕《宋子文致蔣介石電》（1948 年 8 月 23 日），復旦大學中國金融史研究中心：《上海金融中心地位的變遷》，復旦大學出版社，2005 年版，第 297 頁。
〔註74〕《物價狂漲迎新幣》（廣州特訊），《經濟通訊》，1948 年第 3 卷第 34 期，第 1057 頁。
〔註75〕《物價狂漲迎新幣》（廣州特訊），《經濟通訊》，1948 年第 3 卷第 34 期，第 1057 頁。

宋子文也相當瞭解物價的情況，他在給蔣介石的電報中是這樣解釋的：
「關於物價方面，穗市在八月十九日以前，港幣、美金合法幣價格，較之滬
市約低一倍。此次改幣令頒佈後，穗市港幣、美金法定兌價增高一倍，物價
自行上漲」，至於如何處理，宋子文則將難題轉嫁給了廣州市政府。「廣州市
政府為地方主管機關故，已迭囑歐陽市長，並又送交手書，限期公佈物價，
嚴格執行，業據照辦。」〔註76〕

廣州市政府無奈遵照宋子文的指示，乃組織物價評價會負責執行評定
物價工作，並確定評價之基本原則為：「1、基於八月十九日至價格，2、基
於合理之成本，並注意：（1）貨幣購買力實際之物值。（2戰前之價格。（3）
生產者之成本。（4）消費者之需求。（5）來源之供應各項問題。於八月廿
四日至廿六日三日內先後評定。生油、牛肉、豬肉、理髮、旅店、豆類、
柴薪、公共汽車、戲院、花生、魚雞、鵝、鴨、蛋類、糖、麵等公價。」〔註
77〕據該會發表：「自八月廿四日至廿六日止之價格，以八月十九口之法幣
折合金圓券價與最近之金圓券價比較最低者反比八月十九日跌百分之七
（如鯇魚鱗魚之類是）肉類增申百分之十三至五十，（計牛肉百分之十三，
豬肉百分之四十一，雞百分之二十二至三十三，鴨百分之四十六至五十。
其他生仁、豆類、麵粉、生油等百分之七十二至米類因來源關係，價格稍
高，平均增亦百分之九十以。」〔註78〕但廣州市一般市民對於市政府此次
評價認為過高，而一部分商人，則以評價過低，紛紛要求復評。廣州區經
濟管制督導委員辦公處成立後，乃召見各工商業公會負責人詳詢實際情形
一面並招待經濟專家及新聞記者等，徵詢意見博採輿情務使評定得當，自9
月10日物價審議會成立以來迭經開會五次，會議結果：「（1）已由前評價
會議評定之物品中對米糧肉類、柴薪、家禽、蛋類及旅館業、理髮等項均
認為適合，不必復評。（2）食油、糖、麵、生仁、豆類及公共汽車，以市
價與原定價格已有變動，應予核減。」〔註79〕

〔註76〕《宋子文致蔣介石電》（1948年8月23日），復旦大學中國金融史研究中心：
　　　　《上海金融中心地位的變遷》，復旦大學出版社，2005年版，第297頁。
〔註77〕行政院廣州區經濟管制督導委員辦公處：《廣州區一月來經濟管制工作概
　　　　況》，1948年9月30日，第7頁。
〔註78〕行政院廣州區經濟管制督導委員辦公處：《廣州區一月來經濟管制工作概
　　　　況》，1948年9月30日，第7頁。
〔註79〕行政院廣州區經濟管制督導委員辦公處：《廣州區一月來經濟管制工作概
　　　　況》，1948年9月30日，第7頁。

「市府的評價工作，因此而遭受各方猛烈的抨擊，在廣州即是一件極罕見的事，起初第一次向他發炮的是監察使署，此後者，市參議會，立委，國大聯誼會，市黨部跟著而來，與他鬧得最厲害的是省參議會，參議長林翼中上電總裁，請查辦廣州市府評價不力，市府則指省參議會越權，無資格過問市府的事情。」「督導員霍寶樹到廣州後，許多人都前往投訴，說市府評價不力，霍氏將抨擊市府的空氣緩和過來，一面組織物價審議委員會，由市長歐陽駒任主委，以物價審議會的名義，復評物價，九月廿五日第二次評定限價公佈。」〔註 80〕「對政府評價最反感的不是一般老百姓，都是政府的官員，因為對他們的生活打擊最大，如各商店的店員，與工廠工人，改幣後都有加薪，就是要虧本的報館，也增加百分之四十至一百，各業工資，平均增加約百分之八十，而公務人員，還釘住以前的數額。」〔註 81〕

9 月 25 日，廣州市府第 2 次評定民生日用必需品公價會議，規定各種物價較第一次限價有所降低（詳見下表）。

表 4－4：廣州市民生日用必需品公價比較表

品　名	八月十九日價	第一次限價	第二次限價	二次較第一次減低價
土榨生油	14.18	21.40	19.80	1.6
汕頭湛江生油	13.86	23.90	22.30	1.6
北江生油	13.79	23.77	22.18	1.59
上海兵船麵	14.46	24.98	23.52	1.48
紅綠麥穗麵	17.27	28.71	27.96	1.75
綠麥穗麵	14.67	25.31	23.82	1.53

資料來源：《廣州的評價工作》，《金融日報》，1948 年 10 月 2 日，第 4 版。

雖然第二次限價比第一次有所降低，但隨後的市場價格仍衝破這一限價。例如：「豬肉每一市公斤價金圓券 0.8466 元，折合蔣幣二百五十三萬；牛肉每市斤金圓券 0.612 元，折合蔣幣一百八十三萬一千元。可是市場豬肉仍為

〔註 80〕　《廣州的評價工作》，《金融日報》，1948 年 10 月 2 日，第 4 版。
〔註 81〕　《廣州的評價工作》，《金融日報》，1948 年 10 月 2 日，第 4 版。

三百四十萬元，牛肉每市斤仍爲二百七十萬元。即超過限價百分之三十八至百分之四十七。」〔註82〕

2、平抑糧價和紗布價格

自幣制改革後，糧食市場之騷動最劇。在 8 月 20 日至 23 日之間，米糧價格與 19 日比較，平均上漲 90％。本市米糧市場管理處，幾經考慮，延至 23 日正午，開始限定每市擔批發公價折合金圓券公佈。計上米（齊眉）21 元，中米（新與白）16 元，下米（早白）14 元 5 角；比較 19 日米價大約增 40％。與 22 日米市最高價格比較，則核減 50％，一般批發米商，尚能遵守政府法令，依照公價成交。由 24 日至 27 日，金融已步入安定階段，周邊來貨，亦絡繹不絕。正常狀態逐漸顯露；加以本市糧食配售處。趁機將原定公價減低發售，影響人心，市價因而回順，自 8 月 28 日至 9 月 10 日，東、西、北三江來源湧至，價格跌下 6 角至 1 元之間。9 月中下兩旬均趨向下游，中間雖有時微升，然不久又繼續回挫，統計自 8 月 23 日政府公佈限價後，迄 9 月 30 日止，市場米價從未超過公價以外，糧價情形已至穩定之境矣。〔註83〕

廣東省需棉紗，每月約 8000 件，廣州市織布業需 4000 件，銷出四鄉及省外者約 4000 件，而廣州市市當時只有廣東實業公司，紗廠糧價每月僅能出紗 1000 件，故廣州所需棉紗大部向係由滬採購。8 月 19 日幣制改革後，以金圓與外幣折合率及申匯差額關係紗價增漲約 76％，嗣又以市記憶體量不多，且正值旺季，湘桂及南下客商，大量採購，間有企圖走私出口者，至 9 月 16 日以後，紗價陸續上漲，廣州區經濟管制督導委員辦公處爲平抑棉紗價格採取了下列步驟：

（1）由中紡公司以二十支金城紗爲標準照上海限價加運雜各費，暫予核定每件七百七十五元配售。各紗商得配棉紗後，准加利潤百分之五出售。

（2）規定限制轉運辦法，嚴禁走私出口，飭由物資調節委員會組織棉紗審查小組，負責辦理。凡申請轉運者，必須取具紗商公會轉運證明書，經審查小組核准簽證後，始得轉運。

〔註82〕蔡馥生：《「幣制改革」、物價、與人民生活》，《群眾》（香港版），1948 年第 2 卷第 34 期，第 6 頁。

〔註83〕行政院廣州區經濟管制督導委員辦公處：《廣州區一月來經濟管制工作概況》，1948 年 9 月 30 日，第 8 頁。

（3）調查登記存紗數量計約有一萬五千餘件。〔註84〕

廣州每月需布大約 30 萬匹，市內銷用者約 15 萬匹，銷出四鄉及省外者約有 15 萬匹，而廣州手織及機織兩業所產布匹，估計每月約 15 萬匹，故每月向上海採購者，也需 15 萬匹。廣州 8 月 19 日布價，適值市況呆滯，比在上海進貨尚虧 5% 以上，故幣制改革後逐漸上漲，兼以當時正值旺季，其價陡增至 90%。9 月 16 日以後，競漲至 100% 以上，為穩定起見廣州當局決定：

（1）將本市機織布及手織布分別復實核定成本，並以本市機織布成本，比上海機織布成本為高，當飭中紡公司照九月十六日價減低百分之五配售；即暫以此價為標準，由物資調節委員會審查小組分別核定布商配得布匹，規定合法利潤出售，嚴禁另取百分之二行傭，以杜流弊。

（2）照限制轉運棉紗辦法，規定限制轉運布匹，交由物資調節委員會組織審查小組負責辦理，嚴禁手織土布不得走私出口，責成土布業同業公會負責辦理。

（3）調查登記存布數量，並向上海採購，陸續南運，現在布價亦漸趨穩定。〔註85〕

3、管制金融，取締黑市，打擊走私，限制行莊匯款等

打擊地下錢莊等。宋子文對於「廣州市物價上漲甚烈，地下錢莊投機作祟，金融及治安機關視若無睹等情」飭查明核辦後，採取了下列措施：「（1）……兩星期來，職均每日召集此間金融及治安主管人員，就每日執行情況提出報告，商決對策，分別實施。秦汾及霍寶樹兩員到粵後，亦均與議，經將辦理情形及目前急應舉辦各事項……（2）自奉令後，即嚴屬取締黑市，拘捕買賣港幣不法商人，推廣收兌金銀外匯。……（3）關於物價方面，穗市在八月十九日以前，港幣、美金合法幣價格，較之滬市約低一倍。此次改幣令頒佈後，穗市港幣、美金法定兌價增高一倍，物價自行上漲。……廣州市政府為地方主管機關故，已迭囑歐陽市長，並又送交手書，限期公佈物價，嚴格執行，業據照辦，並亦已陸續拘辦擅自抬價奸商，並破獲地下錢莊數起。（5）物價管制工作，

〔註84〕行政院廣州區經濟管制督導委員辦公處：《廣州區一月來經濟管制工作概況》，1948 年 9 月 30 日，第 9 頁。

〔註85〕行政院廣州區經濟管制督導委員辦公處：《廣州區一月來經濟管制工作概況》，1948 年 9 月 30 日，第 8～9 頁。

其基本在政府能掌握物資，始可收平抑之效。穗市米、糧食、油、紗布、燃煤，均素缺乏，除燃煤一項已正與翁院長商洽趕築粵漢路南嶺煤礦支線外，所餘米、糧食、油、紗布三項，務請飭主管機關迅速運穗，以一個月用量爲度，受督導員之指揮，以備隨時供應調節，俾市面不致因缺貨發生恐慌。(6) 廣州毗近港澳，海岸遼長，走私便易。爲加強全面經濟管制，必須封鎖走私路線，嚴緝私梟。職已分令海軍巡防隊及省水警隊，暨海關緝私艦艇，組成緝私網，並加派軍隊於港澳陸上邊境，以期絕滅走私偷漏。……」〔註86〕

打擊黑市，打擊走私等。9月14日廣州區物資檢查委員會召開會議，「經議定組織：1、金融黑市，2、物資黑市，3、走私、4、倉庫等四個檢查組，即開始執行工作。」〔註87〕「自幣制改革後，奸商每有利用私設電臺，報導黑市行情。其通報地點爲上海、香港、梧州、湛江、長沙等處，搗亂金融莫此爲甚。本處對於此種私營電臺之撲滅，極爲重視，對於破獲人員，每一電臺，視其規模大小，給與三百元至六百元金圓券之獎金，密報亦同樣給獎。此種電臺之破獲不啻粉碎其經營黑市之總樞紐，實予奸商以極大之打擊。更於搜獲其密電碼暗號中，因而發現捕獲非法買賣外幣黃金之奸商多起，綜計自九月份起，破獲此種設電臺共七家其中一家設有收發報機四部，內並有美軍用短波收發電機一部其規模亦可見一斑。」〔註88〕據廣州區經濟督導處檢查委員會副主委黎鐵漢報告：「該會成立月餘，已破獲違法案二百餘件：1.限價案一百九十宗，捕人犯一百卅名，經解特庭訊辦者七十三人。2.金融案四十一宗，捕人犯六十四人，經解特庭者三十八名，保釋四名。3.私設電臺案六，捕人犯十九名。」〔註89〕

限制行莊匯款。9月6日，霍寶樹飛抵廣州主持廣州市經濟督導工作，首先「即限制各地穗匯，以防遊資泛入華南」〔註90〕。此外，廣州經濟管制督

〔註86〕《宋子文致蔣介石電》(1948年9月8日)，復旦大學中國金融史研究中心：《上海金融中心地位的變遷》，復旦大學出版社，2005年，第300~301頁。

〔註87〕《穗經管當局調節物資方案》，《金融週報》，1948年第19卷第12期，第12頁。

〔註88〕行政院廣州區經濟管制督導委員辦公處：《廣州區一月來經濟管制工作概況》，1948年9月30日，第5頁。

〔註89〕《穗市經管工作，已有顯著成效，宋子文謂將全力謀幣值穩定》，《金融日報》，1948年10月8日，第1版。

〔註90〕《遊資衝擊下的廣州經濟》(廣州通訊)，《經濟評論》，1948年第4卷第3期，第11頁。

導員辦公處爲嚴密管制各行莊匯款，穩定金融計，經令飭廣州金融局訂定《限制匯款辦法》三項：「（一）重申本年八月十九日命令任何行莊不得承做港匯，違者除勒令停業外，並依法嚴辦。（二）穗市全體行莊，每日解付各地匯款總額，包括買入匯款在內不得超過金圓二十萬元，每筆不得超過金圓五百元，違者勒令停業。（三）如有正當用途，必當解付匯款超過前條規定者，得詳具理由，送經中央銀行廣州分行核准後承做，並規定附則四點：（一）前列第二條匯款總限額，銀錢兩業各半。（二）各地聯行聯莊，本年九月八日以前匯出之匯款准予照解。（三）匯款限額由各該業公會自行議定分配。（四）除由各行莊遵照簽訂匯款報表格式繼續填報外並由該兩業按日將各會員行莊解付匯款（包括買匯）逐一列表報查，於九月八日分令廣州市銀行業錢商業兩同業公會知照，並轉飭各會員遵辦矣。」〔註91〕

4、調節物資，組織檢查

廣州區經濟管制督導員辦公處的物資調節委員會，9 月 14 日下午召開會議，經議決以金圓 1500 萬金圓實施該會提議的《穗市物資調節方案》，其中 750 萬元將向中央銀行透支，限期 3 個月。另 750 萬元則由廣州市銀錢業兩公會籌借，名爲物資運銷生產貸款。至該方案的內容有如下各點：「1.穗民生主要必需物品估計每月需數量爲米十七萬市石、煤一萬六千五百噸、木炭十萬市石、木柴一百廿萬市石、布十五萬疋、棉紗八千件、花生油一千公噸。2.依照上表所列物資，每月計需供應資金爲木柴及木炭需用三百廿萬圓，布需用四百廿萬圓，棉紗六百萬圓，花生油一百六十萬圓，共需金圓一千五百萬圓。米及煤因專有機構執行，故從略。3.物資收購地區，經定布及棉紗在上海購運，至花生油則分在天津青島兩地購五百公噸，粵省東西北將購五百公噸。4.組織銀圓辦理貸款，除向外地產地收購物資，並就地向生產廠商收購外，更由銀圓辦理生產貸款，以扶植民生日用必需品生產廠商，增加生產。5.配售售價的議定，規定應按成本計算，上述辦法短期內便可實施。」〔註92〕

〔註91〕 行政院廣州區經濟管制督導委員辦公處：《廣州區一月來經濟管制工作概況》，1948 年 9 月 30 日，第 4 頁。

〔註92〕 《穗經管當局調節物資方案》，《金融週報》，1948 年第 19 卷第 12 期，第 12 頁。

5、組織物資銀團貸款與籌辦全面配給

除此以外，物資調節委員會並成立了貸款銀團，該銀團由廣州市國家行局，商業行莊所組成，於 8 月 21 日正式成立。「中國銀行王振芳爲常務委員兼召集人，常務委員交通銀行黃光，銀錢業公會梁朝善，委員名單爲中國銀行，交通銀行，農民銀行，中信局，郵匯局，合作金庫，廣東銀行，上海銀行，道亨錢莊，豫亨錢莊，資本額最先定一千五百萬，後改爲一千萬，其中央行負擔五百萬，其餘負擔五百萬，內二百五十萬由國家行局庫負擔，二百五十萬由省市商業行莊負擔，其中一百二十五萬由商業銀行負擔，一百二十五萬由錢莊負擔，各商業銀行分配數額，廣東省行五十萬，市行一十萬，上海五萬，新華五萬，廣東五萬，農工五萬，國貨五萬，華僑五萬，正和二萬，和成四萬，復興二萬，聚興城五萬，亞西三萬，實業四萬，光裕二萬，美豐三萬，金城五萬，重慶二萬，國華二萬，僑民二萬。」〔註93〕

配售工作在霍寶樹來廣州以後才開始。「在霍寶樹未到廣州前，可稱爲第一期的經管工作，這時期由市府主持，已一致被認爲失敗。霍寶樹來後可稱爲第二期，現在長在展開，經督處的重心工作，放在全面的配售上。」〔註94〕

（二）廣州的市場動態

由於廣州物資缺乏其來源大部分仰給上海與香港兩地，而廣州上海匯率上差額甚巨。從 8 月 19 日午後起，消息靈通人士大量收購金鈔港幣及各種商品，市場便陷入空前混亂狀態；港幣與物價突飛猛漲，一日數變，早午晚市價不同，且行情混亂，索價漫無標準。這種情形，直到 8 月 25 日，各物價格上漲達於一倍，且市府所定的公價與市價接近後，才逐漸平靜下來。據有關方面估計，19 日的幾小時內，各物平均上漲五六成，自 19 日起至 23 日金圓券在廣州問世之日止，四天之內，各種商品平均上漲一倍左右。「廣州經管工作，是否全國最弱，是市民所最熱烈討論的問題。……以物價來收，已較『八一九』上漲一倍，限價政策完全失敗。……綜合改幣後走私猖獗的原因爲：1.關稅增加，以鹽稅來說，增達四十四倍。入口貨品若免關稅，則較前大有利

〔註93〕銳成：《廣州的經管工作》，《金融日報》，1948 年 10 月 14 日，第 3 版。
〔註94〕《廣州一週經濟》（9 月 13 日至 19 日），《金融日報》，1948 年 9 月 26 日，第 3 版。

可圖，2.遊資充斥，無正當出路，3.五季輸入配額早已簽發完竣，內地物資缺乏，若干工廠因無原料而要停工，4.新幣較前安定，走私不受幣值低落影響。」「工商業極蕭條，改幣後一般工商業，大約生意比前減少了一半。」〔註 95〕為便於參考起見，茲就 8 月 19 日後廣州港幣價格的變動及幾種重要商品的公價市價變動情形，分別列表於後，以見一般：

表 4－5：廣州港幣價格變動表（港幣一元＝法幣萬元）

時間（8 月）	港幣與法幣兌換價格
19 日	120
20 日	170
21 日	187
22 日	210
23 日	218
24 日	210
25 日	210
26 日	215
27 日	228
28 日	220
29 日	226

表 4－6：幣制改革之初廣州主要日常生活品市價表（貨幣單位：法幣）

品　名	8 月 19 日市價	8 月 24 日市價	上漲率
米	4600 萬元	6500 萬元	41.3%
雪米	3300 萬元	5500 萬元	66.7%
粗米	2550 萬元	4300 萬元	68.6%
豬肉	230 萬元	350 萬元	52.2%

〔註95〕《廣州一週經濟》（9 月 13 日至 19 日），《金融日報》，1948 年 9 月 26 日，第 3 頁。

品　名	8月19日市價	8月24日市價	上漲率
牛肉	200 萬元	250 萬元	25.0%
生鹽	2200 萬元	3500 萬元	59.1%
白糖	8000 萬元	14000 萬元	75.0%
生油	18000 萬元	31000 萬元	72.2%
松柴	450 萬元	1000 萬元	122.2%

表4－7：廣州重要商品公價與市價變動表（貨幣單位：金圓）

批發價	8月19日公價	8月23日議定最高限價	8月23日公價	8月29日公價
齊眉	116.6	210	200	203
絲苗	115	205	295	198
銀占	95	185	180	183
新興白	86	170	160	158
金風雪	83.3	160	150	156
七擔種	75	160	150	156
湘米	75	140	140	143
土榨生油	121.3	244.4	267	235
汕頭生油	121.3	239	267	237
香煙	19 日	20 日	27 日	
金鼠	5.1	10.4	11	
美麗	10.8	23.3	18.6	

表4－8：廣州物價情形表（貨幣單位：金圓）

品名	單位	8月19日	9月7日	漲率	9月25日	漲率	10月6日	漲率
齊眉米	市擔	14.00	22.70	62%	21.00	50%	22.70	62%
松柴	市擔	1.60	2.80	75%	2.85	76%	3.20	100%

品名	單位	8月19日	9月7日	漲率	9月25日	漲率	10月6日	漲率
生油		14.5	21.50	50%	22.80	58%	22.80	58%
食鹽	市擔	6.00	14.5	140%	14.20	150%	13.00	113%
片糖	市擔	11.00	20.00	82%	19.00	73%	18.00	64%
理髮	乙級	0.40	0.80	100%	0.80	100%	0.60	50%
長途車票	全票	0.07	0.15	114%	0.15	114%	0.15	114%
戲票	中座	0.40	0.80	100%	0.80	100%	0.60	50%
煤	每噸	46.00	95.00	105%	90.00	94%	95.00	105%
十二磅A大鵬細布	每匹	16.00	125.50	125%	31.5	97%	37.50	135%
廿支特金雞紗	每條	510.00	1130.00	120%	940.00	83%	820.00	60%

表4−9：廣州市政府限價與實際市價（黑市價格）對照表

品　名	單　位	政府限價	10月18日左右	漲　率
齊眉米	市擔	22.7 元	35 元	54%
徐苗米	市擔	22.1 元	33.5 元	52%
荷柴	市擔	2.8 元	7 元	150%
生油	壇	22.7 元	70 元	208%
沙糖	市擔	36.8 元	100 元	172%
食鹽	市擔	17.0 元	40 元	135%
豬肉	市斤	0.75 元	3.2 元	327%
雞項	市斤	1.22 元	3 元	146%
雞旦	支	0.1 元	0.3 元	200%
廿支新城紗	條	820 元	1300 元	59%
廿支特金雞紗	條	830 元	1500 元	81%

表 4－10：廣州沒有限價物品市情表

品　名	單　位	10月1日價格	10月18日價格	漲　率
毛線	磅	14 元	60 元	329%
高才牌牙膏	支	2 元	6.5 元	225%
汗衫	件	5 元	15 元	200%
三個五香煙	盒	4 元	9.5 元	138%
高夫力香煙	包	0.4 元	1.5 元	275%
維他命 B 丸	粒	1.5 元	5.5 元	267%
皮鞋	雙	20 元	55 元	175%

資料來源：上述 6 表根據宋承先，《改革幣制後的國內各地市場》，《經濟評論》，1948
　　　　　年第 3 卷第 23 期，蔡馥生：《「幣制改革」、物價、與人民生活》，《群眾》
　　　　　（香港版），1948 年第 2 卷第 34 期；《限價以後的廣州市場》，《客觀》，1948
　　　　　年第 1 卷第 7 期；《限價堤岸崩了》，《再造》，1948 年第 2 卷第 4 期等整理
　　　　　而成。

　　由以上表格可以看出：廣州改制後物價比改革幣制普遍上漲了 100% 至 200
%，最高漲了 329%。百物中以洋雜和香煙漲得最厲害，其餘民生日用品，如
柴、米、油、鹽等項。限價物品中，以肉類和食油最厲害，花紗等則有價無市。

　　在廣州的限價期間，還存在以下問題：

　　1、危機頻發。主要表現在以下幾個方面：（1）配售豬肉慘案頻生：自從
10 月 19 日經濟員警大肆抓捕豬肉商人，強迫復市之後，肉荒總算解決了。但
肉商以黑市價購入生豬，用限價賣出，虧拆之慘，當可想見。肉商自然儘量
設法避免少賣限價肉，多做黑市生意，以求補償損失。豬肉擠購，乃為意中
之事了。連日來，各市場的豬肉店門前，都排了一條「長蛇陣」，因為沒有警
察維持，秩序異常混亂，後來派了警察，又維持不力，所以慘案處處聞，天
天發生。（2）全市酒樓茶室醞釀停業：由於限價，物資紛紛逃避下鄉，米油、
肉、糖幾乎絕跡了市面，本市二百多家酒樓茶室，因原料來源發生問題，目
前已面臨重大的危機。……三業緊急會議開過之後，他們推派代表去謁見歐
陽市長，訴苦了一番，並請求市長代為解決困難。可以想像得到歐陽駒手上
沒有物資，那能想出什麼辦法來呢？只答允電飭警察局長黎鐵漢立即放寬對

入市貨物的限制與檢查，好讓茶樓酒室到郊外買點黑市原料來應市。因為目的未達，各代表又繼續赴經督處謁見協導員霍寶樹，要求配售主要物品。但亦無結果。(3)工廠停閉數萬工人失業：看看廣州工業情形，更使人感到經管的可怕，現在除了幾家省營工廠，尚有原料繼續生產之外，其餘民營工業，無論是輕工業或手工業，莫不原料奇缺，不能繼續生產，而囤有少許原料的工廠，由於限電，廠商亦不願開工。因為售價追趕不上成本，因此之故，所有工廠，非停工則減辭工人，以為苟延殘喘。據調查所得，十月十九日一天，河南區小工業廠場，倒閉了廿二家。廣州及佛山棉布工業，停工減產者最多，占總數百分之九十以上。失業工友，達萬人以上。榨油工廠，停榨的有六百餘家。印務店相繼停業，工人失業的有數百人，建築三行失業工人不下數千。此外，商行工廠停頓，日有所聞。〔註96〕

2、套購現象嚴重。「在九月下旬，傳有江浙幫與華南走私巨擘合組之宏大規模地下貿易公司，在九月廿五日至廿八日間，在穗市外圍委託三四十個經紀人，有計劃的套購出口物資。據說有桐油三百五十桶，錫七百担，茶油二百五十担，菜油三百担，茴油數十桶，總值五千餘萬金圓券。隨後，另一方面在廣州拋售少數桐油以抑漲勢，顯然是大戶搜購手法，及至十月四日，此項套購方式已嫌落後，遂以搶購姿態出現，某大戶是日力進粗細紗三千餘包，共值二百五十萬以上，使廿支金城新貨從八四〇元升至八八〇元；次日，復進七八千包，廿支金城從八八〇飛升至一〇八〇元，後市竟做一一五〇元。據業中人估計，該戶進貨約值七百五十萬元，光是本市紗業巨子永德行當日售出二千四百餘包，存底全部出清。可見搶購規模之大和手段之辣。十月七日，香港傳來申單跌入一元大關，搶購風潮全面展開。八日廣州行市混亂已達極點，大鵬細布逼五十關口，月牌燒碱喊至六百八，棉花糖做四十四，土生油出二十九，齊眉米破三十關，是日香港申匯再行報低，搶購遂蔓延全市。」〔註97〕

3、搶風日熾。「因為外匯變動及上海搶購潮的影響，十月七日穗市洋雜貨價一致上昇了百分之二十。而花紗布疋及木柴等物也續升。」〔註98〕「雙

〔註96〕雅茜：《廣州一幅悲慘的圖畫》，《展望》，1948 年第 3 卷第 1 期，第 12 頁。
〔註97〕《遊資衝擊下的廣州經濟》(廣州通訊)，《經濟評論》，1948 年第 4 卷第 3 期，第 12～13 頁。
〔註98〕《經濟新方案施行後全國物品市場綜合報導》，《銀行週報》，1948 年第 32 卷第 47 期，第 25 頁。

十過後，搶風繼續擴大，一般日用消費品零售商被搶購一空，同時以港幣機制的現象重現，十二日桐油有人以港幣喊售，十五日各物創『改幣』以來新高峰，西藥紙煙狂漲，米、豆、紗布、糖、油及肉類絕跡市場，紛紛向四鄉逃避。穗經濟督導處經檢委員會議決，自十六日開始，實行禁止糧食（稻米豆糧）及棉花、棉紗、棉布食油食糧等物資外運，其中糧食一項，絕對不能外運食油在二市斤以下，糖一市斤以下，布足裁成衣服者或另有特殊情形領有許可證不在此限，同時每人配米增至二十一斤，門售每人限購五斤，然而已阻不了漲風，限價肉類已在市內絕跡，黑市轉移陣地至郊外沙河、芳村、黃埔及三元里等地。」〔註 99〕

　　整體而言，廣州物價在改革幣制中上升最劇，對民眾的衝擊也最大。主要原因為「廣州及華南早已使用港幣代替法幣，政府改幣時，按上海港幣黑價標準，規定全國一律以港幣一元合金圓券七角五分，折成法幣為二百二十五萬元，而當時港幣在華南之黑價約為一百二十萬元，港幣官價既較華南黑價提高一倍」〔註 100〕而引起，也即政府在實施幣制改革時，考慮不周所致。「當局何以不依據國行所掛的牌價，也不參酌各地情形，僅拿上海作標準。無論如何，當局是不能自圓其說的。」〔註 101〕

　　從上述三個督導區的物價管制及市場動態來看，幣制改革初期，上海、天津的市場表現相對要好一些，這一方面歸功於蔣經國、張厲生等的相對嚴厲管制，而廣州方面雖然管制措施也不少，但真正的限價工作在霍寶樹到達廣州後才有所起色。另一方面則因金銀外幣收兌價格以上海為標準，故上海波動不大，而幣制改革以前，法幣的價值，在華北較低，故天津物價變化也不太大，但華南與內地諸省，因法幣幣值比上海高出許多。而幣制改革規定金圓券與法幣及金銀外幣的兌換率，全國一律，即法幣的價值，因幣制改革一紙命令，全國趨於一致，則物價較低（幣值較高）的廣州一切貨物與勞務的價格，自然向上海看齊，故幣制改革初期，華南及內地諸省，無不因金銀外幣收兌價的提高，市場發生騷亂現象，物價劇烈上漲。

〔註 99〕　《遊資衝擊下的廣州經濟》（廣州通訊），《經濟評論》，1948 年第 4 卷第 3 期，第 12 頁。

〔註 100〕劉光第：《一九四八年之財政與物價》，《經濟評論》，1949 年第 4 卷第 13～14 期，第 6 頁。

〔註 101〕《金圓券在廣州出現以後》，《時與文》，1948 年第 3 卷第 20 期，第 15 頁。

10 月初，由於民眾擔心煙酒增稅會導致物價上漲，上海、廣州、天津均發生了搶購風潮，自此，三個督導區的物價管制工作均進入了一個被動的狀態。

第三節　其他各地物價管制及市場動態

一、西南等地的物價管制及其市場動態

幣制改革後，西南各地物價普遍上漲。重慶方面，8 月 20 日，「以前物價尚稱平穩，在西南商業中心的重慶，因為幣制改革，鎳幣通用，市場上突然的多了一批龐大數目字的貨幣，所以，物價的漲勢較各地更加利害。」〔註 102〕「自二十日晨起大家看到金圓券和法幣的折合率都大吃一驚，因為不是差別兌換而是全國一律，所以這裡零售貨品就急劇上升，行情極亂，各項物價在二十，二十一兩天中，多得漲上一倍，少的也有五成，所謂『八月十九日的標準價』，簡直成了空話。」〔註 103〕「地方當局更以『不流血的社會革命』作為讚詞，要大家安定，要大家遵從八一九的價格，穩定市場交易。但這些樂觀與讚詞都是空架的想法；政府當局平抑物價的方法，更是架空的做法。當政府沒有物資在手，沒有想到以數量控制價格時，重慶物價的狂潮在幣改後的第二天就已掀起了。八月二十日表現物價狂潮已經掀起的顯著例證，就是當天棉紗和布疋市場的宣告停交。此後，重慶物價沒有一天不在上漲中。」〔註 104〕「市場混亂，棉紗布匹一致報漲。零售價格因商人乘機哄抬，漲勢尤為劇烈，一日之間，多者上漲一倍，少的也有五成。消息靈通者更在市面收購銀元鎳幣銅幣，致二十、二十一日兩天之內，銀元由三百萬升到六百萬，輔幣由八十萬元一斤漲到一千二百萬元一斤。」〔註 105〕

〔註 102〕蘇嵐：《西南一片漲風》，《新路周刊》，1948 年第 2 卷第 1 期，第 18 頁。
〔註 103〕田茂德：《幣制改革後重慶各界的反響》，《金融日報》，1948 年 8 月 26 日，第 3 版。
〔註 104〕《從限價到議價》，《經濟評論》，1948 年第 4 卷第 3 期，第 12〜13 頁。
〔註 105〕宋承先：《改革幣制後的國內各地市場》，《經濟評論》，1948 年第 3 卷第 23 期，第 9 頁。

表4-11：重慶重要商品行情表（貨幣單位：法幣）

貨　品	19日	20日	漲　率
山米	2000萬	2500萬	25%
綠艇紗	16.1億	18億	12%
河口土布	680萬	800萬	18%
金華福	400萬	520萬	30%

資料來源：根據重慶《商務日報》和張慶天：《「幣制改革」的反響在重慶》，《經濟周報》，1948年第7卷第9期整理而成。

在上述混亂情形下，重慶市社會局於22日開會，根據19日市場價格，訂出各種貨物標準價格，並決定於23日出動全域人員，監督各市場交易。於是在當局監督管制之下，23日物價遂告下跌，回覆到八一九水準。

然而，好景不長，自中央銀行公佈無限制收兌銅鎳幣消息後，人民紛紛以輔幣搶購貨物，市場又陷混亂狀態。當局雖被迫放棄硬性執行八一九限價，提高限價，但黑市普遍存在，各米商紛紛收米，移存他處，拒絕出售。一般零售商店，大都檢藏良貨，縮短營業時間，以劣貨應市，且有藉故停業數日者。

表4-12：重慶社會局所列重要商品市價表

貨　名	8月19日	8月23日	8月30日	8月31日	9月3日	9月6日
山米（石）	7.00	7.00	7.00	10.00	13.00	14.00
麵粉（袋）	2.00	無市	2.40	2.40	4.50	5.00
綠艇紗（包）	550.00	515.00	650.00	750.00	770.00	770.00
學生藍布	43.00	43.00	61.00	61.00	61.00	73.00

資料來源：宋承先：《改革幣制後的國內各地市場》，《經濟評論》，1948年第23期。

據上表，可知重慶在幣制改革後兩周內，與廣州情形相似，即「重慶在幣改前夕尚未達到法幣與金圓券的折合率程度，因之，重慶物價為要和金圓券的比率求取平衡，物價自然上漲」[註106]。各物與金銀價格，上漲一倍左右。但二者亦有顯著的差異：「自廿日起，物價雖然一致報漲，但除零售價格

[註106]《從限價到議價》，《經濟評論》，1948年第4卷第3期，第13頁。

外，上漲程度並不劇烈，平均不過百分之十五，且旋即回挫到八一九水準，
此其一。其次，漲風之重起，在於物價獲得一週左右的小康局面之後。分析
此中原因，物價初期的穩定，政府的監督與管制雖不爲無功。但市場銀根承
前緊勢，現鈔缺乏，頭寸不足，可能是極合理的解釋。」〔註 107〕至於物價在
獲得一度小康局面後短期內重行回漲，「但物價上漲的不能停歇，這是另外的
原因造成的。」〔註 108〕「市場購買力突增與人心不安，實爲最重要原因：蓋
自中央銀行開始收兌金銀外幣後，大量金圓券出籠，現鈔缺乏現象即告消失。」
其次，「中央造幣廠所鑄造的銅鎳幣，流存於川省民間者，爲數頗多，一旦變
成通貨，社會購買力突增，而在人民心理方面，原來看作廢銅爛鐵不值分文
的輔幣，因一紙命令，身價百倍，勢必紛紛用以搶購貨物。因而造成商店檢
藏良貨，惜售抬價的混亂現象。」〔註 109〕再次，原來集中上海遊資，因缺乏
正當出路，勢必匯往物價低廉處購買物資，或亦不無推波助瀾的作用。因爲
上海遊資在嚴格的經濟管制下，活動範圍縮小，紛向華南和西南流，重慶遂
做了「避風港」之一。據 9 月 5 日上海《大公報》報導：改幣後一度突增的
本市行莊存款，突被提取達 40%，而在上一週內以匯往臺灣重慶爲多。〔註 110〕
此外，「因爲利率的降低，一般存款紛紛自銀行出籠，流通於市面；因爲鎳幣
恢復使用，存渝的六十萬億（折合法幣）以上的鎳幣從四鄉流入了城市，因
爲收兌金銀結果，更有數十萬億元（折合法幣）流在市面。」〔註 111〕

　　9 月 11 日，奉命考察川滇湘鄂等省及漢渝兩市財政經濟緊急處分令實施
情形並進行指導的徐堪飛抵重慶。在重慶 8 天裏，徐堪與各方面迭次會談洽
商，包括黨政軍首長、主管機關負責人、工商界領袖、民意機關代表、新聞
界、教育界以及其他各階層人士，總共不下五百人。其彙報當時發生之問題
第一條便是「不能嚴守八一九限價之規定」〔註 112〕。

〔註 107〕 宋承先：《改革幣制後的國內各地市場》，《經濟評論》，1948 年第 3 卷第 23
　　　　　期，第 9 頁。
〔註 108〕 《從限價到議價》，《經濟評論》，1948 年第 4 卷第 3 期，第 13 頁。
〔註 109〕 宋承先：《改革幣制後的國內各地市場》，《經濟評論》，1948 年第 3 卷第 23
　　　　　期，第 9 頁。
〔註 110〕 宋承先：《改革幣制後的國內各地市場》，《經濟評論》，1948 年第 3 卷第 23
　　　　　期，第 9 頁。
〔註 111〕 《從限價到議價》，《經濟評論》，1948 年第 4 卷第 3 期，第 13 頁。
〔註 112〕 《徐堪致蔣介石報告》（1948 年 9 月 19 日），復旦大學中國金融史研究中心：
　　　　　《上海金融中心地位的變遷》，復旦大學出版社，2005 年版，第 306 頁。

　　由於物價上漲，限價政策無以爲繼，重慶市政當局便採取了議價措施。議價的施行，標誌著限價的破產。9月，重慶市政府組織了物價評議會，該會由「參議會、商會、工商同業公會及治安機關應聘之，社會局長爲主委兼召集人」，其職權爲「一、評議本市主要日用必需品之售價，二、協助檢舉違反議價之行爲。」〔註113〕下表爲重慶市物價評議會工作概況：

表 4-13：重慶市物價評議會工作概況表

集會時間	出席人數	議決案數	決定事項摘要
9月24日	16		先聽取各項民生日用品各業公會報告該業情形後再行議價
10月7日	15	1	糧食價格在產區價格未定前暫決定報價呈核
10月8日	11	5	1.甲種煤重慶河邊價核定爲每噸 21,675 元其他煤價按照過去成例調整　2.埋髮價格增加 330%　3.旅棧業照八一九加 150%
10月9日	10	3	1.廿支紗價照九二七陝棉市價每擔 160 元以六擔二折合　2.十六支紗價照九二七滲寧花市價每擔 145 元以六擔二折合　3.廿一支紗價照廿支紗價加 30%　4.水電各照八一九價加 150%　5.交通工具照八一九價加 150%
10月12日	13	3	1.綢布照八一九加價 80%　2.肥皂價照八一九公佈調價加 140%　3.紙張價照社會局八一九公佈價加增至多不得超過 150%
10月13日	10	8	1.麵粉價照八一九公佈價格加 230%　2.油類價照八一九價格加 100～150%　3.糖類價照八一九價格加 150%　4.香煙類報價呈核　5.洗染價格照公會所報八一九價加 100%
10月16日	11	8	1.五金電器照該業公會所報九二七價核定　2.水泥照八一九價格加 150%　3.火柴照八一九價格加 100%　4.土布照八一九價格加 120%　5.影劇照八一九增加 100～120%
10月19日	11	7	1.百貨依照社會局所查八一九價公會所報八一九渝價或滬價加 80～100%　2.電工器材照報八一九價加 40～150%　3.毛紡織品照八一九價加 150%

〔註113〕《重慶市物價評議會工作概況》,《四川經濟彙報》,1949 年第 1 卷第 5～6 期,第 126 頁。

集會時間	出席人數	議決案數	決定事項摘要
10 月 21 日	11	14	1.浴池照該公會所報八一九價加 150%　2.人力車照社會局分段方法每段四分　3.化工原料照……報八一九價加 150%　4.天廚味精照該廠所報八一九價加 150%　5.酒精照八一九價加 200%　6.豬牛肉由公會報價呈核　7.鐵鍋照八一九價加 100%　8.皮鞋照八一九公會報價加 150～200%

資料來源：根據《重慶市物價評議會工作概況》，《四川經濟彙報》，1949 年第 1 卷第 5～6 期整理而成。

　　成都方面，20 日成都的物價普遍漲了 30%，米價漲得更快，由 19 日的每老石 3000 萬元漲到 4700 萬元。至於金銀價格，由於金圓券與金銀兌換比率的訂定，一步登天，19 日成都的銀元每元才值法幣 260 萬元，黃金每兩才值法幣 4 億元，現在一下子銀元一元立即跳上法幣 600 萬元，黃金一兩立即跳上 6 億元。成都的物價本來距京滬物價很遠，但幣制一改革，也就和京滬物價拉平了。「成都市各大交易市場頓呈混亂狀態，食米、布匹、棉紗等停止買賣，若干日用必需品猛漲，一日之間價格幾度提高，較十九日原價增高一倍以上。」〔註 114〕

　　23 日早上，金圓券出籠了，「王陵基主席嚴令各物恢復十九日以前價格，事實上一般商品標價由法幣改為金圓，早已經經過一番變化了。尤以米價特別凶，三天之內跳到五千多萬，足漲一倍有餘了。原因是金銀開始兌換，遊資大量轉向糧食進攻。」〔註 115〕四川省當局鑒於成都市場的混亂狀態，「一方面將中央的十萬火急性的電報轉發各報，不准登載黑市物價；一面電呈中央請示三點：（1）硬性執行物價，一律回覆十九日標準。（2）由政院規定價格。（3）變通處理，准各地酌量情形決定物價標準。並決定在未得中央發電指示以前，今後物價由警備部、警察局、市政府嚴格控制，暫行維持廿四日的標準。」〔註 116〕

　　成都物價上漲同鎳幣恢復使用有關。國民黨政府在 1934 年至 1942 年間曾發行鎳鑄的五分、十分、二十分、半圓及銅鑄的半分、一分、二分等輔幣，

〔註 114〕《各地市場》，《大公報》（上海），1948 年 8 月 21 日，第 2 版。
〔註 115〕《錦城鎳幣潮》（成都通訊），《大學評論》，1948 年第 1 卷第 10 期，第 10 頁。
〔註 116〕《成都市場混亂，省當局採緊急措施》，《大公報》（上海），1948 年 8 月 25 日，第 2 版。

在抗戰以前，鎳幣是國外所造，抗戰後，即多在成都、重慶、貴陽三地所造，尤以成都造得最多，民間的鎳幣儲藏量最爲豐富。……這次幣制改革使用金圓券，因鑄造新的輔幣成本太高，時間上也來不及，便同時發出舊的鎳幣恢復使用的命令，這種曾爲法幣的輔幣，一下子就變成了金圓券的輔幣，生了鏽的輔幣，轉瞬間身價百倍了。據一個粗略的估計：成都儲藏鎳幣總量，當約一百噸，至少當值金圓券一億元以上。〔註117〕

　　跟著改幣而來，報上透露出鎳幣將作輔幣用的消息，於是失寵已久的新舊大小鎳幣紛紛出籠。在安樂市和正娛花園，大街小巷天天擠滿了鎳幣客，幾十萬一斤的鎳幣（本作「半圓」）慢慢爬到幾萬元一個。消息愈緊，漲得愈快。唯利是圖（這個年頭不得不這樣啊）的人心逼著鎳潮開始卷起浪花。

　　25日以前，監市口、順城街、東大街、東御街一帶，每天人聲鼎沸，通宵達旦，鎳潮洶湧。「半圓」的鎳幣已漲到六七十萬元一個。某幾位要人及中央銀行職工更大批出動，四處搶購。老百姓摸到一些線索，多少敏感了一下，亦奔相追逐，於是鎳潮浪頭高不可仰。市府布告「不分新舊鎳幣一律作輔幣通用」一出，鎳潮至此開始氾濫，一時滿街百姓奔跑，企圖在這消息未傳到的角落再行搶購一番。家家戶戶都在談論這平步青雲的鎳幣，不可描摹的笑容浮在鎳幣暴發戶的臉上。〔註118〕

8月26、27兩日鎳幣大量出籠，成都市面平添了無數的遊資。尤以一般小市民，以僅有的「財產」或賒借而來的資本，在這千載難逢的機會，想來弄到一點吃飯之本，同時又防金圓券貶值的損失，便紛紛上街以鎳幣搶購物品。春熙路、東大街一帶，小百貨綢布商店，便在幾小時內幾乎被搶購一空，市面秩序也爲之大亂。〔註119〕「鎳潮淹沒各大街市，百貨商店被掃購一空，飲食店堆滿了顧客，娛樂場所場場客滿，盛況空前。」〔註120〕

〔註117〕吉士：《「幣改」與鎳幣潮》（成都通訊），《群眾》（香港版），1948年第2卷第36期，第20頁。
〔註118〕《金濤鎳浪衝擊下的成都》，《時與文》，1948年第3卷第21期，第13頁。
〔註119〕吉士：《「幣改」與鎳幣潮》（成都通訊），《群眾》（香港版），1948年第2卷第36期，第20頁。
〔註120〕《金濤鎳浪衝擊下的成都》，《時與文》，1948年第3卷第21期，第13頁。

8 月 30 日《大公報》記載：「蓉市鎳幣充斥，商家紛紛減藏良貨，每日僅營業一二小時，以劣貨出售，日用品如豬肉、雞肉、雞蛋及上等米等，成為市場罕見之稀有品……川省府日前將蓉市米油價格比照十九日標準提高后，各業紛紛繼起請求提高售價」〔註 121〕。買主空前的增多，購買力空前的「增強」，商品急劇的減少，但政府施加更猛烈的壓力，強制商品限價，商人的損失與痛苦是無比的。四川省府及成都市府奉到行政院和王陵基自南京來的電令，要強制商家恢復到八月十九日的價格，員警特務挨門挨戶執行，違者即送特種刑庭審訊，大部分商家被迫實行限價，少數商人因暗抬價格即被逮捕。但經此橫暴壓制的結果，壓力越大，漲價越凶，米的黑市已到一億二千萬元一老石，豬肉由三十餘萬元賣到金圓券六角（即一百八十萬元）一斤，雞蛋由六十萬元十個賣到金圓券五角（即一百五十萬元）十個。而且，就連黑市也買不到，成都市上差不多有四五天不見米、麵和豬肉的蹤跡了。〔註 122〕

「成都因鎳幣引起的動亂還在繼續著，鎳幣的浪潮已由成都波動到重慶，擴及全川各縣了。成都方面仍在強烈管制限價，瘋狂捕人，迄昨日（八月底）為止，被捕的商人已達一百四十餘人，但是報紙上已經出現了「三日不知肉味，遍街難見顆米」的標題。有市無貨，各業商人一致要求加價，昏聵無能的蔣政府，只有接二連三的打著自己的嘴巴，把自己規定限價的價格，一再的提高，每斗米已由一角八分提高到二角四分，肉每斤由一角九分提到二角五分了，但仍然買不到。」〔註 123〕

昆明方面，「昆明二十一日市場一片漲聲，賣主多觀望，不肯大量出手。」昆明方面物價上漲一個重要原因是輔幣流通公佈遲緩所引起的市場反應。同成都一樣，以鎳幣風潮鬧得不可開交。自摘錄如下：

> 總統財政經濟緊急處分令頒佈後，昆明的有心人，對「金屬輔幣」一項，備加研究，想從裏面找到一個發財的機會。恰巧金屬輔幣以趕鑄不及為理由，舊日作為法幣輔幣而發行的鎳銅幣，便明令規定為金圓券的輔幣了。……

〔註 121〕《蓉鎳幣潮尚未平息，一元法幣奇貨可居》，《大公報》，1948 年 8 月 30 日，第 2 版。

〔註 122〕吉士：《「幣改」與鎳幣潮》（成都通訊），《群眾》（香港版），1948 年第 2 卷第 36 期，第 21 頁。

〔註 123〕吉士：《「幣改」與鎳幣潮》（成都通訊），《群眾》（香港版），1948 年第 2 卷第 36 期，第 21 頁。

上海中央銀行是上月二十日公佈舊金屬輔幣行使的公告，昆明報紙係二十二日轉載，可是昆明中央銀行，卻片紙支字未提。新聞記者去問昆明央行的屬經理，舊金屬輔幣是不是可以通用了，屬經理的答覆是不置可否。然而，在市場上的反映便是西裝客，行員夥計，大批出動，搜購鎳幣。一般遊民，也乘機活動，分向僻街陋恭兜購，轉售奉有使命的人物。小小的一個昆明城，滿街都是搜購鎳幣的朋友，尤其買賣舊銅濫鐵的地方，如大小西門，大東門，如安街，南強街，祥雲街，威遠街一帶，人山人海，好像鄉街子趕集一樣，擁擠嘈雜。昆明幾乎為鎳幣而發瘋了，於是，便有了研究這個紊亂的現象，市面上便傳出屬德寅事先收購黃金棉紗的謠言。因昆明八月十九日以前的物價，均較上海低百分之五十，黃金是三億左右一兩，照二百金圓一兩的收兌規定，當然合六億一兩。

滇籍國大代表……向蔣總統打一個電報，說中央銀行措置失宜，請援例派員來昆督導。……「昆明中央銀行，對發行金圓券及收兌黃金外幣等工作，不免輕率從事，措置失宜，如收兌黃金，鑒定成色漫無科學標準，致未能昭信於民。以是前往兌換，逐日減少，黑市隨生。以輔幣言，該行公告前後矛盾，忽而通用，忽而拒收，致人民無所適從，奸狡之徒，乘機漁獲暴利，純良小民，蒙受極大損失。凡此種種，鑄成極大錯誤，致謠言四起，市場混亂，群情惶惑，人心不安，經臚舉事實，電請蔣總統迅派大員來滇督導辦理，以免國家人民均受損失。」……

滇籍國代檢舉中央銀行的消息在各報刊登之後，掀起一陣風浪，滇中朝野，對中央銀行及經理屬德寅違法瀆職的嫌疑，都極注意，並加以調查。省參議會，也在九月一日，開會討論，對屬德寅的態度，便激烈多了。他們的議案是這樣：「請電呈總統府，行政院，並代電財政部及監察院，澈查嚴辦昆明中央銀行經理屬德寅，對於輔幣瀆職舞弊一案，以振人心。」又張參議員守玉等十五人臨時動議，「據報載，關於發行輔幣之消息，於八月二十一日金融日報上，與新經濟方案同時明令公佈，然本市之輔幣行使，至八月二十五日昆央行始行公佈，其中頗有弊病，致使市面有人大批收進鎳幣，擬請政府澈查收進舊輔幣者，其消息是否得自本市中央銀行，並請澈

查鎳輔幣行使令。是否與實行金圓券同時發出，以明責任案。」又張參議員敬恭等十一人臨時動議：「查本省金屬輔幣未經正式發佈流通前，（央昆行八月二十五日公佈），何以事先即有人四出搜購，致使大多數人民蒙受極大損失，而少數特權階級者驟成暴富，應迅電雲貴區監委行署，嚴查責任誰屬，提請總統究辦，以維幣制，而安人心案。」以上三案，合併討論。決議：「查此次政府改革幣制，實施財政經濟緊急措施，關係國家命脈，人民福利，至為重大，其中以舊鎳輔幣改作金圓券輔幣，恢復行使一項，為整個改革方案中重要項目之一，自應與改革幣制法令，於全國各地同時公佈實施。查上海已於二十日公佈周知，乃央行昆分行負責人，聲言於八月二十二日下午五時三十分央行總行始發出電報，昆明分行於二十三日下午六時三十分，方奉電令，至二十四日上午九時三十分，始將電報譯出，又延至二十五日始行公佈。以如此重大措施，積壓至數日之久，在此期間突有各種人物，利用先得之消息，自二十二日起即以大量資金，四出挨戶賤價收購舊鎳幣，如五角鎳幣，自每枚法幣數萬元，收至一百萬元左右不等，一時市場混亂，人心惶惑，達於極點。迨至法令公佈，則大量鎳幣，業已轉入此輩投機者之手，驟成巨富，而原持有鎳幣之人民，則已蒙受重大損失。此種弊病甚為明顯，應由會電呈總統，並分電行政監察兩院，請對本案嚴予徹底追究各級執行機關玩忽要政，利用職權舞弊營私者之責任，從重懲處，以維法紀，而平民憤，並資雲南省政府函雲貴區檢查委員行署澈查檢舉。並函昆央行，請將此案辦理經過函複本會備查。」

省參會九月一日舉行駐委會時所提緊急動議全文：

「為昆明中央銀行瀆職舞弊，故意延期公告金圓券金屬輔幣之行使，乘機低價搶購，造成金融混亂，影響國計民生，請電總統府及有關院署澈查嚴辦，以利國策之推行由。……似此經濟緊急處分令公佈之初，國家改革幣制之始，即有直接負責執行之主管官員，敢於利用地位，乘機舞弊，製造混亂，藉以漁利，不但擾亂金融，破壞整個國策之推行倘不迅速從嚴究辦，則今後國計民生，皆將失其保障。同仁等為愛護國家，擁護國策之徹底順利推行起見，用特集體動議，擬具辦法如左：

辦法：由會據實電呈總統府，行政院，並代電監察院，雲南省政府，雲貴區監委行署，迅派大員澈查中央銀行及該行昆明分行，遲不發電，遲不譯電，遲不公佈金屬輔幣行使之原因，及造成金融混亂之責任，予各該主管屬德寅等以故意破壞財政經濟處分令之罪刑，以昭國紀，而維法信。動議人：萬壽康，……沈俊卿。」……

據一個消息說，屬德寅在十九日的下半天，託昆市銀樓業公會的理事長朱文高用大裕銀行的本票，購黃金，朱是大裕銀行的經理，光華街口老福源金店的老闆，並傳曾向雲南裕滇兩紗廠，訂購棉紗五百包，並搜購鎳幣。現在朱文高已經被捕了，警局逮捕朱文高的理由，便是搜購鎳幣等罪。至於屬德寅如何下場。官方迄無表示，只是風傳中央要派大員來查，並且已經暗派人員搜集證據了。〔註124〕

昆明物價上漲除了上述鎳幣風潮等影響外，還有一個直接的原因是「八月十九日政府公佈的兌換率是一兩換二百圓。但當時昆明的金價是三億二三千萬元，這個兌換率，一下子將昆明的金價，提高到近一倍，向上海看齊。」〔註125〕由於金價向上海看齊，所以昆明的物價也要隨著金價的抬高而升高。這就是「過去昆明物價比上海物價，一般是低百分之七八十，今天反過來，要比上海普遍地高過百分之七八十」〔註126〕的緣由了。

「二個月來，昆明的物價，接連著兩次的突來刺激，遂扶搖直上的漲，漲，漲。評價限價都失掉作用，管制檢查也失掉功效，市場是弄到混亂之至，有的有價無市；有的劣貨冒充；有的陽照限價，陰賣黑市。吃的貨物是如此，用的貨物也是如此，可以說百貨都是如此，尤其是米、布、紗、煙幾種貨物。」〔註127〕

貴陽方面：「由於貴陽的僻處西南，人民生活程度不高，物價向較京滬為低，這從幣改前的貴陽上海間的匯水，可資引證，彼時匯水在貴陽交兌

〔註124〕《昆明的鎳幣風潮》（昆明通訊），《周論》，1948 年第 2 卷第 13 期，第 7～9頁。

〔註125〕許虛：《兩個月來的昆明物價》（昆明通訊），《經濟週報》，1948 年第 7 卷第16 期，第 10 頁。

〔註126〕許虛：《兩個月來的昆明物價》（昆明通訊），《經濟週報》，1948 年第 7 卷第16 期，第 10 頁。

〔註127〕許虛：《兩個月來的昆明物價》（昆明通訊），《經濟週報》，1948 年第 7 卷第16 期，第 10 頁。

法幣七百五十萬元，即可於上海取得二千萬元，再從金銀價格上講京滬一帶，銀樓無飾金可賣，則築市可以購得，而築滬間金銀價格的懸殊，也就是因這種原因實為農村經濟社會生活程度，較低的關係，物價之標準就一向以食米金銀為根據，幣改後，政令全國各地物價須凍結在當地八一九的數值上，故由於前述貴陽與上海間金銀價格的懸殊，一聲看齊，毋怪形成了貨物市場上漫天喊價，拼命搶購的狀態，而當局又規定『本省所出物品，一律以產地批發價加運費，再加合法利潤為標準』，『省外輸入物品，一律亦以批地之價加運費，加合法利潤為標準』所以日用百物價格，平均較幣改前上漲了百分之四十至五十，本省出品的東西，則漲了百分之七十至八十。

搶購拒售的結果，不是物資逃避，便是劣貨敷衍，弄得米荒、肉荒、茱蔬荒，以硬幹作風的谷正倫主席，也不得已在為『保護本省農產品，提高農民生活』的名義下，將食米價格，由八一九每鬥法幣一千三百萬元，提高為二千七百萬元。雖然如此竟仍發生了貧民買不到米吃，而跳河自殺的慘事，結果代表商人的參議會，減了一應先取銷食米限價，他們此願望畢竟達到了，當局又改定辦法為：『中下米維持限價，上白米聽起自然』，現在是可以買到米了，上白米是每斗一元五角，下米糙米則根本無處問津。」
〔註 128〕

西南地區因為政府制定金銀外幣收兌價格一律以上海黑市為標準，沒有考慮到注意到區域不平衡的問題，沒有按照當地 8 月 19 日申匯行情與原訂比率相乘來確定該區域的兌換價，便造成了這些區域的物價上漲。連王雲五本人也不得不承認「西南各省，特別是成都，一因政府收兌黃金之價，較該地區在八一九以前之金價為高，二因民間所有大量鎳幣出籠，該地中央銀行事前處置稍欠周密，以致影響物價，一個月間，平均漲三四成，成都米價獨漲一倍。」〔註 129〕翁文灝也檢討「政府擬定金圓及美金兌換率時，未曾顧及，西南各地黑市遠低於京、滬，以致兌換率之忽然提高，影響物價，而蓉、昆等地之鎳幣風潮，亦為使各該地區人心不定，物價暴漲之惡因。再者，八一九以後，金銀外幣之收兌，佔金圓發行三分之二，此大量遊資充斥，市場造

〔註 128〕念徐：《貴陽通訊：古老山城的秋風》，《經濟週刊》，1948 年第 12 期，第 14 頁。
〔註 129〕王雲五：《岫廬八十自述》，臺灣商務印書館，1967 年版，第 537 頁。

成搶購風氣，物價遂即高漲。翁氏並稱：物價凍結，未能澈底，亦爲一大失誤。」〔註130〕西南一帶物價漲風並非僅僅物價管制不力所致，主要是由於政府收兌金銀美鈔時的兌換價格以上海爲準，較當地兌換價格爲高，再加上鎳幣風潮，進而導致當地物價上漲。

二、華中、西北等其他地區物價管制與市場動態概況

其他各地物價管制與市場概況，就報章所載資料，可以分成兩類：

一、市場比較平靜的有無錫、蘇州、青島、南京、西安、蕪湖、杭州、九江、濟南、張家口等，這些地方管制相對較嚴格一些。如無錫「日來以遊資氾濫，各物重演漲風，縣府二十八日特分派大批人員分組前往各市區各市場調查監視……」；「蘇州廿八日因銀根鬆濫，各項物價均隨滬錫挺升，門售議價米二十元，均繫次貨，縣當局刻仍全力管制中」〔註131〕；「青島三日來抓獲金鈔犯達二五〇名，警局人滿爲患，廿七日擇其情節輕者五十名遊街後釋放」〔註132〕，「爲了嚴格管制物價，西安市政府已經把卅七年八月十九日那天的各種物品貨價和勞務價格，依兌換率折合金圓公佈了，偏偏有少數奸商違法漲價的都觸著了法網，被法辦了，暗中漲價的中華百貨售品所，大華藥房，大陸百貨商店，春華商店，……祥泰公司，勒令停止營業一天，拘留各該號經理七天，併科處罰金。中央理髮廳向顧客額外需索，勒令停業五天，……已毫不客氣予以逮捕。……」西安警備司令兼戒嚴司令曹□卿大聲疾呼：「殺意圖抬高物價者十百人，而能救億萬人之生存，當不爲過」，「省主席董介生深切寄望全陝人民一致協助政府，萬不可私運金銀資匪，鄧總司令寶珊亦在此時，……」〔註133〕「市政當局爲加強執行物價管制，澈底檢查本市各商業物價是否遵行財政經濟緊急處分令起見：特成立物價管制會，並組織物價檢查隊，逐日分組出動檢查各商號售價，是否有抬價情形，連日以來，查獲違反限價案，日有數起，其中情形較爲重大者送往特刑庭依法懲處，情節較輕

〔註130〕《翁院長列席立法會議坦白說明財經局勢》，《工商法規》，1948年第41號，第1271頁。

〔註131〕《穩定物價懲處奸商，全國各地一致行動》，《申報》，1948年8月29日，第6版。

〔註132〕《各地嚴懲抬價奸商，漲風猶有復揚趨勢》，《申報》，1948年8月28日，第2版。

〔註133〕白眉：《改幣後的西安》，《金融日報》，1948年8月31日，第3版。

者，由市府處以停業一日或數日，經理拘留七日繽紛罰錢三十圓。」〔註 134〕
杭州方面，幣制改革不久，杭州市政府就「召集全市各業公會理事長舉行『加
強經濟管制座談會』，會上周市長面囑各業負責人務須把貨價回覆到十九日的
標準，結果是『一致擁護』」〔註 135〕。「自經濟緊急處分令頒佈後，杭市決遵
守政策切實進行，現全力加強管制市場，嚴禁商人抬高物價，一經查獲，即
予處分。」〔註 136〕杭州物價在初期不但保持住了限價，有些商品還低於八一
九限價（詳見下表）：

表 4－14：杭州主要商品價格比較表

物品名稱	單位	8 月 19 日價格	9 月 11 日價格	漲（△）或跌（×）或平（－）
白梗（高）	石	21.80	21.80	－
糧白尖（中）	石	19.00	18.00	×
黃豆（高）	石	16.88	16.88	－
順風麵粉	袋	8.17	7.98	×
中砂糖	擔	29.33	29.33	－
生油	擔	68.00	68.00	－
棉紗（廿支）	件	720.00	710.00	×
龍頭細布	疋	30.33	29.30	×
雞士林藍布	疋	60.00	60.00	－
四君子嘰	疋	29.33	28.50	×
雙錢平男套鞋	打	16.33	16.00	×
松柴（高）	擔	2.65	2.33	×
白炭（中）	擔	4.33	4.33	－
汽油	加侖	1.44	1.44	－
固本肥皂	箱	25.00	25.00	－

〔註 134〕《西安一週經濟》（8 月 23 日至 29 日），《金融日報》，1948 年 9 月 5 日，第
3 版。
〔註 135〕《金圓券在杭州》，《金融日報》，1948 年 8 月 31 日，第 3 版。
〔註 136〕《杭市加強管制市場，經檢工作雷屬風行，非法抬價奸商已查獲多起》，《金
融日報》，1948 年 8 月 29 日，第 3 版。

物品名稱	單位	8月19日價格	9月11日價格	漲（△）或跌（×）或平（－）
美女火柴	簍	14.83	14.66	×
廿枝金鼠香煙	條	1.07	1.07	－
三星牙膏	打	2.60	2.50	×
雙桃奎寧丸	片	0.03	0.03	－

資料來源：根據《杭州物價下跌》，《金融日報》，1948 年 9 月 17 日第 2 版整理而成。

　　二、市場混亂或物價明顯上漲的則有福建、廈門、桂林、宜昌、漢口、長沙等。就福建而言，「兩周來的狀況，可分兩段來說，前周物價比較安穩，本周（八月卅日至九月五日）則一反穩態，物價盡其能事，紛紛報升，其中猶以公用事業的漲價……均足刺激百貨的上漲，當局正在宣傳如有抬高者，即予拿辦，但，公然的允許公共汽車漲價百分之一百（已白降低百分之五十），電價漲升百分之二百，食鹽調整上升百分之五百，法院的狀紙費漲高百分之一萬五千，似此官價貨件都上漲，而抑民於不漲。此情況大有：『只許州官放火，不准百姓點燈』。」〔註137〕「福建經管工作的不力，盡人皆知，監察院經濟等小組曾提案糾正，消息傳來，輿論對監察院監察工作之認眞認爲非常滿意，唯在輿論嚴厲攻擊之下，經管工作稍爲一振，福建省會經濟檢查隊隊長林際時大傷腦筋，他談福州經管工作無法開展，基於人手缺乏，且經費無著所致，蓋該隊自隊長迄經管隊員總共計爲二十人，每月經費僅爲五十金圓，以福州三十五萬人口，該隊隊員每區僅能分配四人，擔任經檢工作，以之難免有未周之處。」〔註138〕廈門：「改革幣制辦法公佈後，本市物價上升一成至三成」；桂林：「本市接獲改革幣制消息後，物價一般上漲五成，大批交易有行無市」；「一般物價均提高三成，午後高達五成左右，交易很少，市民尚多取觀望態度」；「宜昌自幣制改革令公佈後，物價平均躍漲三至五成，金價、銀元、香煙、百貨、上米均漲，地方當局亦無意平抑。」〔註139〕「鄂省府爲加強管制物價，決定成立經濟管制組，據漢市經檢隊查得各業抬高物價實情

〔註137〕林浣青：《福州物價出了軌》，《金融日報》，1948 年 9 月 11 日，第 4 版。
〔註138〕《福州的經檢工作在各方指責下，經檢隊又開始行動，破獲囤積，檢查倉庫，似乎有所作爲》，《金融日報》，1948 年 10 月 8 日，第 3 版。
〔註139〕季崇威：《幣制改革後的市場反應》，《新中華》，1948 年第 6 卷第 18 期，第 16～17 頁。

如下：西藥二成到七成，照相二成半，百貨二成到一倍半，五金一成半到二成，鋼鐵一成，顏料二成，蔬菜肉類二成到六成，洗染二成到一倍，圖書文具一成到一倍二，棉紗綢布食品二成到五成，帽業服裝三成到六成，香煙五成，現漢市府已通告各業快照十九日的舊價核減，如再查有故違的決捕送特種刑庭法辦。」〔註 140〕《大公報》9 月 8 日訊：「漢口近幾天來因奸商和政府鬥法，除極少數因經理遭受拘捕能夠按照限價出售外，其他大都有價無市，通行黑市交易。」〔註 141〕《大公報》10 月 1 日專電：「至於武漢的物價管制工作，老實不客氣地說，毫無成績。在漢口方面，我們只要拿一為統計帳就可以說明漢口經檢隊的工作是怎樣一回事，自八二○以後，漢口經檢隊取締逮捕的，一共有二十五業，一百四十個單位，計：糧食十八案，油七案，鹽二案，松柴兩案，藥品四案，布四八案，煤球三案，汾酒一案，紙張文具三案，肉六案，紗一案，小菜十案，食品十四案，菜館一案，旅館四案，百貨十九案，棉花一案，火柴一案，香煙三十三案，藤器二案，五金二案，鞋子五案，水泥一案，鐘錶二案。至於武昌，則每天的案子，零零碎碎，連賣青紅辣椒，賣雞鴨魚的都在內，假若說取締經濟案件以大小來比例，則不但無一老虎，則就是狗都沒有，而全是螞蟻。」「在表面上看，各種貨物，大致平穩，其實暗盤交易，則多半超過「八一九」為標準的限價。按照限價出售的貨物固然有，則都是極為低劣的品目。」〔註 142〕

10 月 9 日《大公報》所載漢口 8 日專電稱，武漢市場的混亂狀態已引起地方當局重視，特召開經濟會報，決定補救辦法，凡合於下列條件之日用品即可合理調管價格：（1）受匯率提高影響者；（2）受薪資增加，原料漲價影響者；（3）產地價高，來源稀少者；（4）因受其他物價影響，不能維持現狀者；（5）因初限價時供過於求，忍痛犧牲，目前不能維持成本者。假使各種日用品價格可根據此項條件調整，即當與自由市場的價格接近，而限價之意義殆將完全喪失。

〔註 140〕季崇威：《幣制改革後的市場反應》，《新中華》，1948 年第 6 卷第 18 期，第 16 頁。

〔註 141〕宋承先：《改革幣制後的國內各地市場》，《經濟評論》，1948 年第 3 卷第 23 期，第 8 頁。

〔註 142〕程白蒼：《漢口的經濟管制工作》（9 月 20 日至 25 日經濟一週動態），《金融日報》，1948 年 10 月 1 日，第 2 版。

　　湖南方面，幣制改革前後，波動劇烈。「長沙物價普漲，以八一九為標準已達百分之七○。最高者超過一倍以上，長市當局對此毫無動作。」〔註143〕詳情如下表：

表4－15：長沙幣制改革前後一日物價變動表

	8月19日	8月20日
飾金	3800 萬	無市（法價 200 金圓）
銀元	460 萬	600 萬（法幣）
牌價頭機米	3200 萬	13 元 6 角（金圓）
牌價二機米	3150 萬	13 元 4 角（金圓）
牌價三機米	3100 萬	13 元 2 角（金圓）
小河谷	1450 萬	6 元（金圓）
新早穀	1350 萬	5 元 8 角（金圓）
32 飛虎紗	210000 萬	無市
20 紅司紗	160000 萬	無市
津市花	21000 萬	24000 萬（法幣）
特細寬青布	2300 萬	3000 萬（法幣）
青洋布	3000 萬	3800 萬（法幣）

資料來源：狄亞：《「幣革」後的湖南》（長沙通訊），《世紀評論》，1948 年第 4 卷第
　　　　　15 期。

　　上表是幣制改革前後一日長沙主要物價的比較，其波動之劇，也可概見了。其中銀元與食米影響人心最大，因為近半年來，長沙物價皆向銀元食米看齊。雖然物價上漲，但現實的情形是，按照上表價格已經漸漸買不到東西，黑市行情則亂得無法統計。於是官方成立了一個經濟管制委員會，把一切價格釘住在「八一九」的準則上，由何漢文擔任「經管會」主委。何漢文曾經是赫赫有名的「打虎御史」，讓他管制物價，也正是程潛的一張王牌。經委會第一次評價，便允准米商每石暴漲四圓，第二次又核准加價二圓，僅僅半月光景，像這樣連續性的漲價，有人說在無「管制」以前也從沒有過的。可是市面上仍舊是「米荒」，仍舊是「有行無市」。何漢文逼得無可奈何，只好取

〔註143〕《長沙各物普升市當局奈何坐視！》，《申報》，1948 年 8 月 28 日，第 2 版。

消米糧「限價」，對其他物價亦一反「打虎」作風，實行所謂「彈性管制」，
雖然一再「彈性」，無奈金圓券的信用不能下鄉，物資也因「限價」不肯進城，
尤其是米和油，在長沙幾乎有一個多星期全市二十餘家米店沒有一粒米，市
民焦急，政府也不安了，程潛主席手令徹查原委，於必要時檢查倉庫，於是
經警隊忙得通宵達旦，結果發現粵商經營的大成米廠，囤有四萬石糧——此
數足供全市一月之用，交通銀行的一家倉庫，也堆集了大批穀子，可是一查
來路，大成米廠的後臺老闆，是當代很有力量的大員，無可奈何，馬虎一通，
由大成米廠登報申明了事。……何漢文曾經很生氣地說：「一定要漲價，分明
是和政府過不去，政府又何憎這不法的商人，米價如再超過限價（十七元六
角），小心他的腦袋」，警備司令蔣伏生也後表談話：「希望莫把頭來犧牲」，
可是在何主委「借頭論」發表的那天，報上同時刊出米業公會負責人的談話：
「產區米價差額甚巨，恐怕借了頭還是不能解決問題。」這場限價鬥爭，結
果又是官方輸了，經委會承認了米商按產區價額加上運費成本，給予「合法
利潤」，但米商也答應一個條件：「米價既經釐定，不准再有黑市」，由這個「默
契」，米市才勉強維持近幾天來的小康局面，不過，軍糧碾運又開始了，共一
萬二千大包，由長市米商承購承辦，是否因此再引起漲價，則有賴於「管制」
的威信了。〔註 144〕

　　鄂湘兩省物價上漲的原因，也同銀圓收兌價格以上海為標準有關。「鄂湘
兩省，因大批銀圓之出籠，銀圓收兌之法定價格亦較八一九略高，故物價亦
隨而略漲，一個月間，平均漲二三成。」〔註 145〕

　　就幣制改革初期以上物價平穩的地區與波動的地區比較，可以找出幾
個特點：「（1）平穩的地區，僅維持較為安定的狀態，物價並未下跌，或至
多最初幾天回跌一、二成，後來就升到十九日的限價；（2）大部分地區的
物價堅挺上升之趨勢甚力，但懾於當局的鎮壓和管制，暫時不敢蠢動；（3）
這些區域的食品和零售價格，超過十九日限價的還很多，從各地檢舉和被
捕商人的眾多及普遍上可以看出；（4）物價上漲的地區，漲勢甚猛，上漲
程度也巨。」〔註 146〕

〔註144〕狄亞：《「幣革」後的湖南》（長沙通訊），《世紀評論》，1948 年第 4 卷第 15
　　　　期，第 12 頁。
〔註145〕王雲五：《岫廬八十自述》，臺灣商務印書館，1967，第 537 頁。
〔註146〕季崇威：《幣制改革後的市場反應》，《新中華》，1948 年第 6 卷第 18 期，第
　　　　15 頁。

三、臺灣的物價管制及其市場動態

臺灣方面，8月20日上午，魏道明出席省府委員會議時，曾徵詢各委員對緊急處理方案及幣制之意見，但未作具體討論。臺灣省府首要人員，多推測行政院對臺幣之決定，必可於一二日內頒佈，至遲至22日晚間之前當可頒佈。20日下午《新生報》記者向魏道明探詢此次幣制改革後臺幣政策應如何改變？魏道明回答：「今晨余已與省方負責人一再會商，但迄至此刻尚未奉到電令，尚難有所決定。」〔註147〕8月21日上午，臺灣省國民大會代表、立法委員、監察委員聯誼會，召開幣制改革座談會。結論爲：「（一）希望中央在臺灣安定的大原則之下，對臺幣政策予以考慮；（二）臺幣對於法幣（金圓券）匯率，行政院規定爲一比一八三五元，不甚合理，應請行政院重行改訂，合理提高臺幣價值。本省工礦聯誼會等亦於同日舉行座談會，討論中心，亦大致集中上述兩點。|〔註148〕

臺灣省幣制改革後之最初一週內（8月23日～8月29日）情況如下：「前半周各項商品均在疲途徘徊，後半周因兌換金銀外幣者踴躍，致市上銀根轉鬆，少數商品向榮，故全周物價未有波動，一般看來，情況尚好。棉紗全周陷於疲境，成交甚稀，廿支双地球，周末收市爲一百三十九萬，較八月十九日同小約百分之三。棉布因去化不一，市勢互有起伏，唯陞降幅度狹隘，較十九日標準價無甚軒輊。食米走勢，全周疲憊，下半周較產地爲低，門銷頗旺，躉售成交甚鮮，其他各項商品，周內互有升沉，但升降差數不大。迄八月底止，市場情形一般堪稱平穩。」〔註149〕

臺灣省中部與南部各地，如臺中、臺南、高雄等，自幣制改革消息傳到後，各方均極注意。但「各地物價頗爲穩定，一般情形亦甚良好。一時雖有產米地區（本省中南部產米）領導米價上漲，致影響臺北糧食價格。然因北部各地，物價管制漸趨嚴格，故不久產地米價亦趨於下廻」〔註150〕。

8月25日，有關機關在警務處舉行經濟管制會報，各代表談話內容如下：「（1）關於金銀之買賣，除銀樓所經營之飾金外，其他應向臺灣銀行兌換，不得私自經營。惟過去之條例係每人可購飾金二兩，目前爲每人僅能

〔註147〕《幣制改革在臺灣》，《臺灣銀行季刊》，1948年第2卷第1期，第100頁。
〔註148〕《幣制改革在臺灣》，《臺灣銀行季刊》，1948年第2卷第1期，第101頁。
〔註149〕《幣制改革在臺灣》，《臺灣銀行季刊》，1948年第2卷第1期，第101頁。
〔註150〕《幣制改革在臺灣》，《臺灣銀行季刊》，1948年第2卷第1期，第101頁。

持有飾金二兩，如向銀樓購買，其限量如何，須向中央請示。（2）臺銀今日之收兌金銀外幣，此項外幣金銀即係作祟市場之頭寸，兌換後禁絕黑市，將使市場更加穩定。（3）新幣流通後，輸出方面可以增加，因對出口商更為有利。惟輸入方面成本較前為提高，此點應加考慮。（4）目前最大之問題應注意物價繼續上漲，政府應召集各同業公會，切實曉諭各會員，不得提高物價，應調查八月十九日前之物價，列為一表，惟因各地之物價不同，故應根據理論與實際情形，定一合理之公價表，以資憑藉，並免物價再漲。（5）臺灣糧食充足，糧價如按八月十九日之標準，則北部比南部（本省糧食主要生產地）為低，若長久維持，自有困難。現已嚴禁北部糧食向南部倒流，此外更應嚴禁走私，如走私能禁止，糧價當可穩定。（6）公賣局之煙酒，原定八月廿一日調整價格，現以幣制改革，已去電各分局維持八月十九日原價。惟市上仍有黑市價格，似應取締。」〔註151〕省警務處代表對該處執行物價管制及取締囤積方針，謂：「目前係取全面性工作：（甲）調查各地本月十九日前後之實際物價。（乙）派秘密經濟員警滲入各市場監視不法行動，惟非採取恐怖政策，僅係調查實際真相，俾送法辦。（丙）為使全省步調一致，各重要縣市均具舉行經濟會報，交換各地情報，藉利工作。（丁）向民眾宣導新幣之優良，增加全民之信心。惟此項工作艱鉅，警察力量似嫌不足，應請社會處、新聞處、及各輿論機關廣為宣傳，至於確定物價標準，與取締囤積等，亦應指定主辦機關，使專責成，以收事半功倍之效。」〔註152〕同日，臺北市政府召集省會各工商團體代表，舉行財政經濟緊急措施座談會。警察局負責人表示：「對於新財政經濟方案，應該注意的幾點：（1）一切物品價格，概以本月十九日為最高基準，不得再任意擡高，違者決依法取締，輕者予以行政處分。情節較重者，依照非常時期危害國家緊急治罪條例移送特種刑事法庭嚴加懲處。（2）黃金外幣須到指定銀行兌換，倘逾本年九月三十日以後，仍有上項黃金外幣，一律沒收。（3）依據議價限價條例第二條第四款一切出售物品須標明價格。（4）在管制經濟辦法施行期內，禁止封鎖工廠、罷工、怠工，違者依妨害國家總動員法懲罰暫行條例第五條第四款之規定罰之。（5）以後凡禁止進口物品不得在市場買賣，違者即以走私論之。（6）指定都市實施倉庫檢查，並登記其進

〔註151〕《幣制改革在臺灣》，《臺灣銀行季刊》，1948年第2卷第1期，第102頁。
〔註152〕《幣制改革在臺灣》，《臺灣銀行季刊》，1948年第2卷第1期，第102頁。

出物品，凡違反非常時期取締日用重要物品囤積居奇辦法之規定者，依法從嚴懲處。（7）收取工資運價不得超過規定價格，倘有暗中高價出售或任意索取者，則依違反限價條例取締之。」各團體代表也紛紛發言，希望：「（1）調整高低不同之物價。（2）減低鐵路運費、電費、煤價及銀行利息。（3）臺銀匯款手續費應隨中央予以減低。（4）公營事業應以身作則，保持八一九價格，不隨時加價。」〔註153〕同日，臺北市商會亦召集各業代表，商討當前物價管制問題。各代表所述情形，均為工商業目前遭遇之困難問題。該日談話會，先由市商會代表致詞稱：「……政府當局雖限制價格，但其中有些商品，售價參差不齊，有記帳，亦有不記帳，殊難標明價格。」繼由米商代表稱：「目前臺中、高雄、臺南等生產地的米價，都較消費地——臺北市為高。如臺中每臺斤糙米較本市高出七元，若加上運費則每臺斤較臺北貴十一元，如不設法抑平，疏通米源。本市勢將發生米價上漲之虞。又米的等級不同，其價格亦異，限定同一價格，其結果劣米必氾濫於市上，當局對此點，也應予以考慮。」煤商代表稱：「本市共需煤四千噸，而只配給八百噸，致供不應求，無法撲滅黑市。希望能夠足量配給。其次，八月十五日火車運費調整以前購入之煤，可遵照八一九的價格售賣，但其後採辦者，因運費漲價，而不能照八一九的價格售賣，如何辦理，請當局指示。」理髮業代表稱：「本會曾於八月一日向市府呈請加價，迄未批准。現在化妝品、工資等均已高漲，因此要向市府呈請加價，理髮如不加價，頗難維持。」進出口商代表則稱：「採購外國貨物，在八一九以前，是要結匯，美金一元結匯法幣八百萬元，八一九以後，結匯須一千二百元，即等於八一九前的美鈔黑市。因此，商人要多化四百萬元，才能買到同樣美金一元的東西。成本提高，售價不提高，商人是無人敢去採辦的；此外腳踏車零件、車胎、西藥也有同樣的情形。因為臺幣對法幣比率的變動，現在上海的市價均較本省為高，若無合理的調整，必影響來源。希望最好能夠依照廠家的批發價加上運費，利潤等來作為八一九的價格。」「最後決請由市商會建議政府，組織臺北市物價審定委員會，審定各同業公會所提出的評定價格，以資一律。」〔註154〕

〔註153〕《幣制改革在臺灣》，《臺灣銀行季刊》，1948 年第 2 卷第 1 期，第 102～103 頁。
〔註154〕《幣制改革在臺灣》，《臺灣銀行季刊》，1948 年第 2 卷第 1 期，第 103 頁。

　　為了有效執行限價政策，9 月 14 日，臺北市物價審議委員會成立。9 月 18 日，臺中市物價評議會成立。9 月 20 日，花蓮縣物價評議委員會成立。9 月 24 日，嘉義市物價評議委員會成立。9 月 29 日，臺灣省物價審議委員會首次會議決定，一般物價應以維持「八一九」價格為原則。

　　自 8 月 20 日，行政院命令規定金圓券折合台灣銀行券 1835 元，以後非經行政院核准不得任意變更。於是台幣與金圓券的比率固定下來，但台省國大、立監委聯誼會及工商界代表於金圓券對台幣匯率（1 對 1835）一點，則認為不甚合理。「因這比率是根據幣制改革前夕，臺幣對法幣匯率與法幣對金圓券的兌換率折算而成的，但從台幣所具有的實際價值來說，却是一個偏低的折換率。他們認為過去台幣匯率的調整，始終是落在台幣與法幣的購買力平價之後的。」〔註 155〕台幣政策過去的「防波堤」作用完全喪失，台灣經濟必須與內地看齊，無可避免了。

　　自 8 月 23 日起，臺灣銀行受中央銀行委託，開始收兌金銀外幣。「自八月二十三日起至九月底，由於收兌金銀外幣所放出的臺幣，共達一百七十三億圓，增加了八一九當時臺幣發行額的百分之四十。」〔註 156〕「這大批的資金出籠以後，便變成遊資。這些遊資加上自內地流入的資金，實在可怕。遊資作祟的結果，自然是刺激物價，擾亂金融。」〔註 157〕因此，「市面銀根區域鬆濫，加之一般依然擔心金圓券的價值將重踏法幣的覆轍，而認為臺幣匯率的釘住原則，極易引起物價的激烈波動。但改幣初期上海管制甚嚴，本省商民因之心虛不前，故遊資雖多，迄未用於囤積而操縱物價。大部份的資金陸續存入銀行，即九月的短短一個月間，本省三家商業銀行的存款增加了一百二十餘億圓，約為收兌金銀外幣所付出頭寸的四分之三左右。於是一般物價未見掀風作浪，不過，小波動仍所難免。」〔註 158〕

　　10 月初國民黨政府宣佈展期收兌金鈔而失信於民，又提高稅率，促使若干商品激漲，立刻造成了物價的普升。加之濟南陷落，華中震驚，影響到金

〔註 155〕《「改幣」後的臺灣經濟》，《經濟評論》，1948 第 2 期，第 13 頁。

〔註 156〕許建裕：《民國三十七年之臺灣物價》，《臺灣銀行季刊》，1949 第 3 期，第 57 頁。

〔註 157〕吳耀輝：《民國三十七年之臺灣金融》，《臺灣銀行季刊》，1949 第 3 期，第 37 頁。

〔註 158〕許建裕：《民國三十七年之臺灣物價》，《臺灣銀行季刊 1949 第 3 期，第 57～58 頁。

圓券的信用，即黑市金鈔先行漲價，繼而搶購風潮到處盛行。上海這個消息一傳到臺灣，搶購之風，愈來愈烈，首先是出產最豐的食米絕跡市場。10 月 8 日，「臺北搶購風除市區居民外，四鄉民眾亦有趨來搶購者。商店均提早歇業。小布攤有日售五十萬臺幣以上者。囤貨公司交易會日達兩千萬臺幣。合金圓券一萬餘。米麵缺貨情形未見好轉。七口肉已絕跡。聞黑市價格上漲一倍。惟交易清淡，雞蛋早無蹤，蔬菜價格上昂，米絕跡已數日。若干人家入斷炊狀態，或在飯館吃，多米之臺灣弄到如此地。」〔註 159〕「臺灣本市出米的省份，稻子一年三熟。十月初米價是兩百臺幣一斤，十月中漲到六百元，搶購風最盛的時候，市民都買不到米，『白色的恐怖』和憤怒匯在一起，各處傳著『二二八』又要重演的流言。」〔註 160〕隨後，各項日常用品發生有市無貨的現象。另一方面，「自上海嚴格執行經濟管制後，遊資既無投機的出路，一部紛紛流入本省，其數目至為可觀，即於十月上中兩旬每日平均竟達臺幣三十億元。此等遊資搜購貨物，造成本省物價空前的漲風。雖然臺灣銀行為制止遊資濫流入省，自十月二十三日起開始限制來自省外的匯款，但既有的遊資仍然氾濫於市面，而物資逃避現象日加蔓延，物價暴漲日趨嚴重。」〔註 161〕自此，「政府限價政策日見鬆弛，整個市場的情形日趨混亂，商討關於限價的重要原則。然其具體辦法上午公佈以前，搶購之風突起，短期間內風靡全省，未經數日，各檔商品均告絕跡。至中旬，審議會無法繼續維持限價政策，表示放棄限價，採用議價政策。但各同業公會態度，甚為消極冷淡，始終以會而不議的辦法應付之。下旬，本省竟成「無形無市」、「無貨無價」之淒涼現象。因此黑市亦漸發生，其價格均為限價或議價之三倍至八倍之譜。」〔註 162〕

　　10 月 23 日，臺灣省物價及物資問題已經面臨空前危機，食米零售每臺斤達六百元，較三日前漲二倍，其他糖油鹽之恐慌，也有增無已，省政府為挽救狂瀾，隨即頒佈緊急命令，內容包括以下三項：「(1) 即日起停止省外匯台

〔註 159〕《經濟新方案施行後全國物品市場綜合報導》，《銀行週報》，1948 年第 32 卷第 47 期，第 25～26 頁。
〔註 160〕《臺灣近情》（臺北通訊），《新路周刊》，1948 年第 2 卷第 5 期，第 18 頁。
〔註 161〕許建裕：《民國三十七年之臺灣物價》，《臺灣銀行季刊》，1949 年第 2 卷第 3 期，第 58～59 頁。
〔註 162〕吳耀輝：《民國三十七年之臺灣金融》，《臺灣銀行季刊》，1949 年第 2 卷第 3 期，第 38 頁。

匯款，以遏止遊資衝擊，（2）砂糖、食油、棉花、棉紗及其製成品，非經省府特許一律不准攜出外運，（3）加強經警力量，分佈各港口嚴密檢查。同時臺省物價審議會爲消減黑市，今起放寬限價，一律採機動調整制。」〔註163〕

由於當時各地遊資紛紛流入臺灣，足以妨害臺灣省金融之安定，10月24日臺灣省當局特訂限製辦法如下：「（1）軍政公款有公文證明者，不予限制，（2）國營省營或國省合營之事業機關匯款，除經核准者外，每戶最多以五千金圓爲限，（3）外地商民匯款臺地購物，每戶不得超過二千金圓（必需有營業執照，並參加同業公會者），（4）旅客赴台每人限匯一千圓，（5）南京之商民匯款，則暫不承匯，（6）京滬以外各地只辦理軍工匯款及旅客匯款，（7）省外各地匯台匯款，除軍政公款外，其匯率改按百分之五計收費。」〔註164〕

從以上資料和分析中，大體上可以看出幣制改革初期各地物價波動的情形。總體來講，華東、華北方面許多城市比較平穩，若干物價並呈低落，華南、西南和華中方面則發生波動，物價跳躍上漲較大。物價各地波動不一雖有各地執行限價政策上的差異：「政府當局有的以嚴刑懲罰，有的不聞不問。」〔註165〕但主要原因則爲政府的黃金、白銀、銀元等收兌價格存在缺陷，沒有注意到區域差別。此外，西南地區的鎳幣風潮也助長了物價的上漲。華北的金銀外幣黑市多較上海爲高，截至8月19日止，天津黃金每兩六億九千八百餘萬元，上海五億五千萬元，廣州三億八千餘萬元不等，8月19日政府改革幣制，發行金圓券，以上海、南京爲標準規定黃金白銀外幣等收兌價格，全國一律適用，致北方各地收兌價格較8月19日黑市爲低，當8月24日天津開始收兌金鈔時，黃金黑市曾達金圓二百另八元以上，美鈔每元達金圓四元三角五分，華南西南各地金鈔收兌價格則較黑市爲高。〔註166〕在幣制改革公佈實施的第一天，華南、西南、華中等許多原來物價較上海、南京爲低的地方，由於官定金銀外幣的收兌價以上海、南京爲準則，較各該地區原來黑市價格爲高，則這些地方物價當天就衝破了八一九限價的防線，一下子漲了四、五成甚至一倍以上，向金鈔收兌價格看齊。以廣州、漢口、重慶爲例，廣州、

〔註163〕《經濟大事日誌》，《經濟評論》，1948 年第 4 卷第 4 期，第 17 頁。

〔註164〕《經濟大事日誌》，《經濟評論》，1948 年第 4 卷第 4 期，第 17 頁。

〔註165〕季崇威：《幣制改革後的市場反應》，《新中華》，1948 年第 6 卷第 18 期，第 16 頁。

〔註166〕上海檔案館藏：《中中交農四行聯合辦事總處第三七一次理事會議議事日程》，檔號：Q54－3－105。

漢口、重慶物價指數原本較南京、上海爲低，而改革幣制後所定金銀外幣兌換率均較 8 月 19 日當地黑市爲高，廣州超出 50％至 90％，漢口黃金重慶黃金銀幣均超出 30％左右，一般物價仍升，截至 9 月 4 日止，廣州指數高達 829 萬倍，比 19 日升 83％，漢口指數達 749 萬倍，比 19 日升 21％，物價指數超過京滬之上，重慶物價漲勢初起尚緩，迨至 9 月初各方以舊藏鎳幣懷疑不用，致多持鎳幣或提存競購物資，商店且將不合限價之貨品收藏，黑市漲風轉烈，9 月 4 日物價指數達 397 萬倍，比 8 月 19 日升 40％。〔註 167〕

表 4－16：金融物價變動情況表（1937 年上半年爲基期，單位千倍）

地點	8 月 19 日	8 月 28 日	9 月 4 日	9 月 4 日較 8 月 19 日漲率	8 月 19 日金銀外幣收兌價超過當地黑市比率
上海	6.670	6.920	7.110	漲 6.6％	
南京	6.950	6.950	6.855	降 1.4％	
漢口	6.200	7.260	7.495	漲 21％	30％左右
重慶	2.850	2.970	3.972	漲 40％	30％左右
廣州	4.540	8.138	8.292	漲 83％	50％～90％
天津	7.470	6.880	7.171	降 4％	

資料來源：根據上海檔案館藏：《中中交農四行聯合辦事總處第三七一次理事會議議事日程》，檔號：Q54－3－105 整理而成。

由上表可以看出，廣州、漢口、重慶三地物價指數上漲幅度和 8 月 19 日金銀外幣收兌價超過當地黑市比率相差不是很大，這進一步驗證了華中、華南、西南等地物價波動主要原因在於政府制定金銀外幣收兌率時沒有考慮各地區不平衡的狀態。「假如當時政府注意到了這點，於收兌金銀外幣條文內應注明：收兌金銀外幣的比率不分區域，但因物價各地不同，匯率各有高低，收入金銀外幣兌換金圓時，應按當地十九日申匯行情與原訂比率相乘，始爲實際兌換數字，這樣，低物價區域照低價兌進，高物價區域照高價兌進。政府收進的價格平均不會相差太遠，低物價區域的物價也就不會憑空上漲一倍了。」〔註 168〕

〔註 167〕上海檔案館藏：《中中交農四行聯合辦事總處第三七一次理事會議議事日程》，檔號：Q54－3－105。
〔註 168〕廖奕其：《昆明的鎳幣風波》，《金融日報》，1948 年 9 月 2 日，第 3 版。

　　第二、第三節主要描述分析的是幣制改革初期各地的物價管制及市場動態。這一動態因上海於 9 月 30 日因煙酒增稅後發生了徹底變化。煙酒增稅直接點燃了搶購的風潮。下面看看幣制改革後期市場狀況：「經歷了多次通貨膨脹，和高物價痛苦的市民，已經像驚弓之鳥，心理是脆弱的，神經是敏感的，從煙酒稅的增高，立刻聯想到其他各物的前途，於是對留在身邊的金圓券開始了杞憂，紛紛奔向商店去換取貨物。幾天來，絨線、呢絨、綢布、以及日用百貨，無不成為大家的寵物；幾條商店集中的馬路，整日只見擠來擠去的人群，開著門的公司店家，櫃檯旁邊站滿了人，貨物不識好歹，自有人當寶貝一樣覓去；主婦們小姐們拿著錢袋，滿街亂撞，換一點肥皂、香煙回去也覺得心安些。這樣昏天黑地的搶購，繼續了兩三天，各商店眼看自己的貨物被購去了一大半，而拿了大宗的金圓券去添貨時，卻無法補進了，於是，有的就拉起鐵門，乾脆『謝絕顧客』；有的開門不售貨，叫你看一副凜若冰霜的職員面孔；也有暗暗的把物資藏起，或是拋出一批次貨。一個半月來平靜的局面，到此完全破壞無遺了。」〔註 169〕「上海市民搶購物資的對象，最初幾日是必需品及日用品，如布疋、呢絨、褂衫、襪子、汗衫、肥皂、油鹽、食米等，但這些貨品一來存底不足，二來人人所需，不數日即告售罄，（一部分或為商店所藏），於是，搶購對象，轉移到其他貨品，甚至見貨即行搶購，那種事前忍耐苦守，臨時爭先恐後的情形，使人感到在所謂「戡亂」的局勢下，城防之失，固屬可慮；但更可慮的，是人民的『心防』潰決了。人民從心裏懷疑這一紙兌不到金的金圓券。」「（上海）當局為防止搶購之風的繼續彌漫，乃作緊急的臨時措施，規定市民必須持憑國民身份證，購買貨品，計每人每年限購呢絨一丈五尺，每人每三月限購布疋一丈五尺，絨線則不待限價已經銷售一空。至於商店，亦繼當局之後，每人限購一件，因為售出的商品，無法向工廠補進，商店此舉，自有其不得已的苦衷，但給市民的印象是再不搶購，即將欲購無從。上海市民搶購之風，並未因限價而稍戢；甚至吸引了物價管制較為鬆弛的外埠市民，紛紛循水陸路兼程而來，加入上海市民的搶購潮，愈購愈湧，不可收拾。最使當局焦慮無策的，就是藥荒，如配尼西林（即青黴素）及肺病特效藥，幾告絕跡。病家求藥無門，束手待斃，誠為經濟管制聲中人為的悲劇。」〔註 170〕

〔註 169〕《捲進了搶購之風中》，《婦女雜誌》，1948 年第 3 卷第 7 期，第 17 頁。
〔註 170〕王季深：《經濟管制面臨著考驗》，《天風》，1948 年第 6 卷第 16 期，第 6～7頁。

上海的搶購風潮迅速蔓延到全國大中城市。下面是《大公報》所載各地的搶購情景：

大公報滬訊　自九月三十一日起因爲貨物稅調整消息行已傳佈，一日起正式證實，故人心惶惶。拼命搶購物資，各商店人潮洶湧，軋得水泄不通，一切物品都被搶購，商店均延遲關門（有至上午十二時間關門者）提早打烊（有在下午一時即停止者）還要拉緊鐵門，逐個進出和限制數量。商店大量逃避物資，不甘賣出，情形之嚴重，前所未有。

大公報北平十月七日電　北平市面七日益趨惡化，搶購之風彌漫全市，米麥糧食店早已十室十空，香煙黑市漫天叫價，一日數變，市民相見莫不以「如何得了」相詢。日用品等均成奇貨，三輪車利市百倍，男女市民多手提小包裹滿載而去。鬧市百貨店顧客激增，排成一字長蛇陣，爭先搶購。工府井大街中原公司等大百貨商店上午就被搶購一空。下午人潮擁到了前門外瑞蚨祥等大布店。幾小時內所存布匹全部出清。黃昏前各鋪店皆已提前打烊，暫避風頭，門口多懸「上午十時營業，下午五時停止。」東城熱市中心的王府井大街，六時許即一片黑暗，家家鐵門緊閉。

大公報漢口十月七日電　武漢混亂遊資湧塞，搶購之風日屬。物價變化，街頭充滿歎息聲。不僅縮短營業時間的商店逐漸增加，並且多數店家的貨架空無一物。麵粉因麥源缺乏和限價關係，已有半數以上被迫幹工，銀樓又紛紛自動暫停交易，但金銀黑市行情則普遍傳聞。

大公報昆明十月七日電　糧食改限價爲議價後，評議會已成立。經議定的米價每石廿七元二角，較之原限價高一倍。惟距現售之價尚遠，故仍無法購到。連日有大批鄉人進城搶購土布，有挨家挨戶搶光之勢，員警到場維持秩序，老闆又驚又喜。

大公報廈門十月八日電　兩日來本市大商鋪多係半停營業。大部分物資皆送進貨棧囤積。紗布生油及金銀首飾已無處購買。

大公報廣州十月七日電　因爲外匯變動及上海搶購潮的影響，七日穗市洋雜貨價一致上升了百分之二十。而花紗布匹及木柴等物也續升。

大公報福州十月八日電　一月不見雞蛋，三天不見豬肉的額福州，八日又不見白米了。升斗小民惶惶不安。電燈公司因柴料缺乏，停止供電。布店和蘇廣店整天擠滿搶購貨物的男女，大部分在下午五時打烊，各店鋪人員被市府傳去「聽訓」仍無多大效果。

大公報合肥十月八日專電　合肥搶購之風益甚。商店因無貨停業的很多。豬肉全為武裝人員購去。食米及燃料荒仍極嚴重。公教人員多以糯米巴度日。市民無法舉炊者也不少。當局雖舉行全市大檢查，但仍無具體解決跡象。

大公報臺北十月八日電　臺北搶購風除市區居民外，四鄉民眾亦有趕來搶購者。商店均提早歇業。小布攤有日售五十萬臺幣以上者。囤貨公司交易會日達兩千萬臺幣。合金圓券一萬餘。米麵缺貨情形未見好轉。七日肉已絕跡。聞黑市價格上漲一倍。惟交易清淡，雞蛋早無蹤，蔬菜價格上昂，米絕跡已數日。若干人家入斷炊狀態，或在飯館吃，多米之臺灣弄到如此地。

西安訊　十月二十五日一般物價情形，米糧仍冉冉上升。其他各貨，無不暗中奔騰與食糧看齊。沐浴、理髮、旅店、縫工各業調整價格，均較限價上漲兩倍有餘。停售四十餘日之豬肉，市府允提高為每斤金圓二圓，原限價每斤四角，四十天漲了五倍。八月份電費調整之糾紛未已。十月電費除電費每度二角四分外，另有收燃煤補貼費每度六角。一漲又是三倍。糧荒已過，食鹽又告絕跡。限價每斤三角一分，已高出甚多。市上各大商店多已無貨供應。店員保守貨架，而攤販卻應運而生。東西大街人行道上，擺出攤販長列。行在街上如逛市場。各樣日用貨色俱告齊全，惟索價驚人。這和兩旁冷清清的店鋪正是一個對比。

大公報成都十月卅日電　蓉市自當局對物價實行明管暗不管政策後，近一月來物價雖猛烈波動，市場迄未發生貨物逃避問題。本周內忽發生一怪現象。即搶購書店的書籍。購者多係舊書店的老闆們。旨在囤積居奇。

大公報青島十月卅一日電　青市各商號大都已自由開放交易，均較限價高出五倍至六倍以上，但各商店窗櫥仍空空如也，只有販攤上還可買到物品，但是價格更黑。

中央日報南京通訊　平靜地渡過了九月，接著又在苦難中挨過了十月，今天的首都，在一陣搶購風潮過後，南京的市面上，什麼都空了。平素頂熱鬧的太平路，過去除了停電的日子外，總是天一近晚就被霓虹燈綴滿了，現在下午五點鐘還沒到，就統統打了烊，開門的只有幾家鐘錶店和書店，過了八點鐘，整個南京就成了死市。除了電影院門口和小吃館裏擠滿著黑壓壓的人頭外，到處是空街人寂和滿天閃爍的星斗。只有在天將黎明的時候，才見有人群得蠕動。這是食油門口市民排隊的行列。

各地大規模搶購風潮開始日期如下：

上海	9月30日	廣州	10月6日
無錫	10月4日	臺北	10月7日
蘇州	10月5日	重慶	10月1日
鎮江	10月2日	成都	10月7日
揚州	10月6日	北平	10月5日
杭州	10月4日	天津	10月5日
福州	10月1日	貴陽	10月1日

這一個搶購潮，從9月30日開始。「從地區來說，無分南北，不分東西，狂潮蔓延者。南京、上海、北平、天津、台北、漢口、重慶、成都、貴陽、昆明、杭州、廣州，以及蕪湖、鎮江、蘇州、揚州、福州、廈門、合肥、蚌埠。真是所謂金圓券所到的地方，無不有搶購的蹤跡。」「從搶購的物資來說，自民生生活必需品，像米像油，擴展到生活日常用品，像呢絨布疋、捲煙火柴等等，無不成為搶購的對象。就是地產、鑽石，甚至壽衣、棺材，也無不成為保持幣值的對象。輕幣重物的心理，再也沒有比這更明顯的了。」〔註171〕

至於搶購的動機，主要是基於兩種心理因素：「第一是怕買不到貨；第二是怕貨漲價。」「現在再生產已經困難，更不必論擴大再生產，所以商店的貨物賣出以後就很難補進，如果這種局面不變，將來買不到貨的可能性並不是沒有的；其次，目前有一部分商品的限價確在其成本以下，這種價格當然無法永遠釘住不變，因此，大家抱著搶便宜貨的心情去買東西，尤其是增幅最近突然提高煙酒稅以後，更增加了這種心理，因為政府既可調整煙酒稅，則

〔註171〕柏蒼：《從搶購潮說起》，《展望》，1948年第2卷第22期，第7頁。

今後又何嘗不能調整其他的貨物稅？」〔註172〕自從搶購風潮發生後，各地市場物資匱乏，部分物資藏匿，日用必需品如米、麵、油、煤、布匹及棉花等均絕跡於市場，物價貴賤問題變成貨物有無問題。這是幣制改革後期各地的市場的真實寫照。這一狀況造成了嚴重經濟危機與社會危機。主要表現在以下幾個方面：

（一）物價管制政策造成了生產與消費的脫節

生產者出賣了產品之後，因不能補入其所需的原料，所以沒法保持其原有的規模，也沒法支付日益上漲的職工的薪金工資，而反之，南京的捐稅卻像棉花浸水一樣，越來越重。一句話，生產者是沒法繼續生產了。在流通過程中發生了停頓。商人出賣了商品之後就沒法補進原來的貨色。多賣一分貨，多虧一分本。商家是沒法繼續其貿易了。此次的幣制改革，注意了交換過程的問題，疏忽了生產過程與分配過程的問題，所以對於生產方面，不獨缺乏發展生產的規定，而且還停止了生產貸款的辦法，這將影響物資的供應與來源，而使幣值難望長期穩定。在分配方面，非特缺乏改善社會貧富關係之積極措施，未能趕著改革幣制之機會，規定貧富兌換不同之比率，扶植中小人民，削弱豪門巨富，進而對於社會礎石的善良之公教人員與工農大眾之薪給，未加提高，凍結指數，生活壓低，徒足激化社會關係之不公平，與沖淡大多數人民擁護新幣制之熱誠。……所以此次的幣制改革，不只是在技術上有缺陷，同時在其基本原則上亦有矛盾。〔註173〕「金圓券發行後政府沒有給生產事業任何協助，反而把生產的動機阻塞了。」「金圓券發行後金鈔買賣已不可能。民間失掉最後的儲藏工具，只有向商品市場搶購。」〔註174〕

（二）物價管制政策造成了工商業與金融業的脫節

金融事業的凍結。在「幣制改革」的法令之下，南京搶去了民營銀行的外匯資金，而存款呢，搶購潮一開始，就沒有了；放款呢，在百業凋零市場死寂的狀況下，早就沒有出路了。

〔註172〕《社評：經濟管制的現階段》，《新聞報》，1948 年 10 月 6 日，第 2 版。
〔註173〕《復旦大學經濟研究所幣制改革座談會》，《商報》，1948 年 9 月 9 日，第 4 版。
〔註174〕夏炎德：《金圓券不能成功的十個理由》，《銀行週報》，1948 年第 32 卷第 50 （上）期，第 12～13 頁。

　　除此之外，銀錢業的被苛求「現金增資，和將資產外匯登記移存政府」，也遭受了嚴重的打擊。至於一般薪資階層在「幣改」後薪水工資全被凍結而與實際物價脫節，無法維持最低限度生活的痛苦，更為所有大多數人民所痛受。總之，在這次「幣改」後的七十天內，由於政府強制收兌金銀外幣，由於政府的大量膨脹金圓券，和由於政府的不合理的限價政策等錯誤的高壓管制政策，全國工商界所消耗的元氣實在太大了，全國人民在金圓券所到之處，更遭受了這種空前的「人為的苦難與不平」。〔註175〕

（三）物價管制政策造成了農村與城市脫節

　　「近年政府的經濟政策，尤其在執行上，差不多都是以都市為對象的。而上海更被視為全國經濟金融的樞紐，種種辦法，好像只要上海管得好，經濟便不會有問題。事實上，從中國經濟結構的本質上看，有一部分實近於本末倒置；農村經濟不發達，中國經濟恐怕永難安定，上海僅僅能當做治標的對象，治標自然不能解決問題。」「排斥法幣最有力的，我們卻以為不在上海，而在內地及鄉村。如所周知，農民在交易上通常均以糧食，銀元為本位，法幣成為找零或換算的工具，廣州則以港紙為交易工具。內地和鄉村排斥法幣，所以政府新增的發行，一律以最高速率向上海等地集中。」「經濟措施集中大都市，是因為大都市有較嚴密的政治組織，社會活動易於控制。……至於農業社會的組織，則根本是散漫的，交通不便，市場狹小，經營零散，要管也管不了。」「上海必須向內地購買糧食和原料，而後工業品和進口品才有出路，生產事業才能正常的運用。現在是城鄉斷流，棉花和米麥靠美援來供給，棉紗則努力外銷，內銷也沒有適量的購買力。」〔註176〕

　　有關國民經濟的四項重大措施，卻沒有觸及農村問題，而是以都市為對象的。中國是一農業國家，國民所得農業占60%以上，農業人口占80%。受苦最深，啼饑號寒過著地獄生活，亦以農民為最多。所謂安定人民生活，應先從農村著手，應先廢除封建剝削關係，減輕農民負擔，實行土地改革，解放農業生產力，提高農民購買力，以便擴大商品市場，刺激工業生產的發展。只有循此以進，才是保障民生，培養稅源，推進出口物資，爭取外匯，穩定物價的初步辦法。被當作經濟改革方案的緊急處分令，竟迴避這個主題，自

〔註175〕《總結這七十天》，《經濟週報》，1948年第7卷第19期，第6頁。
〔註176〕《社評：城鄉斷流的經濟》，《金融日報》，1948年9月4日，第3版。

然不能吸引農民的注意，不能博得農民的支持。改革幣制以來農產品價格的激漲，以及都市食用品的奇缺，正是農民對金圓券所表示的態度。〔註 177〕

物價管制政策直接導致了城市與農村的斷流。農民拒用沒信用的紙幣，拒絕把農產物運入城市。城市在發生著嚴重的糧食恐慌。

「以他們一年辛勤汗血所得，換一些布、肥皂、火油、白糖，或是任何一種農人們生活上的必需品還去。但今年的情形就不同了，天堂的街頭對他們已失去了誘人的力量，非但布、火油、肥皂、煙捲⋯⋯都絕了跡，連一捆草紙買不到了。他們不是不相信金圓券——雖然他們更相信雪花花的大銀元，但現在，想不到拿了金圓券竟會買不到他們所需要的東西，那麼，還要它幹嗎？於是鄉下人把剛從田裏割下來的稻，連谷都不打下來，整捆的堆起來。（這樣據說可以久藏不壞）於是，米行的後河頭停泊的船隻不見了，櫃檯前「先生，先生！」的嚷嚷聲聽不到了！全程的米店也就關了門，因此，產米區的天堂，便籠罩在白色的恐怖下了。⋯⋯警局抓老闆關起來，但這又有什麼用呢？因為金圓券對農人已失却了功效，於是一切農產品，豆、菜、蔬、蛋、，也滯留在農村裏了，魚、肉、雞、鴨，也不是城市的產品，來源也稀少了，一輩來自農村的老媽子，他們在城裏因為生活上莫名其妙的受到了威脅，由威脅而生出莫名其妙的恐怖；於是也逃難式的相率地辭別了她們的主任，成羣地還鄉去了。這，對天堂裏的主婦們，又是一個嚴重的威脅。至此，農村與城市全然脫了節！」〔註 178〕

至此，「無數事實證明：這次限價政策已經完全失敗了。」〔註 179〕

第四節　各方對管制物價的反應

管制物價政策頒佈後，各方反應不一，討論熱烈。主要存在兩種看法：「第一種看法是少數站在行政當局的立場來檢討當前經濟動盪不安的因素，他們認為最重要的，是管制不嚴和不徹底，如果能切實加強管制，則必定能使經濟比較穩定。第二種看法是一部分工商金融界人士以人民的立場來檢討當前經濟的問題，他們認為消極的管制妨礙經濟自然的發展，管制愈嚴，經濟愈萎縮。而促成黑市活躍，流弊叢生，尤其在我國社會組織不嚴密，一切管制

〔註 177〕　《限價解除危機依舊》，《觀察》，1948 年第 5 卷第 11 期，第 2 頁。
〔註 178〕　《到處飢餓到處荒》，《展望》，1948 年第 2 卷第 24 期，第 10 頁。
〔註 179〕　《論當前的經管情形》，《觀察》，1948 年第 5 卷第 10 期，第 1 頁。

辦法僅及表面，不能收穫實在的效果，所以要求經濟穩定，須使其自然發展，即使要管理宜簡單□要，扶助其正常的發展。」〔註180〕

從經濟理論角度講，早在 1945 年，劉光第就指出：「限價是控制價格最消極最少效力的一種方法。在物價上漲初期或向未達真性通貨膨脹時期，政府為了控制價格，很自然的就會走到直接限價一法，使物價不得超過一定水準。但是到了真性通貨膨脹的時期，假如還想實行強制限價，那真是捨本逐末，徒勞無功。到了那個階段，我們只能把限價看做目的，不應再把限價看為手段。要想達到限價的目的，必須採取其他手段。在物價上漲嚴重的階段，假如還留戀限價政策，牠是會加重社會道德淪落，人民心裏失常與國家威信掃地的。」〔註181〕程紹德指出：「限價政策，在理論上是否可以成立，有正反兩面。假定吾人站在正面而實施限價，必須做到兩點：（1）由原料至製成品而達零售商，每一階段須有比例而合理之限價，如是則生產者、運銷者與零售者方能互相銜接而為正常之營運。否則有一處脫節，則原料生產、製造生產與運銷零售即不能互相配合而達到限價之目的，同時正常之工商營運即失去平衡。（2）全國各地市場，必須於合理之配合情形下，全面限價。否則物資移動偏流，限價徹底之市場，商品來源稀少，立刻影響固定價格政策」〔註182〕。陳岱孫認為「古典經濟學者是以為物價絕不可人為限制，勉強限價總是勞而無功。這是根據自由買賣條件下地說法。當然如果買賣兩方（就是物資需求與供應兩方）完全自由，限價不可能成功（這也就是此次限價政策失敗的癥結所在）。然而古典經濟學者這種陳舊的說法，在今日講求運用經濟政策者看來，未必盡然。因為他們否認自由買賣這一個條件為經天地義不可變更。在推行某項經濟政策的時候，買賣可以，甚至必須加以限制。如此，則限價有他的意義及用處。大戰期間，若干交戰國都屬行物價管制。管制的手段，如果採限價制，則必有與之相配合的辦法，以控制物資的需求與供求兩方面。在供給方面，管制辦法必須控制全面物資，極力開導來源：1.保證每一個供絕階層，以成熟品，半熟品，原料不斷的供應，2.保證這不斷的供應各層次物資的售價，都能遵守限價，不至有原料售價過於半熟品，半熟品過於成熟品的

〔註180〕 平易：《黃金、外匯、關金、幣制》，《金融日報》，1948 年 8 月 9 日，第 2 版。
〔註181〕 劉光第：《限價之理論分析》，《金融知識》，1945 年第 4 卷第 1～2 期，第 45 頁。
〔註182〕 程紹德：《金圓本位與經濟管制》，《中央銀行月報》，1948 年第 3 卷第 9 號，第 9 頁。

情形。在需求方面，主要辦法就是減節全部購買力，務使人民全部對於各項物資的需求不超過此時期是項物資的供給。所以在供給一方面，是以增加國內生產，鼓勵國外輸入等等辦法極力開源，並且對於這些物資加以控制。在需求方面，以定量配購，裁制人民的購買。這二者才是真正壓住物價的力量。至於限價本身，與其把他看為政府對於物價所懸的鵠的，希望以上述控制裁抑供給，需求兩方的壓力達到並且維持此鵠的。」〔註183〕「經濟政策的基礎，是建築在經濟理論上，沒有經濟理論的經濟政策，便是盲目政策，等於沒有指南針的航行。不幸得很，政府的經濟政策，一直是在不斷的作錯誤試驗，錯了便改，改了又錯。以人民生活作試驗，這是不可寬恕的失責。」〔註184〕

從經濟政策條件和原則來看，「如所謂限價，它的條件第一是要政府手裏有物資，第二是這物資能用來救濟人民，平抑物價。若果自己手裏沒有物資，或有物資而不是為救濟人民與平抑物價，那麼所謂限價，當然就是愈限愈糟，經濟也就是愈管愈亂！」〔註185〕「此種硬性限價政策是否行得通，實大有問題。如果一種經濟法規沒有社會生產和經濟的自然法則做法理上的根據，那這種法規就勢難維持長期的效力，因為法律不能違反自然的。至於軍警等人為的控制和訴諸市民的道德心和愛國觀念，那卽使有效也只是暫時的性質」〔註186〕，「限價之有效，有一原則，即不是限目前的價格，而是限將來的價格。換句話說，目前的價格，所表示的僅是目前的供需關係，經管當局不能據此而限價，它必須預測將來供需關係的變化，從而決定適合於供需兩者的價格。譬如：假定限價期間規定一年，而限價開始是在一月間，則所限的價，不能是一月的價格，而應是十二月間的預期價格。在十二月裏，商品生產量多少？通貨流通量多少？於是據此而作價值估計（Value Calculation），從而決定預期價格。這樣的限價，然後始能有效，這是統制經濟的基本原則。如不這樣作，則價格即不能表示「稀有關係」（scarcity of Relationship）。據不能表示商品間稀有關係的價格，而限價，則限價不僅無效，而且擾亂生產過程。」〔註187〕「八月十九日的價格並不正常，有些剛好漲多有些剛好漲得少，它必

〔註183〕陳岱孫：《限價的窮與變》，《群言》，1948 年第 18 期，第 6 頁。

〔註184〕《論不限價的「核本定價」政策》，《創進周刊》，1948 年第 1 卷第 18 期，第 7 頁。

〔註185〕《經濟管制與工業》，《工業月刊》（西安），1948 年第 5 卷第 11 期，第 6 頁。

〔註186〕《社評：今後的經濟管制問題》，《新聞報》，1948 年 8 月 23 日，第 2 版。

〔註187〕李立中：《論不限價的「核本定價」政策》，《創進周刊》，1948 年第 1 卷第 18 期，第 7 頁。

定要按照自然的規律來自動調節。物價的決定,受貨幣與物資兩大因素的影響,縱使幣值穩定,物價因商品流通的供求關係,也是有相當上落的,硬性限制貨物價格,當貨物價格低於生產成本時,必然會阻礙了正常的生產,使物資更形缺乏,最後物價還是要猛烈上漲的,限價的結果無非是造成黑市而已。所以,從經濟理論的觀點來看,政府的硬性管制物價完全是不合邏輯的。」〔註 188〕「要說那一項或某一天作為絕對標準,時間不同,環境不同,實在無法制定。制定了,也無法遵守;遵守了,也只能是表面。依照此次管理法令,物價與勞務悉照八月十九日價格折合,即使一切條件不變,究竟太嫌硬性。」〔註 189〕「我們不能過度重視政治力量和社會力量,因為如果限價低過自然價格太遠,或經濟現象有根本改變時,政治力量和社會力量是抵不住的,那時應該調整價格後再限價。如果限價所選取的價格是個不穩定的價格,那時限價的維持便更困難。」〔註 190〕「目前各地各種物品及勞務價格,釘住於卅七年八月十九日之價格,這是法律上的講法,但「法律的食糧,飽不了經濟的胃」,假如通貨還是增加,而物價必欲釘住,那麼商品會隱藏於庫,而不浮現於市,則貨物的缺乏,將更引起黑市的橫行,雖有經濟員警,恐亦將應付不遑。」〔註 191〕

　　從歷史上看,以往的限價政策都實施得不甚成功。祝百英說:「物價問題千頭萬緒,單靠限價,抗戰期間及勝利後三年的經驗,已證明很難得到完全效果。」〔註 192〕段逸珊也指出「此種辦法,在過去抗戰期中,由陪都重慶以至於各大城市,亦曾推行,結果則由限價而議價,始終未見有何成效。」〔註 193〕《經濟評論》時評認為「在抗戰期間,各種各式的管制機構,即已不一而足,戰後這種趨勢,更為加甚,如目前金融的管制有金管局,紗布的管制有紗管局,燃料的管制有燃管會,糧食的管制有糧食部,對外貿易的管制有輸管會,此外,市政府尚經常召集有關機關包括軍警憲在內的經濟會報,下分金融,紗布,食糧,燃料各組,並設有糾察人員及經檢大隊,這不可不謂已集經濟管制之大成;但是經過檢討它們的管制成績,觀察一切事實的表現,

---

〔註 188〕嚴凌:《看這次的幣制改革》,《經濟周刊》,1948 年第 7 卷第 8 期,第 9 頁。

〔註 189〕《社評:讀加強經濟管制辦法》,《大公報》,1948 年 8 月 25 日,第 2 版。

〔註 190〕屠修德:《限價論》,《中央銀行月報》,1948 年第 3 卷第 11 號,第 24 頁。

〔註 191〕周伯棣:《論幣制改革》,《時與文》,1948 年第 3 卷第 19 期,第 44 頁。

〔註 192〕《國內輿論看金圓》,《經濟導報》,1948 年第 87 期,第 5 頁。

〔註 193〕段逸珊:《星期論壇:幣制改革與物價》,《申報》,1948 年 9 月 26 日,第 2 版。

立法院已決議撤銷紗管會，燃管會。聞金管局原亦在裁撤之列，旋於聯合審查時始被保留，……從戰時以來政府所設立的一切管制機構，無論它把設立的宗旨和目標說得如何官冕堂皇，其實不外在穩定管制物品的價格，但是價格却就在管制的夾縫裏往上直竄！有人說，政府著手管制那一種物品，那種物品的價格就漲得特別快」〔註194〕，《申報》社評指出了限價收效不佳且分析了原因「限價這種手段，在過去適用於少數都市和特定的物品時，其收效並不甚著。例如本市的米價麵粉價，屢次限價，屢次取消，終於任其自然了事。這並不是當局辦理之不善，乃是經濟局勢過於動盪，人民守法精神過於薄弱，自有其難以嚴格執行的必然性。」〔註195〕

從現實情況來看，「我國經濟管制之具體實施，始自抗戰以後。一國在對外戰爭時期，對於生產消費物價及金融業務，施以適度管制，乃屬必要且無可避免者。但欲求管制政策之成功，必須（一）此項管制立法合乎經濟學上之原理原則，換言之，即仍須利用經濟力量解決經濟問題。而非以政治力量解決經濟問題。（二）經濟因素錯綜複雜，欲求管制有效，必須政府實行專家政治，而後行政效率始可提高。（三）人民須有守法習慣，事事肯與政府合作」〔註196〕，很顯然，上述的三項前提均不存在。

馬寅初認爲一切物價與勞務價格應照 8 月 19 日的標準依三百萬比率折合，這一層實行最難。理由如下：

（甲）條例中的收兌金銀及美元的價格，自己就不照八月十九日的標準。以八月十九日上海市場價格而言黃金黑市在五億八千萬元左右，而政府收兌價格則爲六億，美鈔黑市在一千一百萬以下，而政府收兌價格則爲一千二百萬元。

（乙）共產黨明知道這個新幣制，是來對付他的，所以他一定要設法破壞之，凡接近共區之物資，皆逃入共區以高價出售，無形中影響國民黨區域內之物價。聞共產黨不惜以高價吸收黃金。

（丙）上海之公用事業和外人所辦之電力公司，自來水公司等等，皆向市府要求補貼，否則必須准其加價。若二者均不可行，只得關門大吉。但上海四五百萬的居民，不得一日無電燈，更不能一日無飲水，足見硬性規定的

〔註194〕 《「經濟管制」的作用》，《經濟評論》，1948 年第 3 卷第 17 期，第 1 頁。
〔註195〕 《社評：新幣制與物價管制》，《申報》，1948 年 8 月 24 日，第 2 版。
〔註196〕 《經濟管制與工業》，《工業月刊》（西安），1948 第 5 卷第 11 期，第 7 頁。

限價政策，非改不可。中國自辦之公用事業亦無不要求加價，否則非仰政府給予之補助不可。故金圓券不能不多發，走上舊法幣走過的路。

（丁）各種物價皆有相互關係，一物加價遂影響其他各物。最近各地之搶購物資，起於香煙之加價，香煙因稅率提高，當然漲價。一般商人以為香煙可加價，其餘各物當然亦可援例漲價。今日雖不能驟漲，明後日或可打破凍結，於是紛紛將物品收藏起來以待來日。市上物資日見短絀，引起一般人之匱乏恐懼心理，結果釀成搶購之風。今日即出高價，亦無物可買。

（戊）在官警監視之下，在若干場合，抬價雖不可，偷工減料則不在禁止之列。油條短一些，麵包小一些，紹興酒價同而味不同，絲綢價同而質不同。在若干場合且可將斤量減少，如某銀行在江西辦米，每擔原作一百五十六斤者，改作一百四十二斤；國營之某二紡織公司在浙江餘姚購置棉花，多給傭金。凡此種種皆是打破物價凍結之方法，亦是加價之變相。

（己）在若干場合，加價之請求，不無相當理由。我們知道八月十九日的結匯證明書市價不過七百多萬元，連外匯牌價四十七萬元，也不過八百多萬元，但新幣的外匯匯率提高到一千二百萬元（因美元一元合金圓券四元），差不多提高十分之三，一切進口原料和物資的成本當然也要提高十分之三。若製成品的價格定要凍結於八月十九日的標準，豈不大受損失；即不損失，亦難以支持，如報紙即是一例。如上海某大報報價雖不漲而廣告費幾漲一倍，因非漲不可也。

（庚）習慣的巨大數目，一旦縮小，容易發生心理上的偏差，對物價很有些影響。例如人力車，在舊法幣下，原給予二十萬元者，現在至少給一角（等於三十萬）。房捐受影響最大，原付月捐六十萬元者，現在非付五元或六元不可（約一千五百萬至一千八百萬元，杭州如此）。

（辛）入秋以後各物實銷旺盛，照例是物價趨漲的季節，尤其在政府「掌握物資」，供應軍需，推廣輸出，爭取外匯的政策下，對季節性的物價，難免不生刺激。

（壬）物價的穩定，除了求幣值健全，通貨適量外，還要使物資的生產能和消費平衡。忘了這一點，無法使物價安定。我們可以舉幾個例證。三十七年上半年國內棉花，因供不應求，和不合理的統制，上漲了三十一倍。建築材料中的洋松，因進口太少，上漲了三十倍，而同期間上海物價指數僅上

漲十七倍弱。現在市場上物資的匱乏是鐵一般的事實，欲凍結物價於八月十九日的標準，難矣。

（癸）從人民心理上說，大部分民眾，經過十年來的通貨膨脹，已深具經驗，「重物輕幣」的心理，亦根深蒂固，非經長期的事實證明，不會使他們輕易放棄這種觀念。〔註 197〕

上海市市長吳國楨也認爲八一九價格不可能有效凍結。他分析說：「八月十九日的價格實在不能作爲限價的標準，因爲當時物價受改革幣制的傳說所惑，普遍下跌，甚至有工業品售價低於廠價者，若以不正常的價格作爲限價的準繩，那麼這一道防堤，遲早是要崩潰的，而且要是『限』而不設法增加生產，勢必造成求過於供的局面，那時就是封鎖而禁運物資出口，不但無法收保存之效，相反地經過種種走法回外流，而外邊的東西却裹足不來上海。還有一點就是公用事業問題。上海的公用事業公司本來是勉強維持的，若硬以「八一九」價，則公用事業公司勢必開了眼賠本，那麼這筆虧本欵子往那裏去要，政府補貼吧！以前的經驗告訴我們政府貼不起。調整吧！無疑領導破壞限價政策，到那時候，請問誰來解決……。我這個市長老早就不想幹……」〔註 198〕他還回憶和俞鴻鈞交流的情景：「以紡織業爲例，我拿起一份報紙，給他看當天市場的布匹價格和棉花報價，我解釋了織布所需的棉花數量，若以現在的怖花價格和布匹售價，沒有廠家能繼續長期生產。他們之所以按現價出售，是因爲在早些時候以低價買進了棉花，並用舊的庫存來織布。現在如果從選天起將上海的物價凍結，像棉花這樣的原材料，是廠家從很遠的內地如湖北、山西、河南購來的，很快就不能以現在的報價買到了。要在內地實施價格凍結政策是極其困難的，況且共產黨此時正襲擾著這些省份的農村，所以如果實行這個政策。我們很快就得不到任何棉花供應，紡織廠家不得不關門。」〔註 199〕張處德也指出把價格劃一較難，因爲「根據經驗，限價之必要條件，首爲劃一價格，如價格不統一，管理便增加困難，但上海各物的價格，就因地區品質及營業大小而異，如醬酒業出手醬酒，南貨業出售南貨，同一物品，大店有大店之定價，小店有小店之定價，如果勉強劃一，大店價

〔註 197〕馬寅初：《金圓券》，《中建》，1948 第 1 卷第 8 期，第 4～5 頁。

〔註 198〕傑美：《吳國楨痛罵王雲五》，《秘聞》，1948 年第 2 期，第 20 頁。

〔註 199〕吳國楨口述，【美】裴斐（NathanielPeffer），韋慕庭（MartinWilbur）訪問整理，吳修垣譯：《從上海市長到「臺灣省主席」——吳國楨口述回憶（1946～1953）》，上海人民出版社，1999 年版，第 55 頁。

高，當然以政府規定八月十九日價格為理由，不肯抑低，而小店原本售價較低，反有促使上漲之危險，故劃一售價，一時實有困難。即如小菜一項，雖經市府公佈價格，但根據習慣一日八月十九日價格，實在各區亦有參差，公佈價格只是原則性的決定。」「季節性物價問題：各種物品售價，有向例不能固定者，例如青菜，八月十九日很貴，以後可逐步便宜，又如青魚，八月十九日很便宜，相反的以後可以很貴，他如水果，呢絨，毛線，棉織品，都有這種情形，如果一切物品必須穩定在八月十九日價格上，以供求原則推斷，恐怕也不能永久維持。」〔註200〕

南開大學教授滕維藻認為「此次政府頒佈幣制辦法，從財政經濟緊急處分命令以及其後陸續訂的一連串補充條例，其中重心實在金融財政，而於（狹義的）經濟管制，則較少論及。對於工業生產影響最大者，為凍結八一九物價及工資，並禁止勞方罷工及資方停工減產。

從生產方面看，限價如能使物價從此穩定，工業家自然應該表示歡迎。因為在十年來通貨膨脹物價繼漲過程中，價格系統已經紊亂……最顯著的是原料價格的漲率超過成品，以致囤積利潤超過製造利潤，工業家須要「以商養工」，這是矛盾之一，由於財富及所得分配不均，形成購買力偏在現象，一方面社會大家感覺生活標準太低，渴望增加消費，而另一方面工廠在鬧成品無銷路，這又是一個矛盾。這些經濟因素的失調，使各種工業雖在物價繼漲期中，亦無法維持其生產規模。

但幣制改革中的物價管制，卻給工業生產帶來了若干為當初意料所不及的困難。例如（一）物價凍結於八一九，但八一九那天的價格系統，卻並非是均衡（Equilibrium price system）（二）改幣後成品價格凍結了，但匯價改變，進口原料提高了價格，各種捐稅──關稅，貨物稅，直接稅也增加了。（三）原料糧食來源多在鄉村，為政府管制所不及，限價之後，工業原料無來源，各廠都鬧原料荒，不得不被迫停工減產，加以糧價飛漲，工資又將提高（配給實物等於提高工資），工業成品售價與生產成本之間的均衡，更難維持。

再從消費方面看，管制法令中幾乎一字未提。由於物價限定，而全社會流通的貨幣數量增加，限價即無異鼓勵消費。我們又沒有定量分配或簡單的

〔註200〕張處德：《幣制改革後的上海物價》，《社會月刊》，1948年第3卷第6期，第41頁。

限購辦法，十年通貨膨脹所養成的重物輕幣心理仍很普通（遍），搶購乃是必然結果。限價政策阻礙生產而鼓勵消費，當然難望其能長久維持。」〔註201〕

第五節　管制經濟下各階層的生存狀態

在這次幣制改革政策中，直接關係薪資階級的，約有三點：第一，停止以前按月調整的指數計薪辦法。《整理財政及加強管制經濟辦法》第十八條規定：「自改行金圓本位之日起，所有按生活指數發給薪資辦法，一律廢止。」第二，限制文武公教及國營事業員工之待遇。《整理財政及加強管制經濟辦法》第十九條規定：「文武公教人員之待遇一律以金圓券支給，其標準以原薪額肆拾元為基數，實發金圓券；超過肆拾元至三百元之部分，按十分之二發給金圓券；超過三百元之部分，一律按十分之一發給金圓券。士兵薪餉副食悉按戰前基數實發金圓券，概不折扣。」第三，限制民營事業員工薪資。第 22 條規定：「民營事業員工薪資，一律折合金圓券支給，但其半月所得，不得超過八月份上半個月，依各該事業原定辦法應領法幣折合金圓之數。」換言之，就是民營事業員工的薪資凍結在八月份上半月的標準上。

一、公教人員的生活

公教人員薪津根據《整理財政及加強管制經濟辦法》規定，自 8 月份起即改發金圓券。「京滬區標準以原薪額四十元為基數，實發金圓券，超過四十元至三百元之部分按十分之一發給，超過三百元之部分一律按十分之二發給。士兵薪餉副食悉按戰前基數實發；京滬區以外各區之公教人員待遇，係依據各該區七月份生活指數與京滬區之比例規定加成減成計算，其標準經 8 月 25 日政務會議通過如後：第一區（濟南、青島、迪化等地）加七成；第二區（北平、天津等地）加四成；第三區（鄭州、開封等地）加而成；第四區（南京、上海、粵省等地）基數不變；第五區（昆明、桂林等地）減二成；第六區（重慶、成都、貴陽等地）減三成；第七區（四川、貴州等地）減四成；特一區（瀋陽等地）及特二區（太原等地）之加成減成辦法另案辦理。

〔註201〕　《經濟管制與工業》，《工業月刊》（西安），1948 年第 5 卷第 11 期，第 7～8 頁。

至於各機關已預發薪給之數日，即依照金圓券一圓折合法幣三百萬元之比率扣除。」〔註202〕

　　這次遭受威脅最嚴重的，應該是屬於工薪階層的公教人員和民營事業的職工。因為生活指數被凍結，較之凍結物價，物價凍結的時間是8月19日，生活指數凍結的時間則是8月15日。……根據干雲五報告，金圓券兩元等於戰前一元，目今物價多較戰前為高，譬如食米，戰前每石十元，等於現在二十金圓；大餅油條戰前只有一分，現有售價金圓三分三釐三；煤油戰前約三元一聽，現在售價是金圓十元。其他如衣著、蔬菜、日用品等都較戰前貴一倍或數倍不等。8月19日的物價如用金圓券計算，比戰前平均高出三、四倍。而8月15日生活指數的被凍結，即使職工不能按照原薪領款（因為8月15日的生活指數職員為二百八十七萬倍，如以此數作為計薪的最高準則，則原來一百元薪金的，只能領到金圓券九十五元八角左右），每一元又沒有作為兩個金圓券中算。原來薪金一百元的，至此實際上只能領得相等於戰前四十七元的數目而已。工人方面，薪金原來就定得很低，吃虧更慘。公教人員則是七折八扣，原來薪金一百元的，合戰前實際只須得二十五元左右。一向被認為金飯碗的國家行局職員，被打落冷宮，前此種種優越的待遇一概取消，只准許較一般公教人員加上三成的優待而已。這樣，薪水階級的收入，較之戰前既不及一半，較之同以金圓券作為計算標準而高出戰前三四倍的物價，相差豈僅二倍。有人說目前薪金與物價的比率，薪金只值物價的百分之廿五而已。這叫人怎樣活得下去？何況自「幣制改革」之後，和工薪階層具有密切關係的零售市場，一致將價格提高一倍至二倍不等。尤以日常食物類的漲價，更是驚人。由中央銀行的職員，到工廠裏的小工，那一個不在燃燒著憤怒之火！〔註203〕

　　對於國民黨政府這次幣制改革後，工薪階層同戰前的情況相比如何，當時的學者作了如下分析：

　　　　我們擬舉出底薪三十元、二百元、和六百元三個實例，來與戰前及按指數計薪時作一比較；所以舉這樣三個例者，因三十元底薪

〔註202〕 壽進文：《幣制改革之經過》，《中央銀行月報》，1948年第3卷第9期，第70頁。

〔註203〕 徐照林：《「幣制改革」給予上海人民的是什麼》（上海通訊），《群眾》（香港版），1948年第2卷第35期，第15頁。

可以代表低級雇員或工資所得者，二百元約可代表中級公教人員，六百元約可代表高級人員。

按戰前法幣購買力，適可以目前銀幣作代表，即合新發行的金圓券二元，合法幣六百萬元，進此推算，可得下表：

底薪	按金圓券計薪所得	折合法幣數	指數計薪時之基成數	折合生活費指數倍數
30	30	90,000,000	30	3,000,000
40	40	120,000,000	31	3,870,000
200	71	216,000,000	47	4,600,000
400	102	306,000,000	67	4,480,000
600	122	366,000,000	87	4,210,000

第一，把他們現在的實際薪資所得與戰前比較，降低了許多，大致底薪在三十元或三十元以下的，實得五成，兩百元的實得一成八，六百元的實得僅一成。這個降低的程度確是驚人；當然現在是戰亂非常時期，大家都的降低生活程度，但降低是有限度的，現在恐怕是已到了最後的邊際了，如果能夠就此穩定，還可以勉強活得下去。第二，改革後和按指數計薪，底薪不同其所受得影響大有差別；在與戰前比較時，底薪愈低所壓低的折扣愈小。底薪愈高所壓低的折扣愈大；而這一次的改革，按照上面第二個表，底薪愈低得吃虧愈大，如三十元底薪的折合成生活費指數時僅三百萬倍，四十元底薪的三百八十七萬倍；而兩百元底薪以上的均超過四百萬倍，尤以中等公教人員最為有利；最不利的即為小雇員工人士兵等最低所得階級，這應該是一個比較嚴重之點，這一個薪資所得階層，他們絕大部分的所得是用之於食物支出，而食物支出又使最無法再縮減的了。〔註204〕

上述分析是一種假設，那現實如何呢，我們以廣州為例，略舉各種公教人員薪給，算一算他們的所得：

〔註204〕《今後的薪資階級》，《經濟評論》，1948 年第 3 卷第 20 期，第 2 頁。

表 4−17：廣州公教人員底薪與實際薪額對照表

底薪（銀）	金圓券薪額（圓）	實際薪額（元）	實際薪額對底薪百分比
500	112	56	11.2
400	102	51	12.7
300	92	46	15.3
200	72	36	18.0
200	52	26	26.0
80	48	24	30.0
60	44	22	38.3

資料來源：蔡馥生：《「幣制改革」、物價、與人民生活》，《群眾》（香港版），1948 年
　　　　　第 2 卷第 34 期。

　　從上表可以看出，公教人員所得實際薪額只及底薪的 11.2％，至多的也只有 38.3％。假定五口之家，衣、住、行等費除外，只算吃飯一項，照廣州當時最低市價，所需膳費如下表：

表 4−18：廣州五口之家最低膳費表

物　品	單　位	價　格（圓）	數　量	金　額
白米	每石	18.00	75 斤	13.50
柴	每百斤	3.30	150 斤	5.98
鹽	每百斤	12.00	2 斤	2.40
油	每百斤	103.00	5 斤	6.5
菜		每人每日三角		45.00
合　計				72.93

資料來源：蔡馥生：《「幣制改革」、物價、與人民生活》，《群眾》（香港版），1948 年
　　　　　第 2 卷第 34 期。

　　從上表，我們可以看出，就是有二百元以上底薪的公教人員，其收入才剛剛夠伙食一項，無衣無住，二百元以下就連伙食也沒法維持了。〔註205〕實際上，從廣州公務員對廣州當局第一次評價也能看得出來。廣州第一次評價

〔註205〕蔡馥生：《「幣制改革」、物價、與人民生活》，《群眾》（香港版），1948 年第 2
　　　　卷第 34 期，第 8 頁。

後，「對政府評價最反感的不是一般老百姓，都是政府的官員，因為對他們的生活打擊最大，如各商店的店員，與工廠工人，改幣後都有加薪，就是要虧本的報館，也增加百分之四十至一百，各業工資，平均增加約百分之八十，而公務人員，還釘住以前的數額。」〔註206〕

上海《大公報》也曾登載過一封公務員的來信，揭示了公務員的悲慘境地：「我是一個窮公務員，我對幣制改革後的公教人員待遇有以下的主張。八月十九日的物價拿金圓券來計算，無一不比戰前高三四倍，獨薪水階級收入較前為2.5折，仍舊被放在飢餓線上。比方底薪二百元，應發金圓券七十二元，合銀元三十六元。每家平均六口，每人伙食至少金圓券六元，則除吃飯以外，絲毫無餘。」〔註207〕

再看看南京，南京是首都所在，是公教人員集中的地區。由於幣制改革薪金的凍結，許多大大小小的公教人員。「對於此次幣制改革，他們都認為政府對公教人員的薪給規定太低，是不合理的，應該予以改善。」此外，「由『八一九』到開始，有些地區物價的確暗中提高不少，而有些日用必需品因為當局嚴屬執行『限價』的結果，幾乎不可能在市場上公開購得。今後物價繼續增高，而公教人員的薪給不予調整，其生活之困苦情形，必然較前更為嚴重。」〔註208〕

我們再看看其他幾個例子：「因幣制改革後，北平研究院折合金圓券經常費每月為三百六十元，本院各單位僅合戰前二十元，此數付電水費尚差甚巨。」〔註209〕

「我們醫院裏，同仁的待遇非常低……這次幣制改革，我們每月的薪金折合金圓券是十九元，正是準尉級的薪水，許多同人都說，這種待遇連戰前一個茶房都不如……」

「（我）現在在工礦銀行任職。……就以我拿薪水過活的人作比。我的薪金現在是一百元金圓券，在我們行裏只有七個人是一百元一月的，其餘的行員只拿幾十塊錢，當然不夠開銷。……我的收入只維持我一人的生活還常常感到困難，無法應付。」

〔註206〕《廣州的評價工作》，《金融日報》，1948 年 10 月 2 日，第 4 版。

〔註207〕《薪金不增加，生活難維持》，《大公報》（上海），1948 年 8 月 29 日，第 6 版。

〔註208〕公望：《南京公教人員的苦悶》，《時事評論》，1948 年第 1 卷第 11 期，第 19 頁。

〔註209〕《院校經費少得可憐》，《大公報》，1948 年 8 月 31 日，第 3 版。

「我的丈夫廿七歲時就開始當教授，最早在廣州中山大學，最近在本市某國立大學，……我的丈夫現在的薪金包括研究費和配給總計不過一百四十元。不夠的只有拿稿費來彌補。但現在的稿費是二元一千字，寫上二三十元就要頗費一些腦筋了，更何況有些刊物的稿費只有一元左右一千字的。我記得戰前稿費每千字四元到五元。一個人百事不幹專門寫稿，賺五六十元一月是很容易的事，而且生活得蠻好。」〔註210〕

「這次幣制改革後，我只知道南洋女中現在教師薪水是八十到一百元。麥倫中學教師待遇據說還要好些。其他小學大概都在六十元以下。」〔註211〕

限價以來，百價「凍結」，而最容易「限」的價格卻為公教人員的待遇。但是，實際上各地市場按限價幾乎買不到東西，要買到東西，則必須向諸黑市，在國內各地黑市價格與限價距離相差最大的，首推平津。以十月中旬的平均黑市價而言，平津者竟為限價的七倍左右。公教人員的待遇既被凍結，但未了維持最低生卻必須由黑市購進生活必需品，因之原有的貨幣購買力只剩下七分之一，原來可以維持一個月的生活的待遇只能維持四五日。結果在十月下旬，平津一部分的公務員「餓工」大部分教員停教，紛紛作改善待遇的要求。本來「生存第一」，這種要求是一個純粹的生活問題，政府必須注意事實，承認事實，立即採有效的辦法，使各地公教人員的待遇能維持其合理的購買力。教育界一致喊叫：「活不下去了」，停教，罷研，罷讀，罷職，……〔註212〕「一個大學教授在戰前薪金五百元的，現在只得金圓券一百一十二元。若按金圓券與銀元的比率折算，更只有四十六元和五十六元，等於戰前收入十分之一多一點。加之物價狂漲，根本無法維持生計。」〔註213〕

隨著幣制改革，……「生活難」這三個字，是深刻的印入了要生活的人的腦裏。而在這些要生活的人群裏，裁員，漲價，什麼都會影響到生活，使要生活的人無法生活。

1948年10月25日，北大教授發表《停教宣言》。《宣言》說：「我們每月收入不過維持幾天的生活」，「難於安心工作」。「政府對於我們的生活如此忽視，我們不能不決定自即日（10月25日）起，忍痛停教三日，進行借貸，來

〔註210〕　《「幣制改革」對於家庭生活的影響》，《現代婦女》，1948年第4期，第5頁。
〔註211〕　《「幣制改革」對於家庭生活的影響》，《現代婦女》，1948年第4期，第8頁。
〔註212〕　《平津公教人員為待遇呼籲》，《周論》，1948年第2卷第17期，第12頁。
〔註213〕　《改幣後的公教人員待遇》，《大公報》，1948年9月21日，第2版。

維持家人目前的生活。」同日，致函胡適校長，「要求學校在 1 周內借支薪津二個月，以免凍餒。」在宣言上簽名的有 82 人。北大、清華、中法、燕京、師大學生自治會發表《支持師長停教宣言》。

一個被裁的市屬公教人員，曾經投書給一個晚報，其中有這麼幾句，「活著的確是難，不活也不見得不痛苦。所以，我是在痛苦下活著，一年等一年，一月望一月；總希望有那麼一天，能使我脫離這種半饑不飽的生活。妻、孩子、和我，都會張開笑口。然而，事實往往相反，我們不但沒活好，簡直活得愈壞，孩子首先就給我們把他停了學，妻呢？病了沒錢診，不但這，更壞的事來了，那就是我也被裁，我們不但痛苦的活著，而且甚至痛苦的活著也不可能。」〔註214〕

「曾經有一家私人的銀行，招考練習生，結果，投考的人竟超出兩千，其中包括有中學畢業生、大學生、被裁的公教人員及現職的公教人員。有的是因為失了學，所以不想再失業；有的是沒法活，而要設法活下去；有的是想活得好一點。但錄取的只有十四名，依然不能達到這麼多要活的人的願望。」〔註215〕

王雲五在 9 月 10 日在立法院報告幣制改革與財政關係時，指出「文武公教人員估計為五百五十萬人（士兵在內）。由現在至年底，全黨薪俸共需支出五億二千萬金圓，支出數額頗大，政府正力謀平衡預算，故在收入未增加以前，公教人員待遇無法再為改革。」〔註216〕

二、工商業者的生活

八一九幣制改革之後，不論工商業和一般人民，都受到極大的損失，除了政府收兌金鈔所得總值一億六七千萬美元的金銀外幣，使兌換者遭受損失外，工商業因維持限價政策和遭受搶購風潮而受的損失也不可勝計，就上海若干工商業約略估計如下：

〔註214〕彭德漢：《苦難中的重慶》（重慶通訊），《輿論》，1948 年第 1 卷第 3 期，第 16 頁。
〔註215〕彭德漢：《苦難中的重慶》（重慶通訊），《輿論》，1948 年第 1 卷第 3 期，第 16 頁。
〔註216〕《立院舉行秘密會議，聽取政府財經報告》，《工商法規》，1948 年第 30 號，第 1010 頁。

紗廠 在八一九之後，大約照限價售出了五萬件棉紗，棉布數十萬匹，如照昨日的核本定價，總損失當在五千萬金圓以上。目前上海各紗廠的原棉，存底平均不到半月，棉紗存貨則空空如也，反虧欠行總，外銷會和美援花紗布聯管處二三萬件，因此許多紗廠開出的棧單都是提不到貨。以上海規模最大實力也最雄厚的申新九廠來說，卅五年底存棉最多時達十六萬擔以上，現在則存棉僅二萬二千擔，虧欠棉紗四五千件，流動資金已捉襟見肘。據說該廠在這次改幣過程中，共損失五百多萬金圓之巨。

毛紡織 工業公會理事長程年彭說：他所主持之章華毛紡織公司，在七十天中照限價售出呢絨近二十萬碼，損失共達四百萬金圓。全體毛紡織廠商（包括紡建公司毛紡織廠部分售貨）共售呢絨一百萬碼，絨線十五萬磅，損失達二千萬金圓以上。照限價每碼花呢只售二十三元二角，而現在每碼成本將近九十元之巨。

綢布門售商號 「八一九」前存各種綢布呢絨達一百五十萬匹，經過一個多月的搶購，呢絨綢緞幾完全賣光，棉布只剩十分之二，單是十月份，就至少賣出一百萬匹。現在限價取消後，棉布約漲三倍，呢絨四倍，綢緞則達五六倍以上。經過這次「洗劫」後，至少有十分之六七的門售綢布商元氣大傷，無力經營。

百貨 百貨商店的存貨，大約被搶購掉三分之二至四分之三。四大公司除永安存貨較厚外，其他公司所受打擊也甚重大。

橡膠 橡膠鞋商店的存貨，售去三分之二以上，大中華橡膠廠因不斷供應市面，在一兩個月中售出各種橡膠鞋十三四萬打，各種車胎八百多副，損失亦在千萬金圓左右。

永利 化學公司在「八一九」後，售出純鹼六萬多袋，每袋限價只卅八元，但天津運出時僅繳納自衛特捐一項就要三元八角，而裝城的雙重麻袋現每雙就值廿四元，所以損失亦達三四百萬金圓。

火腿 火腿店有若干家，在最近三星期中，售掉了一年的存貨。

　　　　總之，因爲改革幣制，因爲限價政策，因爲物價強抑而復漲，

全國人民消耗的元氣是太大了，上海工商業所受的損失，不過是其

中較爲顯著的一例而已。〔註217〕

　　中國民族工商業在通貨膨脹的打擊下，紛紛垮臺。「在 1948 年年底武漢

有工廠 21 構家，解放前夕，絕大部分工廠已經倒閉或停工。針織廠倒閉了 4

／5，100 餘家煙廠停了 90 多家。全省生產萎縮，與 1936 年相比，工業產品

有大幅度的下降，其中原煤下降 52.06％，水泥下降 32.65％，生鐵下降 78.57

％，棉紗下降 39.22％，棉布下降 58.22％，捲煙下降 18.61％，發電量減少 4.16

％，火柴減少 61.71％。」〔註218〕

　　上海商會常務理事駱清華曾強烈抨擊政府：「過去在中央方面，請了個

外行醫生（指財政部長王雲五），在七十天，我們做了他試藥的工具。……

這次政府不僅給工商業重大打擊，已經給每個老百姓打擊了。當局不費吹

灰之力，叫工商界大請客，存貨被搶光了，又老太太費了一生心血所儲存

預備買棺材的幾兩銀子，也要她排隊去兌掉，而今恐怕連半只棺材也買不

著了。」〔註219〕

三、金融業的困境

　　《展望》雜誌曾登載過經濟各部門特別是金融業被損害的嚴重情形：

「目前金融業正遭到一極嚴重的危機，就是存款銳減，據統計十月底止，

本市金融業的存款總額只有一億另數百萬元，而最近期內，還在繼續減

低」，這一億左右的存款，還要除去「存款準備金，本票餘額，庫存現金等

的限制，故尚須除去四五千萬元左右，實際行莊可能運用的資金共約五六

千萬元。」〔註220〕存款的銳減，使得金融業陷於窒息的困境，進而就影響

到工商業資金的周轉與融通了。以天津爲例，據 10 月 28 日《經濟大事日

誌》記載：「天津金融界景象蕭條，十月份津市商業銀行存款，不足七百萬

元，信用最佳之銀行存款亦不過六十萬，普通均在六七萬，現利率高昂，

〔註217〕　《在限價政策下工商業損失重大》，《大公報》（上海），1948 年 11 月 3 日，
　　　　　第 4 版。

〔註218〕　章開沅、張正明、羅福惠、田子瑜、黃華文：《湖北通史·民國卷》，華中師
　　　　　範大學出版社，1999 年版，第 677 頁。

〔註219〕　《工商業昨會議，討論合理核本議價》，《商報》，1948 年 11 月 2 日，第 2 版。

〔註220〕　柏蒼：《幣制改革的翻案》，《展望》，1948 年第 3 卷第 3 期，第 5 頁。

最高日折十八元，按法定利率，銀行均無法應付。」〔註221〕「國民黨政府還規定各商業銀行和錢莊增加資本，並將增資之現金存入中央銀行。同時實行限制銀行利息的措施，硬性規定把銀行的利息壓低一半。所有這些，幾乎使天津的金融活動陷於停頓。」〔註222〕再看看武漢，「1947年武漢有錢莊110家，幣制改革前還有58家，1949年只剩下36家在苦苦掙扎。典當在1947年有7家，到1949年5月全部歇業。湖北的商業銀行很多，戰後就有26家新銀行成立，但在壟斷銀行和惡性通貨膨脹的打擊下，紛紛停業。1949年3月1日到5月16日，先後有會通銀行漢口分行等16家關門，餘下的28家在淒風苦雨中苟延殘喘。」〔註223〕

四、工人的苦難生活

8月26日，上海市勞資評斷委員會遵照中央《整理財政加強管制金融辦法》的原則，並根據上海市實際情形，於第21次會議中訂立了《上海市各業員工薪資折合金圓券計算準則》，內容分為四項：

> 一、各業員工薪資按原有折扣後之底薪，分別照八月份上期生活費指數計算為最高準則，以應得法幣折合金圓券，如有爭議由社會局審核處理之。
>
> 二、工人工資應以每月每日或每件為標準延長工及加工所得，不得折算為工資。
>
> 三、各業如經協定另有津貼者，仍從其協定，惟不得折算為工資。
>
> 四、各業發給薪資分月中月底兩次，其日期以不超過五天為限，有習慣者從其習慣。〔註224〕

照整理財政加強管制經濟辦法十八條規定：「自行金圓本位日起所有按生活指數發給薪資辦法一律廢止」。其十九條對於公務員的薪給更不合理，規

〔註221〕《經濟大事日誌》，《經濟評論》，1948年第4卷第4期，第17頁。

〔註222〕孫德常、周祖常主編：《天津近代經濟史》，天津社會科學院出版社，1990年版，第310頁。

〔註223〕章開沅、張正明、羅福惠、田子瑜、黃華文：《湖北通史·民國卷》，華中師範大學出版社，1999年版，第677頁。

〔註224〕章永欽：《幣制改革後工資問題》，《社會月刊》，1948年第3卷第6期，第52頁。

定：「文武公教人員之待遇，一律以金圓券支給，其標準以原薪額四十元爲基數，實發金圓券，超過四十元之三百元之部分，按十分之二數發金圓券，超過三百元之部分，一律按十分之一發金圓券。士兵薪餉副食悉按戰前，概不折扣」。這樣一來，公務員底薪一百元的現在只能拿五十二元的金圓券，二百元的僅拿到七十二元金圓券，三百元的只拿到九十二元金圓券。表面上，薪資愈高的人被折扣得更多，但他們尚有著額外和其他的補貼，低級公務員和工人被扣的雖說是比較少一點，但他們底薪的微薄，經過了這個折扣，生活更苦了，至於國營事業員工除按照國營事業員工待遇辦法較同級公務人員所得加三成外，其餘超過此限度之部分，一律取消。過去國營企業機構的員工薪資都比一般公務員高過四五成，現在他們的生活水準被降得和普通政府機關的公務員看齊了。至於「民營事業員工之薪資，一律折合金圓券支給，但其半月所得，不得超過八月上半月依各該事業原定辦法應領法幣折合金圓之數」。本來物價與生活指數已經脫節，以八月上半月的物價指數來說，已達五百多萬倍，此時的生活指數亦只有三百六十三萬倍，而現在工資訂定與八月十五日，物價卻訂於八月十九日，這樣不合理的辦法，連國民黨自己製造的「職工領袖」水祥雲也不得不說：「工人工資……係以八月一日至十三日之平均指數計算，與八月十九日之物價限價其間相距甚遠，備蒙損失。」〔註225〕。蔣介石要職工勒緊褲帶餓著肚子工作，不許職工反抗，特地於該辦法廿三條中規定：「在本辦法施行期內，禁止封鎖工廠、罷工、怠工。違者依妨害國家總動員法懲罰暫行條例第五條第四款之規定處罰之。」〔註226〕

照上海市勞資評斷委員會 8 月 26 日所通過之各業員工薪資折合金圓計算準則，規定「各業員工薪資按原有折扣後之底薪，分別照八月份上期生活費指數計算爲最高原則，以應得法幣折合金圓」，而八月份上期工人生活指數爲三六三萬倍；職員生活指數爲二八七萬倍，假定工人底薪爲四十元，而職員底薪爲八十元，則工人可得四十八元四角，只能支付三分之二的膳費。而職員可得金圓七十六元五角二分，剛可作膳費開支。再以金圓券二元等一銀元計算，則一個四十元一月之底薪的工人所得實際工資只有二十四元二角，而一個八十元一月之底薪的職員實際薪金只有三十八元二角六

〔註225〕《上海市總工會緊急通告》，《工商法規》，1948 年第 39 號，第 1223 頁。

〔註226〕懷庶：《「幣制改革」與職工生活》，《群眾》（香港版），1948 年第 2 卷第 37 期，第 14 頁。

分。薪金工資被凍結，而物價卻在繼續飛漲，這種情況，受薪階級的人們怎能活得下去！？〔註227〕

「女工的生活原是夠苦的，幣制改革後她們的生活當然更苦。……國營工廠的待遇比較好，高的是四十元一月，平均大約有三十多元一月，伙食自理。私立小工廠的待遇比較差，最高的只有二十多元甚至十幾元的也有，不供膳宿。最苦的是煙廠的女工，她們的工資是按件計算，現在，運輸不暢，原料缺乏，成本增加，而價格受限制，雇主們都想縮小範圍，減低出產。但又不能解散或裁減工人，只好減少工作時間，現在從在上開工到十二點鐘爲止，下午就不開工了，這樣一來，無疑的工人的收入也就減少了，她們的薪水，有些在上個月只拿法幣三百萬元，其生活之艱苦是難以令人揣想的。他們最擔心的是生病，因爲生病就得請假，請假三天就要被停職了。……女工遭受失業的人數日益增加，這是一個頗爲嚴重的問題。」〔註228〕

除了工資待遇低下外，工廠停閉，工人失業情況更爲嚴重。「先從裁員說起吧！在重慶，公共汽車管理處，同商辦的巴縣長途汽車公司，就一裁再裁的裁了不少員了。這一次呢，幣制改革後又裁了好幾十，而市政府呢？市屬機關也裁撤了好些機構。沒被裁以前，他們也許在困苦的環境下，可以湊合著生活，雖然也難吧，但總較好。吃不了三餐也吃兩餐，吃不了乾飯吃稀飯，肚子雖不能全飽吧，至少也在半飽的情況下。然而現在一裁呢？什麼希望都給裁掉了，一家大小五六口的，那就連吃雜糧也沒法活。」〔註229〕

「這幾個月來，由於經濟危機的風暴打擊，上海的工廠，關門減產的爲數已不少了。以今年上半年來說，上海與蘇省廿九家火柴廠中，停工者已達十家，橡膠業各廠停工者已達三成，其餘七成亦大都減少生產，肥皂廠也有三分之二停工，染織業減工者占百分之卅，即外銷南洋群島的棉織業，也因外匯久未調整，與黑市相差過巨，出口凍結。幣制改革以來，因爲限價的結果，原料缺乏，不敷成本。迫得各廠，停開夜班或減工。上海紗廠中，減少紗錠這有九家，維持現狀者僅十七家。絲織廠三百二十幾家中，目前開工的還不到八十家，毛紡業開工的不到三分之一。蘇浙皖京滬區棉紡織業公會所

〔註227〕蔡馥生：《「幣制改革」、物價、與人民生活》，《群眾》（香港版），1948年第2卷第34期，第8頁。
〔註228〕《「幣制改革」對於家庭生活的影響》，《現代婦女》，1948年第12卷第4期，第6頁。
〔註229〕彭德漢：《苦難中的重慶》，《輿論》，1948年第1卷第3期，第16頁。

屬會員全部共擁有織布機八七七○臺，現僅開工八四一七臺，毛紡織廠因羊毛缺乏，開工亦不足五成。最近蔣政府又宣佈工商業外匯移存，這麼以來，把工商業的一點老本也要掠奪去了。廠沒有原料，沒有周轉金，沒有利潤可賺，多生產便多虧本。等到一點老本蝕光時唯有關門歇業。截止現在工人失業的數字雖未有具體統計，但從工廠的停工減產看來，失業人數之增加無疑一天天在增加著。」〔註 230〕

「看看廣州工業情形，更使人感到經管的可怕，現在除了幾家省營工廠，尚有原料繼續生產之外，其餘民營工業，無論是輕工業或手工業，莫不原料奇缺，不能繼續生產，而囤有少許原料的工廠，由於限電，廠商亦不願開工。因為售價（限價）追趕不上成本，因此之故，所有工廠，非停工則減辭工人，以為苟延殘喘。據調查所得，十月十九日一天，河南區小工業廠場，倒閉了廿二家。廣州及佛山棉布工業，停工減產者最多，占總數百分之九十以上。失業工友，達萬人以上。榨油工廠，停榨的有六百餘家。印務店相繼停業，工人失業的有數百人，建築三行失業工人不下數千。此外，商行工廠停頓，日有所聞。」〔註 231〕

五、其他階層的苦難生活

國民黨將領和士兵的生活怎樣呢？一名婦女回憶她的丈夫：「至於我家庭裏的情形，我丈夫是領上將級的薪水，計合金圓券一百四十二元。記得在戰前他的薪水六百元。以銀洋和金圓券的一與二之比來算，我丈夫現在的薪金只抵戰前七十一元約為他戰前薪水的八分之一。」〔註 232〕士兵的生活更為清貧。「士兵的餉戰前八元，現在實發為四元金圓券。」〔註 233〕

電影從業員的生活怎樣呢？「行政人員和演員的待遇是不同的。幣制改革後基本演員最高的大約三百到五百元之間，最低的六十到八十之間。特約的一兩千元沒有一定，要看角兒的號召力，以及她所擔任的角色在劇中的分

〔註 230〕懷庶：《「幣制改革」與職工生活》，《群眾》（香港版），1948 年第 2 卷第 37 期，第 15 頁。

〔註 231〕雅茜：《廣州一幅悲慘的圖畫》，《展望》，1948 年第 3 卷第 1 期，第 12 頁。

〔註 232〕《「幣制改革」對於家庭生活的影響》，《現代婦女》，1948 年第 12 卷第 4 期，第 5 頁。

〔註 233〕佩山：《金圓券怎樣剝削薪工階級》，金烽等：《國內幣制改革與工商業》，南方論壇社，1948 年版，第 28 頁。

量等等而定。其他的臨時演員，最高的每天十元，這種機會要挽很大的人情，不容易得的，一般的臨時演員每天只有八角，要說上一兩句話才有一元多。大導演約三四百元，小導演一百元左右，行政人員最高的是三四百元，最低的三四十元。一般地說來，電影從業員的待遇是比公教人員好些，但也是很不夠用的。」〔註234〕

北平學生如何生活呢？《婦女雜誌》曾登載了一篇學生寫給其父的書信：「從昨天起，我忽然不能專心了，一個大問題圍住我──吃飯問題，……麵粉一天漲好幾次，才兩天啊，已由十元漲到七十五元，今晚上又聽說已到了九十五元了，明早上還不知又有怎樣嚇人的價錢，回到宿舍，幾個同學也正在焦急地談這問題，一個同學家裏最近好容易寄了錢來，才隔一天，已不夠繳膳費了，弄得她上課也無心，膳堂裏議論紛紛，膳委弄得焦頭爛額，商人不肯賣出他的糧食，小米已是稀世寶一樣，肉食更不用說了，市場上怪現象百出，人們瘋了似的搶買了一切東西，店門都關上了，熱鬧的一些市街上受令不許關門，然而店員個個怠工，有一家故意託言裝修門面，雇了些油漆匠在懶拖拖地刷漆，還有一家在店門口挖了個大深坑，恐怕是阻止顧客去買東西，有錢的人家裏有的是存貨，當然是不怕的，苦的還是那一大批窮人，他們是做一天賺一天吃的，這兩天市上小米，玉米什麼都沒有得賣，叫他們怎麼辦？一家最貴族的法國麵包鋪昨天也有窮人去光顧了，飢餓逼得他們只得傾其所有的去求得一些吃的，我真不能想像這情形繼續下去會造成怎樣的結果。」〔註235〕

上述人員生活相當的清苦，但北平的難民、貧戶，生活則更是艱難。北平全市赤貧及次貧共 67,985 戶，286,464 口，這幾天來，天氣已經變了……怎麼過冬？關於流浪在平市的難民，北平雖設有收容所，分佈於國子監、地壇、西什庫、公主墳等地，而只容納難民九千餘人，多從昌平、武清、永年各縣逃出，亦有山東，東北諸省者。他們都住在廟□下，地下潮濕，只鋪了幾張席墊。每人一天一斤棒子麵，偶而還發一點餅乾。但是沒有麵的時候很多。他們無衣無食，孩子們也都光著屁股，都受著疾病、寒冷、飢餓的威脅……〔註236〕

〔註234〕 《「幣制改革」對於家庭生活的影響》，《現代婦女》，1948 年第 12 卷第 4 期，第 7 頁。

〔註235〕 《一個在北平念書的學生給父親的信》，《婦女雜誌》，1948 年第 3 卷第 7 期，第 18 頁。

〔註236〕 李樹：《北平在飢寒的威脅下》，《世紀評論》，1948 年第 4 卷第 18 期，第 4 頁。

　　配合幣制改革推行的管制經濟措施，既非計劃經濟的統制，又非資本主義的市場調節，這種理論上沒有出處的管制，把民眾生活作爲試驗場，給國統區各階層都帶來了巨大的影響。幣制改革給工商資木家以嚴重打擊，這一打擊進一步損害了南京政府與工商界的鬆散聯盟。11 月 5 日，上海工商資本家階級的輿論工具《商報》，刊發了署名「卻酬」的《政府成功，人民痛哭》的文章，對政府掠奪性的幣制改革大肆抨擊：「鐵一般的事實，擺在眼前。限價政策失敗了！限價政策增加了人民的痛苦！然而，相反的，在財政當局，認爲成功了，圓滿了。因爲在這七十多天裏，已經收兌得大量的金條，美鈔！……悲哉！要知道，當局所得到大量的金條與美鈔，全是由許許多多忠實良民貢獻出來的。更要明隙，在這大量金條美鈔之上，堆滿了許許多多忠實良民的血和淚！……哀哉！人民對於政府已竭盡所能，想不到政府對於人民卻是這樣，夫復何言！」〔註237〕幣制改革也給相當多的富商以打擊。多數的富商在限價搶購中歎息，他們說：「共產黨革命的對象中有我們，政府革命的對象也是我們」。「他們要在一分鐘盡擲手中的金圓，他們要把所有的金圓買來所有的愉快。女人、酗酒，都市在金圓券的氾濫中崩潰沉淪，崩潰沉淪。」〔註238〕以至於「娛樂場所，天天客滿。」〔註239〕幣制改革還給中產階級以沉重打擊。連蔣經國也指出：「一般中產階級，因爲買不到東西而怨恨。工人因爲小菜漲價，而表示不滿。現在到了四面楚歌的時候。」〔註240〕「至於一般市民，特別是工人，職員和公教人員那就更慘了！他們的開支，已比照著物價增加百分之二百以上，但他們的收入，卻反因生活指數的取消而減少並且凍結下來。長市本月上半月的生活指數是四百萬倍，到本月底，最少也在八百萬倍以上，按照指數計算，以基本薪三十元算，即在二億四以上，但幣制『改革』後，他們基本薪雖已增高了十元，共爲金圓券四十元，但卻僅得一億二。在過去，當按照生活指數發薪時，他們本已難於活下去，而現在由於指數取消，而物價卻比前漲得更凶，當然更無法生活下去了。」〔註241〕國民

〔註237〕卻酬：《社論：政府成功，人民痛哭》，《商報》，1948 年 11 月 5 日，第 2 版。

〔註238〕顏回：《從物價管制說到戰局》，《世紀評論》，1948 年第 4 卷第 17 期，第 11 頁。

〔註239〕《論當前的經管情形》，《觀察》，1948 年第 5 卷第 10 期，第 2 頁。

〔註240〕蔣經國：《滬濱日記》，1948 年 10 月 16 日，《蔣經國自述》，湖南人民出版社，1988 年版，第 191 頁。

〔註241〕林濤：《「幣制改革」在長沙》，《群眾》（香港版），1948 年第 2 卷第 36 期，第 13 頁。

黨政府「一方面凍結了實際價值日益減少的名義薪資，又讓國營、公共及交通事業按戰前標準來提高生活費用，再通過可以轉嫁歸宿的間接稅來削減薪資的購買力，已足以令薪資所得者走投無路。如今還要加上一個通貨膨脹來沖淡既得的購買力。」〔註242〕

　　早在 1947 年，著名的政論家儲安平即指出：「現政權的支持層原是城市市民、公教人員、知識分子、工商界人。現在這一批人，一股腦兒都對南京政權沒有好感。國民黨的霸道作風使自由思想分子深痛惡絕；抗戰以來對公教人員的刻薄待遇，使公教人員對現政權赤忱全失；政府官員的貪污作弊，種種刁難，使工商界人物怨氣衝天；因財政金融失策以及內戰不停而造成的物價暴漲，使城市市民怨聲載道。今日全中國人民，對於現政權，可謂人人離心，各個厭惡。」〔註243〕幣制改革後，儲安平在《一場爛污》中寫道：「賣大餅的因為買不到麵粉而自殺了，小公務員因為買不到米而自盡了，一個主婦因為米油俱絕而投河了，一個女兒的母親因為購肉而被槍殺了，還有不知多少悲慘的故事報紙上沒有傳出來。我相信這些人都是死難瞑目，陰魄不散的。」〔註244〕

　　關於金圓券，「所有的問題歸結起來只有一點，就是它激怒了中國民眾的各個方面、各個階層，以致他們群起而攻擊國民黨政府。毫無疑問，知識分子知道金圓券起不了什麼作用，他們認為這純粹是愚蠢無知。而像李銘這樣的銀行家和商人也對政府懷著怨恨和仇視。中產階級幾乎完全破產，因為他們被迫交出唯一的一點儲蓄。店鋪老闆以金圓券平價出售了他們的貨物，結果弄得傾家蕩產，至於窮人就更不必提了，你知道中國的窮人總有些裝飾品，諸如金戒指之類，但他們也不得不交出這些東西，最後得到的卻是一錢不值的紙幣。由此，你可以看到金圓券的致命一擊了。」〔註245〕

〔註242〕方師東：《「幣制改革」與薪工階級》，《經濟週報》，1948 年第 7 卷第 8 期，第 18 頁。

〔註243〕儲安平：《中國的政局》，《觀察》，1947 年第 2 卷第 2 期，第 3 頁。

〔註244〕儲安平：《一場爛污》，《觀察》，1948 年第 5 卷第 11 期，第 1 頁。

〔註245〕吳國楨口述，【美】裴斐（Nathaniel Peffer）、韋慕庭（Martin Wilbur）訪問整理，吳修垣譯：《從上海市長到「臺灣省主席」——吳國楨口述回憶（1946～1953）》，上海人民出版社，1999 年版，第 67 頁。

第五章　幣制改革中存在的主要問題及補救

　　此次幣制改革過程中，國民黨當局有兩個問題沒有從根本上解決好。第一個是遊資出路問題，遊資產生有多種原因和途徑，國民黨政府雖表面上採取了一些鼓勵遊資投資生產，發售國營股票，出售敵偽產業等，但由於既沒有很好的儲蓄政策，也沒有很好的投資生產環境，遊資問題未從根本上得到解決。第二個是生產問題。所有財政、物價、貨幣等各種問題皆由生產興衰而起。國民黨政府抓住了物價，企圖通過物價管制來解決物價問題，但物價問題不是根本的問題，根本問題是生產問題，物價問題不過是用來解決生產問題的手段之一而已，要解決物價問題時，必須解決生產問題，只有生產充分，物資才能充足。然而國民黨政府雖然也採取了一些補救措施如統籌物資調節、發放生產貸款、允許自備外匯進口物資等試圖緩解生產與消費之間的巨大落差，但由於方方面面錯綜複雜的原因，這一問題也沒有得到解決，反而愈加嚴重。

第一節　遊資疏導問題

一、遊資產生的原因

　　幣制改革後所引起的第一個問題便是遊資出路問題。幣制改革前的遊

資，原本已充斥市場，成爲波動物價的因素。改革幣制以後遊資問題相當突出，原因如下：

（1）金圓券發行數額增多

根據發行準備監理委員會的公告，可以瞭解金圓券發行額逐漸增多的過程。第一次檢查公告的內容中，自 8 月 23 日至 8 月底全國發行金圓券 296,817,201.40 元。第二次檢查公告的內容中，截至 9 月 30 日，發行金圓券 956,752,494.40 元。第三次檢查公告宣佈，截至 10 月 31 日發行總額爲 1,595,386,691.00 元。除此之外，還有未兌換的法幣、東北流通券等繼續在市場上流通。

（2）金銀外幣收兌轉變通貨

幣制改革之前，黃金、白銀、銀元、美鈔均被視爲物資之一部分，幣制改革強迫收兌黃金、白銀、銀元、美鈔。到 1948 年 10 月底止，據中央銀行自己統計，共計收兌黃金 165.7 萬兩，白銀 909.2 萬兩，銀元 2323 萬枚，美鈔 4782 萬元，港幣 8769 萬元，總共合計的約值近 2 億美元。民間和商業行莊黃金美鈔被收兌後，放出了大量的新貨幣——金圓券，「因收兌金鈔而流出的新貨幣已達六億金圓，超過『八一九』法幣發行額的三倍。佔金圓發行最高額二十億中的三分之一弱。如果政府對於這筆支出的金圓，不謀囘籠的辦法，那末，就拿這六億金圓來說，已超過收囘法幣所需的數額，恐怕也已超過社會所必需的貨幣流通量了吧！其影響所及，足以膨脹通貨刺激物價的。」〔註 1〕「目前人民以黃金白銀外幣兌得大宗金圓券，一時不知如何運用，往往乃從事囤積物資，如政府不因勢利導，則此項遊資勢將如洪水暴至，非沖決物價的堤障不可。」〔註 2〕

（3）貨物拋售轉變成通貨

幣制改革後，行政院頒佈取締囤積等辦法，並在各大城市組織物資檢查委員會，打擊囤積，囤戶被迫拋貨，貨品轉變通貨等諸種緣由，更促成了通貨膨脹與遊資充斥。

〔註 1〕 金如來：《金圓券發行的分析》，《工商天地》，1948 年第 3 卷第 9 期，第 15 頁。

〔註 2〕 《社論：穩定物價的積極措施》，《民國日報》（天津版），1948 年 9 月 4 日，第 1 版。

（4）取締證交所等投機市場

幣制改革後，即規定滬、津兩地之證券交易所暫停營業，非經政院核准不得復業。由此，「因證交等投機市場被取締，遊資之出路就成爲更嚴重的問題。」〔註3〕

二、主要城市的遊資狀況

8月30日，上海市社會局長吳開先召集本市各商業公會負責人，舉行談話會，上海區經濟督導員蔣經國也應邀參加，說明政府管制物價及改革幣制政策。棉布業代表董久峰：對目前緊急措施表示的意見之一即是「現在政府每日有大量金圓券拋出，而證交停業，遊資目標集中到紗布上來，政府應設法疏導。」〔註4〕由此，遊資問題逐漸暴露出來。

先看看廣州。9月下旬，遊資投奔廣州的情勢已趨嚴重。9月以後，「各路遊資紛杳前來，穗經管當局不得不復請中樞重申現鈔入境的限制，並規定最高額不得超過一千金圓券。但是現鈔仍如潮湧入，十月八日緝獲中航機上一批現鈔，即達二十萬元，限制攜鈔的防波堤也潰決了！北來遊資與穗市遊資匯流的結果，紊亂了華南的經管工作。」〔註5〕「自從改幣制以來，遊資南流不絕。南下至粵的遊資約一億二千萬圓，佔全國發行額的十分之一弱；目下廣東全省流通額約二億圓，其中百分之七十在廣州，而且南下游資無一宗投向生產者，皆在市場作祟。在台灣方面，其省政府已規定限制生外匯款辦法，最近又加補充辦法：旅客匯台最多以一千元爲限，台省在外人民接濟家用者每人每月以二百圓爲限，由此可見遊資流台的也不在少數。如果再加上流到香港的一併計算，其爲數之大，不難想像。這種情形對於物價既然極爲不利，而且不義之財竟遠走高飛，尤其使社會人心痛恨之至的。」〔註6〕

廣州究竟遊資有多少呢？

〔註3〕　鄭廷君：《由幣制改革所引起的幾個問題及其解決辦法》，《廓清月刊》，1948年第1卷第10期，第20頁。

〔註4〕　《蔣經國召集滬商界談話，各業陳述實際困難情形》，《工商法規》，1948年第27號，第941頁。

〔註5〕　《遊資衝擊下的廣州經濟》（廣州通訊），《經濟評論》，1948年第4卷第3期，第11頁。

〔註6〕　《改幣制以來大量遊資南流》，《周論》，1948年第2卷第17期，第12頁。

　　估計廣州遊資數量頗非易事，在 10 月初即有人估計約達 2.5 億，一般的
估計在 2 億左右（見下表）。

表 5−1：廣州現有物資數量估計表（單位：金圓）

本身可能產生		收兌金銀發出者	71,5000,000
		國庫收支差額	35,000,000
		工商業資金游離	20,000,000
各地彙集	本省流聚	潮梅區	5,000,000
		四邑區	8,000,000
		其他	2,000,000
	華北華中流入	上海	20,000,000
		漢口	30,000,000
		其他	5,000,000
合　　計			196,500,000

資料來源：根據《嚴重的廣州遊資問題》，《金融日報》，1948 年 10 月 18 日第 2 版整
　　　　　理而成。

　　廣州遊資彙集主要有兩個來源，即本地的創造與各地的匯流。「本地創造
的遊資在十月以前主要來自金鈔收兌，九月底約達七千萬元；十月以後則以
國庫收支差出及工商業資金的游離，據本市某專家的估計，廣州方面國庫支
出每天約一百二十萬金圓券，各項稅收、國營股票與庫券售款及其他收入，
至多有四五十萬，財政赤字每日達七八十萬。其實這還是以九月物價水準來
估計的，若以目前水準計，一百五十萬尚嫌低估，因此，兩月來國庫收支差
出估計當不下六千萬。『改幣』以後，本市自工商業游離出來的資金，估計低
者二千萬，高則五千萬，但經十月中旬漲風以後，零售商存貨沽清，批發商
出售後無法抵補，進出口停頓，工業生產萎退，若無維護產銷的緊急施政以
謀補救，則自工商業游離出來的資金，將日益擴大，估計這筆數字當在七千
萬元之上。」〔註 7〕自各地匯流遊資，為數亦相當可觀。「據報上發表緝獲的
統計，自十月八日至十二日五天之間，竟達八十餘萬金圓券，而粵海關緝政

────────────

〔註 7〕　《遊資衝擊下的廣州經濟》（廣州通訊），《經濟評論》，1948 年第 4 卷第 3 期，
　　　　第 11 頁。

效率，向為外界共知，私運現鈔被緝獲繳存央行，充其量不過百分之五。以此推論，北來遊資累積，可能已超過一億金圓券。其中固可能有部分資金假道廣州逃往港粵，但為數不多，觀乎香港申匯低於省單兩成，可知上海資金多半直接套取港匯而不假道廣州。中旬以後，廣州遊資一部分曾瀉向外圍，十一日江門於一日間資金陡增六七成，市拆盤低，物價上漲一成，便是例證。可是，外圍物價狂漲後，港幣交易死灰復燃，終止了金圓券自穗市的外瀉。同時，北來遊資繼盛，卒致出現了十九日的新高峯，據我們粗略估計，目前遊積在穗遊資的數量，可能已屆三億五千萬金圓券了。」〔註8〕

　　再看看上海，「在幣制改革前，上海市場的放款利率經常在六角以上，十八、十九兩日的利率是五角半到六角，金圓券本位後，政府的命令，大家的預料，利率都要降低，可是二十三日開業後，上海銀錢業的放款利息雖規定一角五分，市場利息卻因銀根緊縮，供不應求關係，仍高到六角以上，二十四日頭寸漸鬆，暗息降到五角以下，到二十五日因收兌金鈔的金圓券大量出來，暗息驟跌到一角五分，還無人願借，二十六日再跌倒一角左右，二十八更降至九分，甚至六七分，利率在短短的數天內發生這樣急驟而幅度極大的變化，實足驚人，同時也可看出市場遊資的充斥，已到怎樣的程度！」〔註9〕

　　據估計，截至28日止，上海方面收兌的法幣數約六、七十萬億左右，而市面的金圓券流通量，則至少已達8000萬元以上，折合法幣達250萬億元。其中約有200萬億元是因為收兌金鈔而流出來的，原來的法幣因為缺少輔幣和整理費事緣故，回籠數字既不多，再加上這一筆巨大的金圓券頭寸，市面銀根的鬆濫可知。同時，因為當局對於物價的嚴厲管制，不准超過限價，因此市場交易寥落，物價在表面上維持穩定，資金的需要減少，而遊資則找不到出路。一星期來據說上海銀錢行莊的存款增加五成到一倍，但由於利息的降低及物價前途的尚難預測，所以這批遊資決不會長期呆在銀行中，必然相機而動；另一方面，原來可以吸引遊資的證券市場又告停業，而新的遊資卻因政府不斷兌進金鈔而日益增加，他們的歸趨如何，是一個值得注意的問題。

〔註8〕　《遊資衝擊下的廣州經濟》（廣州通訊），《經濟評論》，1948年第4卷第3期，第11頁。

〔註9〕　季崇威：《幣制改革後的市場反應》，《新中華》，1948年第6卷第18期，第17頁。

利率的降低，在表面上雖未始不是好現象，它可以減輕工商業的成本，促進生產，但在目前物價僵持，一般商人存貨待沽之時，利息低同時也就是減輕囤積者的成本，間接又爲培養物價上漲的因素，政府如果再用人爲的方法來抑低利率，那就更多問題了。〔註 10〕

「以上海一地而論，爲兌換金銀外幣所出籠的金圓券，即已達三億七千二百四十餘萬元，占全國收兌額的百分之六十，再加上政府的各種支出，以及外來與原有遊資的積累，六億元金圓券以上的流通額，尙不算爲高估。」〔註 11〕

10 月 10 日夜 10 時一刻，財政部長王雲五自美國抵達上海。「申報記者與王氏論及通貨之發行問題，王財長謂此次匆匆趕回，處理遊資爲一重要原因，目前發行雖近十億，但其中三分之二乃爲收兌金銀外幣而發行者，其餘之發行數字，尙趕不上戰前之法幣總額。」〔註 12〕實際上，此時遊資現象已經相當嚴重。以上海爲例「最近上海資金外流之勢極爲洶湧，其去向主要可分爲三大方面：第一是向台灣方面湧集，據估計，這項總數至少已在法幣一百萬億元以上，折合金圓券，也達三、五千萬元。第二方面，即流向重慶昆明等內地，周來許多地方匯款匯率的巨大波動即因此而來。第三方面，則是資金的南流外逃，以匯款或現運等方式將資金移往華南的廣州、廈門、福州等地，再在當地套購黃金或外幣，逃往香港」。〔註 13〕再以福州爲例，13 日《金融日報》所載：「資金黑市雖籠罩福州，然而比此更嚴重者，莫如將黃金空運走私香港，黃金走私單幫，多爲有權力有背景，在機票難購下，若輩竟能應付裕如，即可爲以顯證。」〔註 14〕

三、政府的主要措施

遊資的出路究竟在哪裏，國民黨政府也曾考慮過：「據中央銀行劉副總裁攻芸今（十四日）晨語記者，幣制改革以後，政府利用四〔五〕種方法吸收遊資，（一）國營事業發售股票，（二）短期國庫券恢復發行，（三）加速處理

〔註 10〕 季崇威：《幣制改革後的市場反應》，《新中華》，1948 年第 6 卷第 18 期，第 17 頁。
〔註 11〕 王季深：《經濟管制面臨著考驗》，《天風》，1948 年第 6 卷第 16 期，第 6 頁。
〔註 12〕 《王財長抵滬發表談話》，《工商法規》，1948 年第 39 號，第 1224～1225 頁。
〔註 13〕 《一週瞭望》，《經濟週報》，1948 年第 7 卷第 11 期，第 3 頁。
〔註 14〕 《金融日報》，1948 年 10 月 13 日。

敵僞產業，（四）出售美援物資，（五）出售政府掌握物資，以上五種方法業已分別加緊辦理，短期國庫券，一俟財部核准後，即可發行。」〔註15〕當時國民黨政府採取的主要措施可概括爲以下幾點：

（一）鼓勵投資生產事業

蔣經國在9月3日下午召集各工業同業公會負責人談話會時指出：「至於遊資問題，政府將獎勵人民投資於生產事業。」〔註16〕「遊資之正當出路是引導其投諸生產事業，這是一般專家學者公認的法則。但目前尤以幣制改革以後的生產事業，正遭遇著不景氣與萎縮的時候，又如何能使之擴張呢？」〔註17〕

（二）出售國有營業股票

政府決定招商局，中紡公司，臺糖公司，臺紙公司，天津紙漿公司以資本額的百分之三十的股票，總額約值五億六千餘萬金圓，售予人民，由人民投資。這本來是一個引導遊資投入生產的好方法，可惜：1.由於公司資產的估價無人民代表參加。2.民營股權只占百分之三十，政府股權倒貼了百分之七十。公司的執行大權仍操之於政府，民股不過是供給資本的點綴者而已，因此使人缺少興趣。3.官股占得那麼多，政府的政策時常是不合理的，有時候常有徵用，徵購之舉，而所得的代價，往往不敷成本，因之也減少了人民的投資興趣。所以至今爲止，該項股票只出售到數百萬元，如果政府不將方法改善，人民投資興趣不夠。這個收縮通貨的方法，自會失效。〔註18〕國營事業股票於9月10日自上海發售後，「截至十月三十日止，合計售出金圓六百六十八萬二千五百圓。內中仍以中紡、台糖售出最多，津紙較次，計中紡股票售出三百四十六萬另五百圓，台糖股票售出二百七十八萬七千三百圓，台灣紙業售出三十七萬七千二百圓，招商局售出五萬三千五百圓，天津紙業售出四千圓。」〔註19〕所售金額僅及王雲五所談及「發售民營部分，爲金圓券五億六千四百萬元」的1.18%。

〔註15〕《政府加緊吸收遊資：劉攻芸表示遊資有五條出路》，《徵信新聞（上海）》1948年第822期。
〔註16〕上海檔案館藏：《召開各商業同業公會談話會由蔣匪經國報告有關物價問題》，檔號：Q6－2－21。
〔註17〕鄭廷君：《由幣制改革所引起的幾個問題及其解決辦法》，《廓清月刊》，1948年第1卷第10期，第20頁。
〔註18〕王公維：《急救金圓券的危症》，《輿論》，1948年第1卷第6期，第13頁。
〔註19〕《國營事業股票全國共售出六六八萬圓》，《銀行週報》，1948年第32卷第47期，第24頁。

（三）發行短期金圓庫券

自國營事業發售顯出銷路清淡後，國民黨當局即改寄希望於出售短期國庫券。短期國庫券原是政府以高利吸引市上游資作短期存款的性質，幣制改革前，短期國庫券多為國家行局間的買賣，實際發售於人民的極為有限。9 月23 日開始，短期金圓庫券在上海恢復發售。「券面計分五十元、一百元、五百元、一千元、五千元五種。月息一分五釐，一個月到期，另照券面折扣發行，以最近之 9.85 折計算，共合月息三分○五，因其期短易讓，周轉便利，因此營業鼎盛，一日間即售出 1972.88 萬元。24 日又售出 309 萬，共為 2280 餘萬元。」〔註 20〕

（四）拋售物資及敵偽產業以吸收遊資

儘量拋售物資及敵偽產業包括房屋等以收縮通貨，吸收遊資。《整理財政及加強管制經濟辦法》第五條規定：「剩餘物資及接收敵偽物資產業，應儘量加速出售，以裕國庫。」對於政府拋售物資的做法，王嵐僧對於此點說得更透徹。他說：「這幾個月來紗管會為了拋售花紗布的事情經常與中央銀行磋商，本人覺得如果政府自己花本錢買了物資再來拋售，是否能達到收縮通貨，穩定物價的目的很成問題，除非這些物資都靠人家贈送，一批批連續不斷，才有效果。今年紗管會收購了五十萬擔棉花，如照每擔二億元的價格出售，可收回一百萬億元通貨，而自己本錢不過十五到二十萬億元，表面上多收回了八十萬億鈔票，可是拋完了棉花，並不能消除通貨膨脹，如果拿這批錢再去購棉，就只能買到三十萬擔或二十萬擔了。假使政府物資都拋光，可能造成更大的通貨膨脹。所以拿拋售物資來抽緊銀根，平抑物價，短期的效力是有的，但為時甚暫，不能長久維持，決不能根本解決問題。」〔註 21〕

雖然拋售物資政策能起到一時的作用，但是隨著政府手中掌握物資的減少，「而若干豪門和投機的鉅賈卻借了這種方便，奇貨可居，儼然取拋售時政府的地位而代之」，這裡面出來了滑稽的一幕，國民政府採取的拋售物資的政策反而被一些投機鉅賈和豪門所利用，政府低價拋售他們趁機吸取，等政府手中的物資缺的時候，他們興風作浪，物價飛躍直上。

實際上，政府花錢購買來得物資再拋售給市場，只是一種過手，從整個經濟社會來看，對吸收遊資並沒有什麼實效。「因為社會生產品總量上並未因

〔註 20〕《三項辦法吸收遊資》，《徵信新聞》，1948 年 9 月 25 日，第 3 版。
〔註 21〕張子敬：《物價問題與幣制問題》，《風雲》，1948 年第 2 期，第 5 頁。

拋售而有變化，社會總生產額既未增加，社會遊資如何能被吸收？所以拋售物資吸收遊資，在極短的期間或許有抑平物價的作用，但在根本上，從長期來看，這不過是給人一種幻象。」〔註22〕

（五）制定限制遊資流動辦法

改革幣制前，爲了防止遊資的過度集中與資金逃避現象，政府對於東北遊資的入關，華北遊資的流滬，以及本市資金的南流，在購兌與運現方面，均曾頗爲嚴格的限制，無疑地這是適應於經濟特殊情況下的權宜措施。因此這次經濟改革方案即規定抑低匯率，開放匯兌，達到活潑金融的目的。日前除東北匯款仍受限制外，其他各地匯款與運現的限制，業經財政部明令取消，匯率亦由中央銀行較前壓低十倍到二十倍，並且限令各商業行莊不得違反抑低匯率的原則，任意提高匯率。〔註23〕

10月24日前後，各地遊資紛紛匯入台灣，足以妨害台省金融之安定，台省當局特訂限製辦法如次：（1）軍政公款有公文證明者，不予限制，（2）國營省營或國省合營之事業機關匯款，除經核准者外，每戶最多以五千金圓爲限，（3）外地商民匯款台地購物，每戶不得超過二千金圓（必需有營業執照，並參加同業公會者），（4）旅客赴台每人限匯一千圓，（5）南京之商民匯款，則暫不承匯，（6）京滬以外各地只辦理軍工匯款及旅客匯款，（7）省外各地匯台匯款，除軍政公款外，其匯率改按百分之五計收費。〔註24〕

此外，政府當局爲了應付遊資的衝擊，還不斷地採取各式各樣的措施，如：「（1）爲解決地方財政，減輕國庫負擔，在各地普遍吸到遊資，將准各省發行省公債，由各省府自行籌劃設計，將所作計劃送呈中央核定。（2）由中央銀行會同行政院物資供應局加緊出售剩餘物資，把留存已久的剩餘物資來吸收一般人民口袋裏的通貨。（3）加緊處理敵僞產業。……（4）發售鑽寶獎券想利用人們僥倖的心理來吸收遊資。（5）提倡勤儉節約運動，要人們更加束緊褲帶，爲政府努力加緊生產。」〔註25〕

〔註22〕　《社評：論遊資的處理》，《新聞報》，1948年9月9日，第2版。

〔註23〕　《從遊資的流動說到經濟管制》，《經濟評論》，1948年第3卷第24期，第1頁。

〔註24〕　《經濟大事日誌》，《經濟評論》，1948年第4卷第4期，第17頁。

〔註25〕　《一週瞭望》，《經濟週報》，1948年第7卷第13期，第3頁。

四、遊資疏導的失敗

雖然國民黨政府爲遊資出路想了不少辦法，但由於國民黨當局一向的債信低落，效果並不理想。由於遊資得不到很好的疏導，很多地方出現了物價競購現象和金鈔黑市復活等現象。

（一）物資搶購

自九月下旬，廣州便出現了大規模的物資搜購和港匯的套買。影響所及，物價暴騰和港彙報縮；而後者復再度刺激物資及外匯的競購，演出今日紊亂的局面。」「在九月下旬，傳有江浙幫與華南走私巨擘合組之宏大規模地下貿易公司，在九月廿五日至廿八日間，在穗市外圍委託三四十個經紀人，有計劃的套購出口物資。據說有桐油三百五十桶，錫七百擔，茶油二百五十擔，菜油三百擔，茴油數十桶，總值五十餘萬金圓券。隨後，另一方面在廣州拋售少數桐油以抑漲勢，顯然是大戶搜購手法，及至十月四日，此項套購方式已嫌落後，遂以搶購姿態出現，某大戶是日力進粗細紗三千餘包，共值二百五十萬以上，使廿支金城新貨從八四〇元升至八八〇元；次日，復進七八千包，廿支金城從八八〇飛升至一〇八〇元，後市竟做一一五〇元。據業中人估計，該戶進貨約值七百五十萬元，光是本市紗業鉅子永德行當日售出二千四百餘包，存底全部出清。可見搶購規模之大和手段之辣。十月七日，香港傳來申單跌入一元大關，搶購風潮全面展開。八日廣州行市混亂已達極點，大鵬細布逼五十關口，月牌燒碱喊至六百八，棉花糖做四十四，土生油出二十九，齊眉米破三十關，是日香港申匯再行報低，搶購遂蔓延全市。雙十過後，搶風繼續擴大，一般日用消費品零售商被搶購一空，同時以港幣機制的現象重現，十二日桐油有人以港幣喊售，十五日各物創「改幣」以來新高峰，西藥紙煙狂漲，米、豆、紗布、糖、油及肉類絕跡市場，紛紛向四鄉逃避。穗經濟督導處經檢委員會議決，自十六日開始，實行禁止糧食（稻米豆糧）及棉花、棉紗、棉布食油食糧等物資外運，其中糧食一項，絕對不能外運食油在二市斤以下，糖一市斤以下，布疋裁成衣服者或另有特殊情形領有許可證者不在此限，同時每人配米增至二十一斤，門售每人限購五斤，然而已阻不了漲風，限價肉類已在市內絕跡，黑市轉移陣地至郊外沙河、芳村、黃埔及三元里等地。」〔註26〕

〔註26〕 《遊資衝擊下的廣州經濟》（廣州通訊），《經濟評論》，1948 年第 4 卷第 3 期，第 11～12 頁。

「全國各地，在政府所控制的區域內，沒有一處不衝破『八一九』的限價，沒有一處沒有搶購風潮，甚至還發生搶米、搶麵粉和搶奪其他日用物品的風潮。超過限價二、三倍的商品和地點，據報章所載，已不在少數；各地商店多半十室九空甚至十室十空，形成『欲購無物』的狀態。稻米、麵粉、食油、食糖、布疋、絨線、橡膠、西藥以至日用百貨，普遍地缺乏或買不到。不僅魚肉雞鴨不容易買到，甚至根本買不到，就是普通的蔬菜也很難買到，而且價錢也不斷高漲。原料缺乏，燃料不足，食糧恐慌，商品奇少，出口呆滯，已成了全國普遍的現象。到處停工減產，到處禁運出境，到處有半罷市或半停業的狀態存在。而另一方面，卻有大量的遊資沒有出路，到處亂奔，下鄉南流，如瘋如狂。人心皇皇，不可終日。娛樂場所，天天客滿。人民心理，勤於消費和浪費，懶於生產和營業。這就是這次幣制改革以後所行的經濟管制和限價政策的成績。這種情形，不僅各地如此，就是這號稱限價模範的上海也是一樣。而上海的搶購風潮還有領導全國的作用，而其規模之大和持續之久恐怕也要算全國第一。從本月初起，人山人海，排隊購貨，直到今天還沒有停止。」〔註27〕

（二）金鈔外匯黑市復活

以廣州、廈門爲例，「在九月下旬，香港已出現了許多生客搜購僑匯及美鈔，需求漸增，刺激了穗市及四邑等地的搜購工作。及至十月上旬，傳聞有某大戶利用有經驗的銀行職員與銀鋪伙計，在三埠、台山、江門、赤坎、單哲等地，以黑市價格搜購僑匯，聞在一週內搜去僑匯達二百七十萬美元之多，本市黑市遂死灰復燃。港紙黑市月初尚在七角六分，七日已破九角，十四日一度迫近四倍：恰赤亦因兩湖幫搜購甚烈，是日喊價竟達六百八，聞每日經粵漢路北上達千餘兩。」另一方面，「香港省單逐日報跌，10月1日尚站 1.3025 元，未及旬日已入一元關，十四日更陷入半元關，群情大震。聞自十五日起，駐港國行猛進省單。十五日行即呈一波三折，終市盤升，十六日更進提二成至六角收市。其後反覆搏鬥，行市糾纏於五角間。同時，穗金管局進行搜捕黑市交易，七日在十三行附近荳欄上街，破獲富琴行黑市機構，檢獲八千元。其後亦有所破獲，惟規模皆屬甚小的機構。十五日起，經管當局頒佈密告黑市買賣者，獎金提高至沒收金額百分

〔註27〕　《論當前的經管情形》，《觀察》，1948 年第 5 卷第 10 期，第 1〜2 頁。

之四十，期進一步消滅黑市交易。」﹝註 28﹞「本月一日起，廈門地下錢莊的貿易，又再復活。」﹝註 29﹞

在疏導遊資方面，政府口口聲聲說要疏導遊資，而事實上適得其反。幣制改革以來，遊資大量增加。其主要來源（自然尚有其他次要來源）不能不歸諸因收兌金銀外幣而發行的通貨。截止 9 月底止，此項發行增加額約爲 6 億元。而限價政策使生產萎縮，則遊資自難與生產事業發生關聯。這樣，政府一方面因收兌金銀外幣及國庫開支放出巨大的籌碼；另一方面一般工商業因出售貨物後不能立刻補進必需原料及同樣製品。手頭所積存的現款也就積於市場。政府只注重金銀外幣之可貴，而不知大量增加遊資之可畏。政府只注重限價之必須貫徹到底，而不知在硬性限價下，遊資更無出路，更無法加以疏導。﹝註 30﹞

由於遊資的出路問題沒有很好的解決，幣制改革後，法幣回籠之功效尚未顯見，而大批新金圓券反先湧入於市場，由於限期收兌人民所有金鈔銀幣辦法的實行，過去作爲人民儲藏購買力之工具而呆置不用的黃金、白銀、美鈔、銀元、大批的兌成金圓券，爲市場平添了許多作祟的遊資。反之，過去足以吸收或凍結遊資的金鈔和股票，則因金鈔的禁止持有，和證券交易所的停業，而宣告「此路不通」，而金圓券和國營事業股票的發行，又未能及時行動，相互配合。因此，在遊資走頭無路之時，祇有轉入地下商品市場。﹝註 31﹞

由於收兌金鈔造成大量遊資的泛濫，在金圓幣信尚未鞏固，一般人民重物輕幣心理尚未徹底清除之際，造成了這次搶購風潮。物資來源因限價關係而中斷，生產機械更因原料上漲，成品限價，無法繼續生產。因此造成目前物資普遍恐慌，以及黑市潛伏的現象，一般人民日常生活遭受莫大的威脅。﹝註 32﹞

﹝註 28﹞《遊資衝擊下的廣州經濟》（廣州通訊），《經濟評論》，1948 年第 4 卷第 3 期，第 11 頁。

﹝註 29﹞《黑市復活有原因》（廈門），《徵信新聞》，1948 年 9 月 9 日，第 3 版。

﹝註 30﹞《百孔千瘡的物價管制》，《觀察》，1948 年第 5 卷第 10 期，第 6 頁。

﹝註 31﹞齊植璐：《幣制改革後的經濟課題》，《中國評論》，1948 年第 10 期，第 5 頁。

﹝註 32﹞《經濟管制中的配合問題》，《銀行週報》，1948 年第 32 卷第 46 期，第 5 頁。

第二節　生產問題及挽救

一、幣改後生產事業現狀

自從財政部緊急處分令之後，生產發生了很大問題。「今天經濟上最大的一個問題……就是一個生產問題。」〔註33〕「目前工業界，已面臨絕大之危機，其所遭遇之困難，亦無有逾於今日者。」〔註34〕其突出表現為大量工廠的減工減產。雖然蔣經國於 9 月 13 日召集上海工業界人士談話時「宣佈在現行限價政策下，工廠不准減產停閉，違者政府決予接管」〔註35〕。9 月 24 日，蔣經國日記又記載：「十時，在中央銀行召集工業界的幹部談話，發現一種嚴重的問題，就是許多工廠，因為限價而缺原料，因缺原料而減工。此種現象，實有急需糾正之必要。」〔註36〕但實際上，減工減產甚至停閉的現象非常明顯。「主要工業如紡織業、麵粉業、橡膠業、鋼鐵業等，無不發生減工現象。」〔註37〕「再由上海電力用電統計來看，大小工業用電度數均已減縮，所用電力減少，自即表示生產減少。」〔註38〕根據上海電力公司之售電量統計，「工業用電八月份較七月劇減二百萬度，九月份又比八月減低三分之一。」〔註39〕「停開夜班或局部減工的工廠，尤其普遍。如橡膠製品廠其成本與限價相距達半倍，又不能買進生橡膠，生產減至過去的一半；毛紡織廠因為羊毛缺乏，開工不足五成；染織廠，針織廠及大部分棉紗製造工業也全因為棉紗購入困難，所存原料僅夠數日之用；永安紡織廠公司第一廠因為原料用完，已在九月初旬停工。」〔註40〕據上海區棉紡織業公會的資料，上海市內二十九家紗廠中，最近減工者已有下列九家：

〔註33〕《社評：經濟管制的現階段》，《新聞報》，1948 年 10 月 6 日，第 2 版。
〔註34〕柏蒼：《幣制改革的翻案》，《展望》，1948 年第 3 卷第 3 期，第 5 頁。
〔註35〕《論物價的局部管制》，《觀察》，1948 年第 5 卷第 6 期，第 6 頁。
〔註36〕曾景忠、梁之彥：《蔣經國自述》，團結出版社，2007 年版，第 147 頁。
〔註37〕《從物質供需來看現行經濟管制辦法》，《經濟評論》，1948 年第 4 卷第 1 期，第 5 頁。
〔註38〕《上海工業生產萎縮》，《周論》，1948 年第 2 卷第 11 期，第 13 頁。
〔註39〕《從物質供需來看現行經濟管制辦法》，《經濟評論》，1948 年第 4 卷第 1 期，第 4 頁。
〔註40〕《上海工業生產萎縮》，《周論》，1948 年第 2 卷第 11 期，第 13 頁。

表 5－2：上海區 9 家紗廠減工情況表

紗廠名	原開紗錠數（枚）	現開紗錠數（枚）
統益紗廠	63,814	54,200
恒通紗廠	20,476	19,732
新裕一廠	33,088	26,108
新裕二廠	84,230	34,320
保豐紗廠	20,580	19,478
昌興紗廠	20,360	17,160
啓新紗廠	30,000	27,000
恒昌紗廠	1,040	416
更新紗廠	576	448

蘇州杭州南京等地十九家紗廠中，已有十一家減工，其減工情形如下：

表 5－3：蘇州杭州南京等地 11 家紗廠減工情況表

紗廠名	原開紗錠數（枚）	現開紗錠數（枚）
申新三廠	100,000	70,000
杭州第一廠	16,944	14,300
慶豐紗廠	53,908	47,908
麗新紗廠	33,400	29,820
泰山紗廠	3,740	2,060
源康第三廠	8,216	6,210
寧波長豐廠	3,264	2,400
利用紗廠	17,392	14,000
杭江紗廠	5,880	5,040
永明紗廠	3,300	2,000
天元公司	10,000	6,000
合　計	341,506	285,205

這是紗廠棉紗的情形。再看看棉織，也有減工的現象。據上海區棉紡織業公會的消息，該會所屬會員廠商有布機設備者，其減工者已有七家：

表5-4：上海區 7 家棉織廠減工情況表

	原開布機數（臺）	現開布機數
統益	304	284
合豐	161	151
申新一	871	695
新裕二	350	300
昌興	280	274
杭州第二	247	200
麗新	680	600

其次，上海區毛紡織工業，也由於原料的缺乏，生產也在減低中，開工不及三分之二〔註41〕。據上海區毛紡織工業所屬會員廠的統計，各廠設備中有很多未能充分使用：

表5-5：上海區毛紡織廠開工情況表

	原開錠數	現開錠數	開工率%
精紡錠	61,772	31,064	50.29
絨線錠	14,036	8,271	58.93
粗紡環錠	6,756	6,417	94.98
粗紡走錠	16,266	14,976	92.07
織機	1,627	973	59.80

資料來源：張西超：《金圓券問世一月》，《遠風》，1948 年第 2 卷第 6 期，第 10～11
　　　　　頁；張作周：《金圓問世後的棉紡織業》，《工商天地》，1948 年第 3 卷 9
　　　　　期，第 8～9 頁。

〔註41〕 《毛紡原料缺乏影響生產，開工不及三分之二》，《工商法規》，1948 年第 30
　　　　號，第 1019 頁。

就染料而言，目前次等士林布染料及硫化元尚稱豐富，其他如納夫妥等其他染料及燒鹼等化學原料皆缺，故近來印染廠減工已成普遍現象。

最慘的恐怕還要算絲織業。據四區絲織業公會的秘書張守愚告訴「現經社」記者說：「該會所屬會員廠商三百二十幾家中，目前開工的還不到八十家，停工的原因主要是原料的缺乏。」〔註42〕

以上就日用必需品加以說明，其他工業，莫不因原料缺乏而陷入停工減工，比如煉鋼業，以最大的上海鋼鐵公司為例，每月生產量為煉鋼1500百噸，但因廢鐵生鐵的來源無着及燃料的缺乏，實際生產量是每月 400 噸，原先擬向中央銀行購買太平洋美軍剩餘物資的廢鋼鐵，但派人視察之後，以其鏽壞不堪，不能利用而作罷。實際上，工業生產的萎縮並不是從幣制改革以後才開始的，法幣通貨膨脹過程本身就是生產毀滅的過程，不過，「自幣制改革之後，政府為穩定金圓券的價值，採取許多新措施，這些措施使得生產遭受到更大的打擊。有些工業部門如紡織業，幣制改革以前雖然也在減工停產中過日子，但比較起來尚能勉強維持，現在連這種勉強維持的小康局面也都不復存在。……過去工業是在苦難中生存，現則幾乎等待著毀滅。」〔註43〕

那麼，究竟幣制改革的哪些新措施導致上述那麼多的工廠減工減產呢？

（1）物價管制使得工商業者生產不敷成本

以生產成本而論，在幣制改革以前，因為社會購買力低落，就紡織業來說，棉花漲得比紗快，紗漲得比布更快，如果染成花布的話，染料漲得更是驚人，而買進原料須付現款，賣出成品，至少三天到一星期的期票，而在這三天到一星期之間，物價已上漲了四五成，故收進貨款時已經等於打了大折扣，但是那時雖然物價上漲逼得工廠難以生產，卻也因為物價上漲而可勉強維持，因為暗息雖然高，還高不過物價上漲的速度，工廠可以事先借錢囤積原料，由此可以抵消一部分原料上漲過速的困難，其次，成品上漲的速度雖然較原料為慢，但是生活指數的調整，速度是落在物價的後面的，無形中便是降低員工的實質工資以支持工廠的生產，工業生產便是在這種條件之下勉強支持。幣制改革之後，這些勉強能夠支持工廠生產的條件也因此消失，因為物價已按8月19日限價凍結，製成品售價超過限

〔註42〕 張西超：《金圓券問世一月》，《遠風》，1948 年第 2 卷第 6 期，第 11 頁。
〔註43〕 張峻德：《幣改後工業的趨向》，《工商天地》，1948 年第 3 卷第 9 期，第 11 頁。

價，工廠無法可以獲得其他足以補償的辦法，賣出成品即無法買進原料繼續再生產，所謂工業家的利潤那更是談不上了。以棉織業為例，就 8 月 19 日限價計算，國棉製二十支紗每件成本已達 882.6 元。具體如下：棉花限價每市擔 152 元，二十支紗每件所需棉花成本即達 630 元，紗管會 8 月份代紡工繳折合金圓券為 250.6 元，兩者合計即達 882.6 元。而美棉製二十支紗的成本則為 768 元。按照包敬第的推斷，二十支紗每件的合理售價應在 950 元以上，但二十支紗的限價卻是 707 元〔註 44〕；絨線的成本，根據社會局長吳開先的談話，根據成本計算，價錢要照限價提高 50% 才夠，其他各項工業產品，雖然還沒有成本計算在報上公佈，但是成本超過限價已成普遍事實。〔註 45〕這些事實意味著生產廠家只要按限價賣出產品便要賠錢，為了少賠錢，生產廠家則只能減工減產了。

（2）幣制改革政策使生產原料來源更加困難

當時生產原料來源困難的消息報章雜誌登載不少：「目前工業界最大的困難是成品銷售後，原料無法補進，再生產難以維持。」〔註 46〕「上海工業原料的缺乏，已經形成一個相當嚴重的問題。據工業界人士談，有許多工廠因為原料缺乏，全部的生產能力，僅能開工十分之一，其餘十分之九是閑置着。這不但是工廠本身的一大損失，而且是整個經濟結構中的一個嚴重問題。」〔註 47〕「各廠普遍缺乏原料，存底最豐者，祇只能維持本月底，月底以後，即無以為繼。橡膠業最為嚴重，九十餘家，已停二十餘家。中紡公司每週亦減工兩日。」〔註 48〕

以棉花而論，10 月初，「上海存棉只有 27 萬餘擔，充其量只夠一個月的使用，如單以紗廠存棉情形來說，紡建公司所存棉花也只夠半個多月的用途，民營廠所存原棉多則十餘天，少則五天至一星期，最近第一次配到美援棉花，領到之後，只夠十天之用，此還就一般情形而言，至於纖維長的紡細紗的棉花更加缺乏，許多紗廠紡細紗的錠子早已停掉了。」據俞鴻鈞在中央紀念周

〔註 44〕　包敬第：《新經濟管制與紡織業》，《紡織建設》，1948 年第 1 卷第 11 期，第 4 頁。
〔註 45〕　張峻德：《幣改後工業的趨向》，《工商天地》，1948 年第 3 卷第 9 期，第 11 頁。
〔註 46〕　《關於工業原料的供應問題》，《現代經濟通訊》，1948 年第 254 號，第 7 頁。
〔註 47〕　《工業原料的供應問題》，《銀行週報》，1948 年第 32 卷第 44 期，第 2 頁。
〔註 48〕　柏蒼：《幣制改革的翻案》，《展望》，1948 年第 3 卷第 3 期，第 5 頁。

報告，「估計本年七月起至明年三月止，原棉不敷約九十至九十五萬包，美援項下的美棉只有三十六萬包，尚缺六十萬包。」〔註49〕以棉紗而論，「內衣業公會會員廠存貨登記，棉紗存量合計一萬零九百件，全部會員廠共二百三十一家，其中存紗夠一月之用者只三十六家，大多數只夠一星期或半月之用，以每家存紗量而言，存紗達一百件以上者只有三十家，最少者只兩三件而已，機器染織業登記之棉紗為三萬零六百餘件，而該業每月零用之棉紗為五萬件，以上還是普遍的說明，以所需棉紗原料的支數而言，機器染織業所需棉紗，廿支以下至六支占用量的 6.8%，廿支紗占 54.2%，39.0%為廿支以上至八十四支的細紗，這些細紗特別感到缺乏，許多需用細紗的織機已被迫停工，內衣業也有很大一部分使用細紗的無法生產，尤其是手帕業所遭遇的困難更大，因為該業所用棉紗 73.7%為四十二支紗，19.3%為六十支及六十支雙股，所用的紗全是細紗，所以原料困難也更超過其他各業。」〔註50〕以麵粉而論，「上海福新，阜豐、裕通，鴻豐、建成、申大、協豐等九麵粉廠所存小麥共只六十一萬三千六百餘擔，但每月所需用小麥數量卻為一百六十七萬餘擔，尚不足半月之需。」〔註51〕

生產原料困難是幣制改革前即已存在的。但使得生產原料更加困難的癥結，在於國外原料進價的提高和國內原來來源的減少。而這兩者皆同幣制改革政策有關。

先看看國外原料來源。在改革幣制前夕，法定匯率為每一美元折合法幣為 47.4 萬元，再加結匯證明書市價 700 百萬元左右，每一美元合法幣 747.4 萬元，幣制改革後依新匯率折合，每一美元合金圓四圓，相當於法幣 1200 百萬元。匯率改變以後，工業原料的輸入成本，較前增加（1200－747.4）÷747.4×100％＝60.6%，再加上海關進口稅加徵戡亂時期附加稅 40%，導致國外原料成本顯著增高。這是由於幣制改革中不合理的匯率，給予工業生產以嚴重的影響。此外，政府對於輸入貿易管制，不特未見放鬆，反更變本加厲，所以若干依賴國外原料維持生產的廠商，也感到原料來源空前短少。「原料方面，勝利以來

〔註49〕 張峻德：《幣改後工業的趨向》，《工商天地》，1948 年第 3 卷第 9 期，第 12 頁。

〔註50〕 張峻德：《幣改後工業的趨向》，《工商天地》，1948 年第 3 卷第 9 期，第 12 頁。

〔註51〕 張峻德：《幣改後工業的趨向》，《工商天地》，1948 年第 3 卷第 9 期，第 12 頁。

近乎百分之七十的原料由外國輸入」〔註52〕，但按照《整理財政及加強管制經濟辦法》規定，以國外原料來源而言，曾指定若干類貨品准許商人申請輸入，但當時輸管會通過的第七季輸入限額，即規定須照第五、六兩季的輸入限額平均標準，至少核減四分之一，故實際上國外原料的輸入數量，遠較以往更爲減少。以橡膠業爲例，「關於原料方面，該業百分之八十以上的原料需要輸入。日結匯證明書買賣辦法廢止後，原料進口幾乎完全停止，生產無法進行。該聯合會請求政府對於橡膠原料問題應設法予以解決。」〔註53〕

　　至於國內原料來源的減少，主要是由於政府的物價管制措施。「幣制改革後各地實行經濟管制的結果，有許多地方政府對於境內出產的工業原料品禁止出境，以致各地物資的供求失調，形成工業地區原料的缺乏。」〔註54〕以棉織業爲例，幣制改革以後，行政院爲穩定國內紗布價格防止紗布私運出口，頒佈了《限制紗布南運暫行管理辦法》：「規定凡紗布非經輸出入管理委員會許可，不得出口，華南各地對紗布有正當需要由上海請運至廣東、福建各口岸者，得由上海及華南各地製造廠商向輸出入管理委員會申請核配，經審核獲准發給出口許可證，報由指定之海關轉運。」9月9日，上海經管當局又公佈《上海區禁止物資攜運出境檢查辦法》，「規定食糧、食糖、食油、棉花、棉紗、棉布（包括各種本色棉布、各種漂白染色及印花棉布）煤炭、紙張、皂鹼、皮革、人造絲、橡膠等物資，除非正當商業需要，經由上海區物資調節委員會特許或旅客隨身攜帶者外，一律禁止運輸出境，每一旅客攜帶棉布，則以三疋爲限。最近以此項限制，反而鼓勵單幫，又改爲每一旅客攜帶數量以不滿整疋者爲限，限製辦法格外嚴厲。惟正當商業需要必須運輸出境的，因出境物資申請攜運許可辦法迄未正式公佈，自九月九日以來也完全在被禁之列。」〔註55〕實際上，「本（上海）市的工業產品係供全國需要，棉織業所產的布匹，除在上海市售予各棉布商號轉銷外，各廠向在各地自設分銷處，以一部分產品自行外運，分別銷售，或由各地商號向各廠直接採辦。去年 5 月至 12 月經由染織業公會給證外運棉布共 3,162,131 疋，平均每月約 395,254

〔註52〕 王文瑋：《經濟政策與物價》，《銀行週報》，1948 年第 32 卷第 47 期，第 18 頁。
〔註53〕 《橡膠業呈文行政院，要求解決原料困難》，《現代經濟通訊》，1948 年第 254 號，第 4 頁。
〔註54〕 《工業原料的供應問題》，《銀行週報》，1948 年第 32 卷第 44 期，第 3 頁。
〔註55〕 余益三：《如何扶植棉織業》，《工商天地》，1948 年第 3 卷第 9 期，第 6 頁。

疋，運往廣東福建兩省的棉布以及由布商轉運的尚未計入。現在布疋外運，已被完全禁止，即已裝車待運者亦悉數被檢查機關扣留，一律不許外運。各轉運商號，亦以外運困難，停止或減少進貨，於是各工廠深感銷路阻滯，周轉困難，再生產不易圓滑進行。而在外埠各地，亦難免因本市禁止物資攜運出境關係，供應量頓見減少，價格難免上漲，當地限價工作之執行固有困難，且將轉而影響本市限價工作之不易徹底執行。」〔註56〕「原料棉紗的另一困難則爲外運的嚴格限制，本市複製工業，有在外埠設立分廠的，亦有在郊區設廠的，其所需原料則取給於本市，九月九日起因禁止物資攜運出境，即原已裝車的，亦多被檢查站扣留，由市區運達郊區，亦所不許。外縣的複製業，其所需原料亦大部取給於本市，所感困難，尤爲嚴重。前一時期規定棉紗一項每人可攜帶四小包，外縣複製業所需原料間有賴單幫接濟的，最近又有進一步查禁之說，則少量原料的攜運，今後也將發生困難。」〔註57〕

生產原料減少的還表現在政府配售政策的不合理。還是以上海棉紗業爲例。上海市經濟管制督導辦公室配售的棉紗不但數量有限，難以滿足需求，而且所配種類與實際需要情形不一致。「棉織業所需要的棉紗，紡建公司本定期配售，八一九以前，亦可向市場自由搜購。現在紡建公司的配售工作，雖然依舊辦理，有時也代政府機關標售棉紗，但配售量極爲有限，遠不敷複製業的實際需要，而且所配種類，與需要情形不相一致。最近民營紗廠亦自動舉辦聯合配紗，自九月四日起至九月底止先後已配出十一期，每期所配均爲二十支棉紗，爲量亦極有限，例如每期配出一千件，由各複製業自動協議，照規定比率分配，其中配予機器染織工業的，每期僅有 560 餘件。按染織業有會員工廠 500 餘家，有織布機 21,266 台，染整機 1,175 部，染紗絲光車、木紗車、臘光車 560 部，根據本年四五六三個月之統計，每月生產本色棉布 2,564,579.75 疋，漂染印花及各種色布 4,688,281 疋，尚有絲光染色棉紗、木紗團、臘光線及花線等。同一時期實際消耗棉紗 90,990 件，平均每月需用三萬零三十三件，而四、五、六三個月爲營業清淡時期，各廠都在減工狀態之中，如以旺月計算，需要棉紗尚不止三萬件。紡建公司配售紗布規定每台織布機每月最多配紗 0.7 件，充其量配得之紗約占實際需要量的 39%，如以紡建實際配出與民營紗廠配售之棉紗合

〔註56〕余益三：《如何扶植棉織業》，《工商天地》，1948 年第 3 卷第 9 期，第 6 頁。
〔註57〕余益三：《如何扶植棉織業》，《工商天地》，1948 年第 3 卷第 9 期，第 5～6 頁。

計，最多只能供應需要量 50％左右。」「又棉紗複製工業需用之原料棉紗，
因出品不同，所需支數亦有差別，如染織業需用二十支以下至六支，僅占
用量 6.83％，二十支則爲 54.18％，二十支以上至八十四支爲 38.99％，針
織業用紗四十二支雙股占 44.03％，其次爲三十二支雙股占 16.12％。內衣
業冬季用品需要二十支原料占 35％，六支占 30％，三十二支占 15％；夏季
用品需要三十二支原料占 70％，六十支占 10％。毛巾業需要二十支占 39
％，十六支 34.50％，三十二支 13.68％。手帕業需要四十支占 73.74％。四
十二支雙股 19.26％，餘爲六十支暨六十支雙股。駝絨業需要二十支占 65
％，十六支 25％，三十二支 10％。織帶業需要四十二支雙股 70％，二十支
29.5％，毛紡業需要二十支 25％，四十二支 15％，三十二支雙股 12.9％，
十支、六十支暨八十支各占 8.30％。手工棉織業需要二十支 55％，四十支、
四十二支雙股各 15％，三十二支 10％。紡線業需要二十支 40％，三十二支、
四十支各 30％。篷帆業需要十支占 14.55％。三十二支占 14.09％，四十支
占 12.29％，十支占 8.84％，十六支占 6.27％，三十二支雙股占 2.54％，其
餘爲各種支別。現在民營紗廠聯合配售的既完全爲二十支棉紗，手帕業領
到此項配紗，不僅數量少，且完全不合實用，必須在市場設法掉換適用棉
紗，其他複製業亦有同樣困難。紡建公司配售的，雖有各種支別，但配售
量亦同樣不敷需要，例如毛巾業每月只能向紡建公司配得約占實際需要量
40％左右的原料，其餘必須向市場設法搜購。現在棉紗是有限價的，因爲
限價遠落於成本之後，執貨者不願大量拋出，黑市交易又在禁止之列，向
市場搜購原料業就困難重重，以至不得不局部的停工減產。」〔註 58〕

（3）動力不足

　　除了原料來源困難以外，便是燃料困難。「上海的煤荒現在是愈演愈嚴
重，其所給予工業的打擊，嚴重性是不亞於原料的缺乏的。」〔註 59〕「就動
力方面而言，主要的煤斤產區已不能控制，煤的來源，早已成了問題，而今
日卻更趨嚴重，由此主要成本的漲價和缺乏，產量自然不足，供求關係不平
衡，供少求多，物價是一定上漲。」〔註 60〕「煤的來源因北寧路的無法利用，

〔註58〕 余益三：《如何扶植棉織業》，《工商天地》，1948 年第 3 卷第 9 期，第 5 頁。
〔註59〕 張沅浦：《上海的煤荒與工業》，《紡織周刊》，1948 年第 10 卷第 4 期，第 4
　　　　頁。
〔註60〕 王文瑋：《經濟政策與物價》，《銀行週報》，1948 年第 32 卷第 47 期，第 18
　　　　頁。

開灤煤來源已形困難，去年每月燃管會到煤達十八萬噸至廿萬噸，今年則每月只七八萬噸至十萬噸而已，本月一日至八日共只一萬噸，如何供給上海的需要，而煤商則因上海煤價過低，不願大量運銷。」〔註 61〕至於柴油汽油，則更加困難。柴油的配售限額，現在已減至實際需要量 5%，市面上根本買不到。燃煤的配售量，則更加日減。所以從九月份開始，上海市很多廠商已因原料燃料困難成本激增等因素而減產停工者。〔註 62〕「各輪船業所擁有的輪船已因柴油供應不足已有百分之四十停航或減班，這些輪船每月所需油量，重質柴油一萬四千噸，輕質柴油四千噸，中質柴油一千噸，八月份尚配到八成，九月份只拿到六成，十月份尚不知道，上海鋼鐵公司每月需煤一千噸，燃管會只給一百五十噸，需用柴油六百噸，油配處只配給二百噸。」〔註 63〕橡膠業也因爲汽油缺乏而部分減工日。9 月 25 日橡膠工業全國聯合會呈文行政院申述困難處境，其中關於燃料問題，「自從九月十日起汽油市價增加百分之二百五十以後，生產成本大爲提高，其次，關於原料方面，該業百分之八十以上的原料需要輸入，自結匯證明書買賣辦法廢止後，原料進口幾乎完全停止，生產無法進行。」〔註 64〕

（4）捐稅的繁重也成為工商業的嚴重負擔

幣制改革以後，政府爲平衡預算，大大增加稅收，使得此一問題愈形嚴重，關稅提高五六倍，附加戡建費 40%，這不但民營廠商感到進口困難，就是國營廠商也感到難以爲繼。以紡織業爲例，國營紡織品外銷委員會所經營的紗布外銷，調換印棉進口也達到無法進行的地步，據該會稱，以廿支紗一件出口再購買印棉進口，除去關稅和附加的戡建費，可以換得的印棉淨計只有 583 磅，但是美援棉花易紗的比率是一件廿支紗換美棉 599 磅。10 月 1 日，煙酒稅一次調整到超過原稅的 9 倍到 10 倍，雖然廠商可以提高售價把他轉嫁給消費者，但在當時消費力日減的情勢下，對於廠商的打擊仍然是很大的，雖然政府當局因爲貨物稅提高對物價刺激太大，有不再加稅的表示，但是已

〔註61〕 張峻德：《幣改後工業的趨向》，《工商天地》，1948 年第 3 卷第 9 期，第 12 頁。

〔註62〕 李之葦：《幣制改革以後》，《中國建設》，1948 年第 7 卷第 1 期，第 26 頁。

〔註63〕 張峻德：《幣改後工業的趨向》，《工商天地》，1948 年第 3 卷第 9 期，第 12 頁。

〔註64〕 《橡膠業呈文行政院，要求解決原料困難》，《現代經濟通訊》，1948 年第 254 號，第 4 頁。

有的稅率也仍然非常沉重，而營利事業所得稅更是給廠商抽血。工業生產雖已面臨崩潰，但恢復工業生產的條件卻一時難以具備，這主要是經濟的穩定局面難以獲致，工業的單獨繁榮也就不可能了，我國工業之能否脫離今日的苦難是不能單獨在工業本身以內去尋求的。〔註65〕又如稅捐一項，八一九以後也有增加的，例如貨物稅規定照八一九批發價格減去當時所繳稅款作爲完稅價格，實際上稅率亦已提高，二十支棉紗的貨物稅，八一九時每件徵收稅額合金圓券 17.41 元，現每件將增至 50 餘元，稅額增加，自然業影響棉紗的售價。又如營利事業所得稅原爲每年徵收一次，現改爲每半年稽徵一次。各地直接稅稅局已稽徵，限期繳納。事實上，上下半年的營業情形，並不一致，有時上半年爲淡季，而下半年始爲旺季，即能按營業情形核實稽徵，那也是來年上半年繳納的稅款，其中二分之一，要於年內繳納，何況採用估定辦法，與營業實際情形，並不能完全符合。稅負增加，即廠繳提高，而必須計入於成本之內。又生產事業，總以營利爲目標，倘若連合法利潤都不能獲得，則事業雖求發展，一定日趨萎縮。〔註66〕

總之，「當前的工業生產，正遭遇着新的危機，限價太低，遠不敷生產成本，原料燃料，價高貨缺，供應困難，金融管制較嚴，貸款不易取得，稅捐增加，開支較巨，再加社會購買力低落，產品銷路呆滯，再生產將愈見困難。」〔註67〕

二、政府的挽救措施

對於生產問題的重要性，國民黨政府官員早有認識。行政院長翁文灝於 8 月 20 日下午邀集京滬兩地銀行工商界等重要人士會談時即指出：「政府對於民生日用必需物品之產銷供應，必努力注意生產協助，無虞匱乏。」〔註68〕

上海社會局局長吳開先在幣制改革之初即指出「如何誘導資金投向生產，尤爲目前急要之圖。緊急處分令雖已明定金銀和外國幣券，人民不得持有；日用重要物品，人民不得囤積；其目的即在誘導資金投向生產，但是還

〔註65〕張峻德：《幣改後工業的趨向》，《工商天地》，1948 年第 3 卷第 9 期，第 12 頁。
〔註66〕余益三：《如何扶植棉織業》，《工商天地》，1948 年第 3 卷第 9 期，第 5 頁。
〔註67〕蘇寄梅：《當前工業的新危機》，《經濟週報》，1948 年第 7 卷第 10 期，第 5 頁。
〔註68〕《關於財經緊急處分之談話》，《工商法規》，1948 年第 24 號，第 851 頁。

得有更具體的辦法。而且需要策動，需要召號。」〔註69〕

9 月 20 日，蔣經國表示：「必維持並增加生產，才能穩定物價，穩定經濟。」〔註70〕

10 月 10 日，王雲五自美返滬即發表講話稱「如何引導遊資入生產之道，實爲當務之急，今後將制定方案，統籌辦理。」〔註71〕

那麼，政府如何糾正呢？具體措施如下：

1、發放貸款或籌集資金重點支持日用必需品生產事業

「央行副總裁劉攻芸，於 9 月 8 日午後四時，召集國家行局庫負責人開會，對今後之放款政策有所商討。經決定兩點如下：

（1）今後貸款，事先應嚴予審核，以期防利用貸款囤貨及其他非法行爲，事後亦將嚴密稽核。此項原則確定後，即草擬詳細辦法，提請四聯理事會決定。

（2）以後貸款之對象，限於：1.日用必需品生產之事業。2.基本工業。3.出口業。4.公用交通事業。以日用必需品工業而言，貸款之對象爲生產而非運銷，限制極嚴。」〔註72〕

9 月 21 日，「廣州經濟督導處爲籌售資金，購買物資，實施必須品配售，將成立一生產銀團資金一千萬，央行負責五百萬，不計息，國家行局二百五十萬，商業銀行一百廿五萬，錢莊一百廿五萬。」〔註73〕

2、開展勤儉建國運動

9 月 15 日，蔣介石以國民一份子之資格，發起勤儉建國運動，並向全國人民廣播。其中明確提到要「發展生產工作」，「勸導人民投資於有益國計民生的生產事業，如購買國營事業股票或經營工礦」，「開辦工廠或農場」，「發展各種生產消費合作事業」等；「公物使用及汽油消耗節約」，「飲食消費節約」，「都市水電節約」等等〔註74〕。

〔註69〕 吳開先：《新幣制・新經濟・新任務》，《社會月刊》，1948 年第 3 卷第 6 期，第 3 頁。

〔註70〕 李庸宣：《一週經濟述評》，《徵信新聞》，1948 年 9 月 25 日，第 3 版。

〔註71〕 《王財長抵滬發表談話》，《工商法規》，1948 年第 39 號，第 1225 頁。

〔註72〕 《國家行局庫舉行會議，商討今後貸款方針》，《工商法規》，1948 年第 29 號，第 988〜989 頁。

〔註73〕 《經濟大事日誌》，《經濟評論》，1948 年第 4 卷第 1 期，第 20 頁。

〔註74〕 《蔣總統以國民資格發起勤儉建國運動》，《工商法規》，1948 年第 32 號，第

3、開放自備外匯，允許自備外匯物資進口

9 月 18 日經管當局復宣佈下個月經檢工作重心為扶助工廠生產。內容為：「調查上海各工廠所需原料，由政府設法協助採購，國外的可准許以自備外匯購買進口，國內棉花、菜籽、花生、糧食等，政府可會同赴各地採購。」〔註75〕9 月 21 日，蔣經國要工商代表談話時指出「政府決定開放自備外匯，凡屬工業原料及工廠之機件均得進口。」〔註76〕「允許自備外匯物資進口，已經抵埠的進口原料，允許自動申報，並在市場上自出供應使用。」〔註77〕

4、發行公司債

10 月 9 日，政府為便利國營事業獲得生產所需之周轉資金，在不增加通貨發行原則下，將准許發行公司債，俾能導引社會遊資透過銀行組織，以運用於生產所需途徑。是項公司債，擬先就資源委員會所屬各廠礦試辦著手，由國家行局承購，再轉售於人民，詳細辦法現在由央行與各國家行局會商擬訂中。〔註78〕

5、成立工業原料、燃料及日用必需品三小組

10 月 19 日，上海區物資調節委員會在央行舉行第八次會議，劉攻芸主席，對工業原料及日用品調節問題，研討甚詳。決議速成立工業原料，燃料及日用必需品三小組，每組包括五人，歐陽侖主持工業原料組，張茲闓主持燃料組，何墨林主持日用必需品。過去工業會所提送之工廠原料登記表格，決先交工業小組審核。〔註79〕

6、政府配給與支持

10 月 31 日，行政院臨時會議通過關於財政經濟緊急處分令之補充辦法：「為扶助重要生產事業起見，決議之補充辦法如下（一）對於重要生產事業補充設備供應原料等，由政府切實予以協助，（二）國家銀行及商業行莊，應

1055～1056 頁。

〔註75〕 《下月經檢工作重心，扶助工廠生產》，《大公報》，1948 年 9 月 19 日，第 4 版。

〔註76〕 《蔣經國邀工商代表談話》，《工商法規》，1948 年第 34 號，第 1116 頁。

〔註77〕 《滬經管督導員報告一週來經管情形》，《工商法規》，1948 年第 35 號，第 1135 頁。

〔註78〕 《經濟大事日誌》，《經濟評論》，第 4 卷第 2 期，第 17 頁。

〔註79〕 《滬物資調節會八次會議，盡速成立三小組》，《工商法規》，1948 年第 42 號，第 1298 頁。

以其所有資金協助重要生產運銷及公用交通出口事業，但央行對於重貼現轉抵押應從嚴管理。」〔註80〕

三、評價

　　怎樣才能有效激勵生產呢？必須從經濟的角度來瞭解生產的運作規律。「無論生產者或投機者，當其決定從事生產或投機之前，並不會預知將來價格漲跌之情形，但在其着手之前，却必須有一個預期價格。惟此預期價不定能夠正確。出售商品者，皆希望其將來售價愈高愈好，但同時亦希望其價格愈確定愈好。反之，購買者希望其將來之買價愈賤愈好，同時亦希望愈確定愈好。故出售者對其較高之預期價格與其較低而確定之價格有同等之價值，反之亦同。此項預期最可能發生但不甚可靠之價格與確實可靠之價格的差異，稱爲風險費用（Risk Premium）。未來可靠價格稱爲有效預期價格（Effective expected price）。故對於出售者，有效預期售價，即等於預期最可能發生之售價減去風險費用。對於購買者，則等於最可能發生之買價加風險費用。

　　因是，時間愈遙遠，預期之不確定性愈大，故須計算值風險費用亦愈多。所以時間愈遙遠，產品之有效預期售價亦愈小。至某一遙遠時間以後，產品之有效預期售價低於產品之預期邊際成本時，生產者便停止其生產計劃。同樣，時間愈遙遠，生產要素之有效預期購價愈大，至某一遙遠時期以後，生產要素之有效預期購價，超過生產要素之預期邊際價值時，生產便將停止計劃購進生產要素。

　　根據此理論，在我國戰時，尤其戰後三年間，物價變動幅度鉅大，尤其原料品之漲勢較製造品漲勢爲大之情形下，生產者預計之風險費用亦必特大，對生產事業自然無法擴展。但投機囤積之預計風險費用却很小。蓋投資囤積隨時皆可買賣。如今日購買棉紗一包，明日之價格上漲超過其所負利率與囤積成本，即可將其賣出，淨得利潤若干，如投機於股票等證券，更可有先賣後買之方便。先賣後買不僅不負利息，且能得到利息與利潤，同時所負之投機成本亦異常之小。故在此種情形之下，投機與囤積確較從事生產爲合算。因是生產事業在廠房設備以及政府法令不允許其停工之阻力下，只有縮減工人，減少生產，同時囤積原料以補充其生產所損失之利潤。相反，投機

〔註80〕　《經濟大事日誌》，《經濟評論》，1948 年第 4 卷第 5 期，第 16 頁。

囤積者却日見增多，除工廠兼做投機外，銀行商店亦以投機囤積為其主要業務，而消費者亦為保持幣值關係，搶購日用品及金鈔。因是物價愈漲，投機囤積者愈多，而生產事業愈無法擴展。」〔註81〕

　　10 月 18 日，在立法院召開的檢討物價秘密會議裏，行政院長翁文灝談到生產時有這麼一段話：「至於生產事業之情況，今日事實竟不幸與原先佔計相反。其原因尤為複雜。八一九凍結物價時，原料價格適已上漲，而成品價格未及調整，廠商製造成品後，售價不及成本，生產乃由是停頓。此外，運費凍結，燃料已漲，致貨運不暢，國家行局及私人行莊放款不多，生產事業流通資金不足，以及軍事局勢之影響，均使生產事業萎縮。」〔註82〕

　　雖然生產萎縮的原因較為複雜，但生產難以為繼的主要原因還是可以歸納為以下幾點：

　　（1）物價凍結於八一九，但八一九那大的價格系統，却並非是均衡（Equilibrium price system）。於是，產區八一九價格比工業地區為高，商人便不會再向產區去購運原料來大城市。這裡有個最大的矛盾：要「增加生產」「扶助工業」必須讓生產的工廠有利可圖；要疏導原料的來源，使其供應無缺，必須使出賣原料者有利潤可得，且須出賣後能再買得回來。要能做到這樣，就須先放棄「八一九」的限價，而限價却是金圓券的有力支柱，一旦放棄或託名調整，則全面的物價泛漲，其勢將如潰堤。這便是「限價政策」與「扶助工業」所勢難兩全的矛盾。除非政府能夠掌握全部原料以及物資，實行徹底的配給制度及統制經濟，使生產者於成本與售價之間可獲利潤。〔註83〕「限價」與「黑市」有如一把剪刀的雙刃：生產者被迫以限價出售其產品，却不能不以黑市購進其原料，在這兩面利刃的夾剪之中，就是我們生產者的命運。政府管制生產者，常常喜歡審核生產者的成本而以法令規定其價格。殊不知所謂「成本」，不能祇計其過去之成本，更須計其未來之成本，否則在物價繼漲中，生產祇有日就萎縮，無法繼續其「再生產」。所謂「促進生產」云云，原乃「擴大再生產」之意，今竟使生產者欲繼續「再生產」而不可能。〔註84〕

〔註81〕　郭家麟：《幣制改革與生產》，《中央銀行月報》，1948 年第 3 卷第 9 期，第 37
　　　　　～38 頁。
〔註82〕　《翁院長列席立院會議，坦白說明財經局勢》，《工商法規》，1948 年第 41 號，
　　　　　第 1271 頁。
〔註83〕　張西超：《金圓券問世一月》，《遠風》，1948 年第 2 卷第 6 期，第 11 頁。
〔註84〕　雋冬：《從八一九到十一十一》，《風雲》，1948 年第 8 期，第 8 頁。

（2）改革幣制以後成品價格凍結了，但匯價改變，進口原料提高了價格，各種捐稅——關稅，貨物稅，直接稅也增加了。因此工商界在心理上及實利上失去暴利的刺激，均無擴大生產之興趣與必要，甚或以緊縮原有機構爲保持資金的手段。國家在爲應付危難與發展實業的前提下，自可不顧工商界的過份利得，而迫其繼續生產，但關於進口原料價格問題之協助解決，亦殊屬必要之舉。

（3）原料糧食來源多在鄉村，爲政府管制所不及。經濟管制局限於若干大城市，對廣大的農村仍然無法約束。這樣，都市原料價格與產區價格形成倒掛，理所當然會影響來源。此外，廣大農村的富農中農階級乘機收購隱匿農產原料，逍遙於經濟管制範疇之外，這也是最近都市工業原料缺乏的原因之一。

（4）自從幣制改革以後，進口限額是規定至少要比第五第六兩季的限額核減四分之一，因此，若干仰賴外洋輸入的工業原料的來源比以前要減少了。同時，進口原料或成品價格之提高，而售價則受凍結。「國外原料的進口，外匯率一次提高 50%，關稅提高了五六倍，還要附加 40%的戡建費，原料的進口成本至少增加 50%以上是很顯然的，據一般進口商稱，目前原料進口以限價出售，最少也要蝕本一成左右，多則兩三成，政府對於僑資回國投資生產事業和存儲於香港的大量自備外匯貨色的進口抱有很大的期望，一再考慮放寬限制尺度，希望其進口，因爲這批貨物的進口對於國內原料缺乏是有很大的幫助的，但是却碰到一個無法解決的困難，僑資的回國先要看國內工業生產的條件是否存在，自備外匯貨的進口一方面要看是否要蝕本，另一方面要看經濟局勢是否穩定，這些先決條件沒有解決以前要其進口是很困難的，而目前國內的經濟局勢却不能對牠們具有任何鼓勵作用，至於輸管會限額進口原料對於國內工業需要來說，只是杯水車薪，無濟於事，第七八季全部進口限額共只四千萬美元，每季二千萬美元，每季能夠分到幾萬元的工廠已經是寥寥無幾的幸運者，很多是分到幾十元，甚或幾元幾角的，有些根本沒有分到。」〔註85〕「幣制改革後的進口業務，幾陷於停頓，……但另一方面，又受限價的打擊，因此進口貨成本，却超過市價。以白報紙來說，現在的市價比進口紙張 CIF 價低一成，鋼鐵更要低兩成，而過去政府一向視爲厚利的燒鹼精進口也無利可圖了。工廠方面，現在，大都陷於半停工狀態，更無力購

〔註85〕張峻德：《幣改後工業的趨向》，《工商天地》，1948 年第 3 卷第 9 期，第 11 頁。

買高價的進口原料。」〔註86〕

（5）政府政策失誤與缺失。幣制改革後各地實行經濟管制的結果，有許多地方政府對於境內出產的工業原料品禁止出境，以致各地物資的供求失調，形成工業地區原料的缺乏。例如上海經濟管制督察員辦公處已公佈《上海區禁止物資攜運出境檢查辦法》，禁止民生必需物資運出，杜絕物資逃避。但是，上海附近城鎮及其他各地的製造業，其原料是部分的或全部的來自上海的半製品。今上海物資禁運出口，則對這些工業生產影響極大。9月24日上海大公報載：「無錫、蘇州、常州、江陰、常熟等五縣染織布廠所用棉紗原料，大部分靠上海供應。……自九月十日上海經管督導處禁運物資出境後，五縣織廠不僅新原料無法購運，而留滬待運或運赴車站輪埠被扣之棉紗達三千餘件，致各廠因原料用罄，已有半數以上停工。」〔註87〕此外，政府配給得不合理。「如針織業的減工是因為配不到細紗。……因為人造絲配得不足。」〔註88〕

從消費方面看，「管制法令中幾乎一字未提。由於物價限定，而全社會流通的貨幣數量增加，限價即無異鼓勵消費。我們又沒有定量分配或簡單的限購辦法，十年通貨膨脹所養成的重物輕幣心理仍很普通（遍），搶購乃是必然結果。限價政策阻礙生產而鼓勵消費，當然難望其能長久維持。」〔註89〕

（6）政府政策執行不力。國民政府雖然也採取了一些治本的政策，為了鼓勵生產，制定一些鼓勵生產的政策，並提供一些工商貸款。這些政策的動機是正確的，但是，由於社會環境的惡劣，戰爭和通貨膨脹的影響，投資生產成了畏途。有人指出「政府標榜低利扶植工商，可是結果工商業沒有得到好處，卻便宜了投機的商人」。〔註90〕由此可見，政府雖然制定了一些正確的政策，但是由於執行過程中的失誤，最終這個政策的結果卻走向了反面。

〔註86〕 金如來：《金圓券發行的分析》，《工商天地》，1948年第3卷第9期，第15頁。

〔註87〕 《蘇錫等五縣染織廠，原料用完大部停工》，《大公報》，1948年9月24日，第5版。

〔註88〕 《滬經管督導員報告一週來經管情形》，《工商法規》，1948年第35號，第1135頁。

〔註89〕 《經濟管制與工業》，《工業月刊》（西安），1948年第5卷第11期，第7～8頁。

〔註90〕 《民國三十七年度國內經濟總檢討》，《銀行週報》，1949年第33卷第1期，第8頁。

（7）都市人民拿出金銀外幣兌換了大批金圓券，由於過去逃避貨幣的心理一時未能剷除，而政府吸收遊資的各項辦法又姍姍來遲，以致都市發生搶購的風潮，各零售商的存貨搶購一空，於是零售商向批發商，批發商向製造廠的定貨驟然增加，益發顯得工業原料的缺乏。搶購的風潮雖然逐漸壓平了，然而商人囤有工業原料在手者，自然是奇貨可居，至少意存觀望，保留著不售，恐怕是難免的事，這樣更使工業原料的供應不正常。〔註91〕

1948 年 9 月 20 日的上海金融界星五座談會記錄曾以《如何扶助生產》為題，對生產事業提出了上海金融接的看法，他們得結論是：

一、扶助生產之前提：政府應該有一個全面性的生產計劃，使從事生產事業之國民，有所遵循，所知適從。

二、扶助生產的環境：需要有安定的社會環境，尤其是貨幣價值的穩定。

三、扶助生產的辦法：

1、解決原料的來源及價格，採用貼補政策。

2、透過金融業行莊，低利貸給生產者。

3、專業銀行發揮扶植生產之動能。

4、主要生產品，由政府採取委託製造制度，供給原料於工廠，並付以製造費用及合理利潤。

5、宣導農工業保險。

6、為便利生產器材及原料之補給，部分開放外匯，放寬輸入。

7、速成立健全之產業資本市場。

8、加強政府與人民之間的合作。……〔註92〕

但在幣制改革實施過程中，國民黨政府既沒有一個全面性的生產計劃，更談不上有安定的環境和穩定的貨幣，同時也沒有很好的扶助生產的辦法，所以，幣制改革造成了生產的萎縮，進而造成物資缺乏，民眾搶購，物價飛漲，有價無貨等現象，生產問題沒有解決好，最終葬送了幣制改革。

〔註91〕《工業原料的供應問題》，《銀行週報》，1948 年第 32 卷第 44 期，第 3 頁。

〔註92〕《上海金融界星五座談會記錄：如何扶助生產》，《金融日報》，1948 年 9 月 20 日，第 3 版。

結　語

一、幣制改革的成敗

　　從 8 月 19 日頒佈「經濟緊急處分令」實施幣制改革起，到 10 月 31 日公佈《經濟緊急處分令補充辦法》放棄「限價政策」止，前後一共才七十多天，這幣制改革後的七十天，也可以說是以翁文灝的官稱「只許成功，不許失敗」始，而同樣以翁文灝承認「經濟改革完全失敗」終的七十多天。

　　翁文灝山席 11 月 2 日立法院的報告中有總括的說明：「幣制改革以後，我們原定的目標有成功的，有失敗的，大致可分析如下：1.關於收支平衡這一點，可說是完全失敗了，其原因是國庫開支太大，各種重大支出中，如東北區八月份開支，總額即達流通券廿八萬數千億元，折合金圓券一億圓，幾占支出總數三分之一，收入之數因工商業不振，貨物稅均未增率徵收，貼補支出爲數過巨。2.收回黃金外鈔，可說有了相當的成效。到現在爲止，中央銀行收進金鈔共計達一億九千萬美元。3.抑制高利貸開始後，起初逐步都有成效，但後來就不行了。4.增加銀行存款，開始時也有些成績，到後來就沒有了。5.吸收外幣外匯存款，起始時也有些成效，後來就完全沒有了。6.關於制止資金逃避，開始時很有成績，但到最近就不行了。7.關於穩定市場價格，開始時也不能說沒有效果，但後來由於前述幾件事的失敗，也就跟著發現了搶購等情形。8.關於增加生產，成效很少，有也不太好。9.提高輸出貿易，起初也有些效果，但現在沒有了。10.關於吸收僑匯，第一個月確曾收到一千二百餘萬美元，但後來的一個月就不行了。根據我們原來計劃，經濟緊急處分令實施後，在 10 月 1 日開始調整限價。這裡有三大目標：1.重要物品價格及國營事業價格的調整；2.工資的調整；3.公教人員待遇的

調整。以上三點，大致的辦法我們在 9 月中就已擬好，預備十月一日起實行，但由於軍事上的原因，這個計劃未能及時實現，以致造成後來的物資缺乏，到處搶購，市場人心極度不安，消費區物價反較生產區爲低，若干公營事業只好依靠政府貼補過活。在這種矛盾狀況之下，工作當然不易成功。至關於新通貨的膨脹，其原因不外是：1.收支不敷，差額太大。2.各種國營事業貼補太大。3.收兌黃金外鈔，這樣就使市場上通貨突然加多，使購買力大增。政府原定收回一部分通貨的辦法是：1.銀行增加資本。2.出售若干國營事業股票。3.出售敵僞物資。4.發行短期庫券。政府原希望用這幾種辦法收回若干遊資，可惜收效遠不如預期之大。」〔註1〕

幣改之初，政府主觀願望是企圖借助於「改革幣制，管制經濟」解救財政危機，穩定經濟局面，從而支持「戡亂」戰事。「總統確切指出剿匪工作的性質，爲抗戰的延長，爲一種民族戰爭，我們在此時期，實行財政經濟改革方案，是要與剿匪軍事齊頭並進，以求戡亂建國的成功。」〔註2〕，然而，幣制改革後，不但沒能支持「戡亂」戰事，國統區反而出現經濟愈加困難狀況。如原料缺乏，工廠減工停工；工業成本超過限價；商人匿貨不受，造成有行無市；出口貨國內價格超過國外價格；產地價格上漲，影響銷路限價；都市與鄉村經濟斷流；遊資氾濫未入正軌；豪門巨富尚未就範；經管工商者意志消沉，全國出現搶購風潮……

爲什麼會出現這些狀況，換句話說，幣制改革爲什麼會失敗呢？簡短分析主要有如下幾點：

一、幣制改革成功所必須的基本條件一無具備，而政府當局自身事前也都承認條件不夠。此次幣制改革「各種基本條件並未具備，時機也並不見得有利」〔註3〕，夏炎德也認爲「改幣的主客觀條件都未具備」〔註4〕。

二、此次幣制改革在貨幣理論上找不到依據。朱斯煌指出「金圓券幣制既非金本位，又非虛金本位，也不是好好管理的管理通貨，乃是命令的紙幣，

〔註1〕《國內經濟動態》，《中央銀行月報》，1948 年第 3 卷第 12 期，第 57～58 頁。

〔註2〕北京市檔案館藏：《北平市政府奉發行政院關於財政經濟緊急處理辦法、勤儉建國運動綱領等的訓令及工務局民國卅七年上半年度工作報告等》，檔號：J017－001－03368。

〔註3〕嚴凌：《看這次的「幣制改革」》，《經濟週報》，1948 年第 7 卷第 8 期，第 10 頁。

〔註4〕夏炎德：《金圓券不能成功的十個理由》，《銀行週報》，1948 年第 32 卷第 50（上）期，第 12 頁。

膨脹的通貨，試驗性質與機會主義的幣制。」〔註5〕金圓券只是「一種『命令紙幣』，其產生與更改基於當局的命令，自始沒有形成一種制度。」〔註6〕

三、利用幣制改革來解決財政赤字的方式不可行。國民黨政府幻想通過幣制改革來爲「戡亂」提供經濟支持，「從經濟學上來看，用貨幣改革去抑制通貨膨脹本身就是一個極大的錯誤。」〔註7〕實際上，國民黨政府依然依靠通貨膨脹的方式解決財政問題。「改幣以後，根據金圓券發行監理委員會之報告，可略知財政赤字之梗概。自八月廿三日至八月卅一日，共發金圓券二億九千六百八十萬七千二百另一元四角。自改革之日起至九月卅日共發金圓券九億五千六百七十五萬餘元，其中財政赤字爲二億二千萬金圓。十月卅一日發行監理會公佈共發金圓券十五億九千五百餘萬元，其中用以彌補財政赤字者約五億元。」〔註8〕國民黨政府依舊「以通貨膨脹醫治通貨膨脹，這樣的幣制改革，祇有失敗，不能成功」〔註9〕。

四、方案本身的不合理。10月29日，監察院經濟資源農林水利委員會，財政委員會及內政地政委員會聯席會議，對當前經濟情勢提出了糾正案，並由監院諮送政院，該案案由爲「行政當局執行財經改革方案，方法錯誤，步伐紊亂，造成今日生產萎縮，貨物逃避，銀根鬆濫，……」〔註10〕其不合理方面主要表現在：

（一）收兌金鈔的不合理，進而導致遊資問題沒有很好的解決途徑。「這次的強制收兌金銀外幣，使人民受到極大損失。」〔註11〕「收兌金銀外幣，既無法使鉅額的遊資回籠，反使人民失却儲蓄的工具。益以嚴施限價，不顧成本，不管供求，更不問生產與消費的關係。……以更膨脹的通貨治療通貨

〔註 5〕　《論幣制改革的補充及修正》，《銀行週報》，1948 年第 32 卷第 50（上）期，第 27 頁。

〔註 6〕　夏炎德：《金圓券不能成功的十個理由》，《銀行週報》，1948 年第 32 卷第 50（上）期，第 12 頁。

〔註 7〕　徐俊武：《20 世紀 40 年代金圓券發行失敗的原因探析——基於制度變遷中的路徑依賴視角》，《學習與實踐》，2011 年第 9 期，第 60 頁。

〔註 8〕　劉光第：《一九四八年之財政與物價》，《經濟評論》，1949 年第 4 卷第 13～14 期，第 5 頁。

〔註 9〕　《論幣制改革的補充及修正》，《銀行週報》，1948 年第 32 卷第 50（上）期，第 13 頁。

〔註 10〕　《糾正當前經濟情勢，監院提案諮送政院》，《商報》，1948 年 10 月 30 日，第 1 版。

〔註 11〕　《總結這七十天》，《經濟週報》，1948 年第 7 卷第 19 期，第 5 頁。

的膨脹，以非經濟的辦法，應付瀕危的經濟。全係既無把握又無準備的賭博性質之決策，祗能短期的麻醉，但求僥倖的成功。卒致失人心，傷元氣，毀國信，定計立策之人，貽誤大政，實覺責無旁貸。」〔註 12〕「金圓券兌換金鈔所創造的許多過剩購買力，不曾以有效的方法使其回籠。」〔註 13〕

（二）政府擬定收兌黃金、白銀、銀元、美鈔、港幣等兌換率時沒有注意到區域差別，採取南京、上海一帶為標準，而與廣州、西南等地則相差幾乎達一倍，導致廣州、西南、華中等地物價猛漲。此外，西南等地的鎳幣風潮也是物價上漲的又一原因。

（三）政府制定的配套幣制改革的限價措施不符合經濟規律，執行限價完全違反自然經濟法則，陷市場經濟於停滯，造成了與現實脫節，幾乎打擊了大部分的階層。從學理上說，限價也是控制價格最消極最少效力的一種方法。

五、政府補救措施流於空洞，不可能從根本上解決問題。

儘管翁文灝和王雲五等極力挽救限價等造成的種種問題，如行政院長翁文灝數度召集國行總裁俞鴻鈞，財部代理部務徐柏園，工商部長陳啓天，對改革幣制以來經濟管制及物價問題曾作通盤檢討。上海區督導員蔣經國亦曾來京報告上海管制情形。「此次檢討結果，已作如下決定：（1）全面加強經濟管制，（2）各大都市之物價，將作合理之調整，（3）緊縮金圓券之發行。」「翁院長與各要員根據各地按日送來之資料檢討之結果，認為各地情形均極良好，唯有下列現象：（1）目前僅上海一地嚴格執行經濟管制，致造成上海若干重要工業原料價格反較產地為低，因而有斷絕來源之趨勢，對於生產事業影響頗大，故有全面在各主要地區同時加強實行經濟管制之必要。（2）全國各主要地區之物價，因八一九各項限價高低不一，有超過當時合理價格者，亦有不足維持成本之價格者，兩者均將根據其實際情形，予以調整，以謀平衡，並免物資逃避。（3）各地人民對新幣雖極愛護，然銀行存款數位之增加，並未達到理想。為加強人民對金圓券之信心，應特別緊縮金圓券之發行，即對過去以發行彌補赤字措施，決予根絕。政府一切正當支出，均設法在稅收中取得彌補。」〔註 14〕

〔註 12〕 《論幣制改革的補充及修正》，《銀行週報》，1948 年第 32 卷第 50（上）期，第 27 頁。

〔註 13〕 夏炎德：《金圓券不能成功的十個理由》，《銀行週報》，1948 年第 32 卷第 50（上）期，第 12 頁。

〔註 14〕 《全面加強經濟管制，翁院長數度召開檢討會議決定合理調整物價緊縮金圓券發行》，《商報》，1948 年 9 月 29 日，第 1 版。

　　立法院曾舉行「檢討物價秘密會議」，翁文灝出席，在所作報告中認爲當時的反常情形，完全在於四種原因：「（1）軍事關係對人心的影響甚大；（2）共產黨的破壞；（3）若干地區限價過低；（4）遊資作祟。王財長則說明目前的困難，乃幣制改革過程中不可避免的反應，並提出補救辦法四點：（1）增加生產；（2）節約消費；（3）疏導物資；（4）控制遊資。……而事實上這四種補救辦法或無法實施，或施行無效，則王氏之言，勢將變成口號了。」〔註15〕

　　財政部長王雲五爲彌補財政經濟緊急處分令之若干漏洞，以穩定當前經濟局勢，也擬定了包括整套辦法之方案一種。該項方案之內容包括下列部分：「（1）緊縮金圓券之發行，並設法使其回籠。（2）善爲利用所收兌之金銀外匯。（3）合理調整物價，但仍嚴格執行限價政策。（4）國營交通公用事業嚴格恢復戰前標準，政府停止貼補。（5）改善公教人員待遇。（6）吸收遊資。（7）擴大配給及憑證配售。（8）控制物價，調節產區與市場之供需。（9）加強全面經濟管制，並徹底取締黑市存在。（10）取締走私及資金南流。（11）開放貸款，加強生產等。」〔註16〕10月18日立法院召開檢討物價秘密會議，王的方案受到了立法委員的強烈質詢。10月26日，行政院經濟管制委員會會議上，王雲五的方案遭到了否定。

　　立法院裏幾位委員在11月1日立法院財政金融委員會裏也曾經提出四種辦法以挽救危機，這四項辦法是：（1）「發行硬幣」；（2）「把金圓券與集中日用必需品如米煤鹽訂定一個比價」；（3）「發行物價指數儲蓄券或存款」；（4）「充分把握必需的物資」。他們打算「根據政府的經濟管制辦法，參照各委員的意見，研擬一個具體的改善經濟補充辦法」。〔註17〕但這四項辦法要麼「根本是不對的」，要麼「不但不能解救當前的經濟危機，而且只有加深經濟危機，使它早日爆發出來。」〔註18〕

　　從以上所說的種種看來，無論號稱「責任內閣」的行政院、財政部長王雲五或號稱「民意機關」的立法院，對於當時的經濟危機，都沒有切實有效

〔註15〕　《社論：論王財長的補救辦法》，《商報》，1948年10月20日，第2版。
〔註16〕　《穩定當前經濟局勢，王財長擬定新方案，包括物價發行補貼待遇等對策》，《商報》，1948年10月23日，第1版。
〔註17〕　《立院財金委會昨小組會研究穩定金融》，《大公報》（上海），1948年11月2日，第2版。
〔註18〕　《評最近官方挽救經濟危機的辦法》，《觀察》，1948年第5卷第12期，第4～5頁。

的挽救辦法。他們提供所謂的解決方案，都沒有抓住問題的癥結，發現問題的本質。

除了以上分析的這次幣制改革失敗的迅速與嚴重，必然失敗的因素而外，客觀上給予這次幣制改革的打擊，沒有再比軍事失利的影響來得重大的了。翁文灝在 10 月 18 日在立法院報告造成這次「幣改」失敗的因素，第一點正是「軍事關心人心影響甚大」，在同一場合，王雲五的報告也同樣認為「軍事局勢的變化」為物價波動之主要因素。「軍事危機與經濟危機的結合。軍事越潰敗，地盤越縮小，物資就越加缺乏；軍事越潰敗，地區越縮小，金圓券的流通範圍越狹窄，就越要龜縮在少數城市之內，因而加速了金圓券的崩潰；軍事越潰敗，不但使它的稅收越加減少，而且使它的財政支出越加龐大，經濟危機使前線的士氣日益低沉，而軍事危機則使經濟危機發展得更快更深刻。」「經濟危機發展成為社會危機。……使民間工商業倒閉關門，使大量的工人與職員失去了職業；南京政府的收兌金銀政策，洗劫了那些對蔣抱着信心的中小市民的一點血汗蓄積，使這些可憐的人民失去了最後維持其生活的一點東西，限價政策和軍事潰敗，又使人們沒法買得食品原料，沒有食，沒有穿，自然要發生騷動了。」〔註 19〕汝堅把國民黨政府軍事慘敗作為金圓券崩潰最主要原因之一：「自濟南失陷後，錦州跟着危急，十五日已經失陷，太原也在圍攻中……西安、鄭州、徐州都日趨於危殆。在這情形下，各地的資金自然不顧一切地向後方比較安全的都市跑。上海雖然有蔣經國在『大打四方』，但為了資金的安全，也不顧一切地向上海跑，因此，一面就造成金圓流通地區的銳縮，另一面是造成資金的偏在，僅僅上海一地，據說就有十億金圓的遊資。這些資金，不是要向外逃跑，就是向商品市場活動。」〔註 20〕

康永仁對幣制改革的失敗作了軍事政治以外的分析：「財政經濟緊急處分辦法所以失敗得這樣淒慘，除政治軍事影響外，根本原因，為藥石誤投。即以治物價繼跌病的藥石，來治物價繼漲病。次要者，則為辦法疏漏，計算錯誤。如限價而沒有想到限購，規定金銀外幣價格時而沒有想到分區的必要，及規定金圓券發行最高額時而沒有考慮物質的減少因素等都是。」〔註 21〕

〔註 19〕 方治平：《中國經濟的展望》，《經濟導報》，1949 第 102 期，第 31 頁。
〔註 20〕 汝堅：《金圓券的河堤決潰了！》，《經濟導報》，1948 年第 93 期，第 12 頁。
〔註 21〕 康永仁：《藥石誤投·辦法疏漏·計算錯誤——論財政經濟緊急處分之六》，《世紀評論》，1948 第 4 卷第 19 期，第 6 頁。

　　總而言之，此次幣制改革，由於國民黨政府政策制定者不合理的金銀外幣收兌率，不合理的限價政策，用政治手段解決經濟問題以及幻想通過幣制改革的方式解決財政問題等，再加上軍事的失利和共產黨的幣制鬥爭，最終流於失敗。這場原本期望配合「戡亂」的經濟革命或社會革命最終使絕大多數階層都受到了巨大的損失，致使國民黨政權喪失了各個階層的支持，進而由於人心的喪失，對於金圓券的不信任，國統區經濟迅速瓦解，從而使國民黨政權在財政、軍事、政治等一系列打擊下歸於失敗。

二、幣制改革的幾點教訓

　　1948 年國民黨幣制改革的失敗給我們留下了深刻的教訓，主要有以下幾點：

　　一、政府的做法能否取得民眾的信任相當重要

　　「貨幣是一種籌碼，價值不在貨幣的本身，而在貨幣政策的信用，所以貨幣的價值，不在主觀上所代表的準備金額，而在人民對於政府的信用。」〔註22〕「貨幣制度本來是『公共信用』（Public Credit）的主要方式之一，它要建築在政府的眞誠和民眾的信任之上。政府既掉以輕心，民眾又不復置信，最後非崩落不可。」〔註 23〕國民黨政府並沒有注重自身的信用建設，屢屢欺騙愚弄群眾。國民黨將領關麟徵談起國統區發行金圓券導致經濟崩潰時說：「這只是促成失敗的一個原因，而非失敗的根本原因。我們銀行準備金不足，但總算還有銀行；還有不少準備金，鈔票也是精印出來的。請問毛澤東的銀行在哪裏？準備金在哪裏？他們的鈔票是在布條子上蓋一顆印，寫上多少元就算是多少元。怎不見他們的金融受到影響！」〔註 24〕國民黨有精印的鈔票，有準備金，也有像樣的銀行，但卻沒有很好的信用。就幣制改革過程中所體現出來的信用而言，國民黨政府發言人一再宣傳金銀外幣兌換金圓券決不延期，結果 9 月 30 日突然宣佈金銀收兌延期；國民黨政府成立金圓券發行監理

〔註22〕程魯丁：《重建幣信問題》，《銀行週報》，1948 年第 32 卷第 50 期（下），第 17 頁。

〔註23〕崔敬伯：《改革幣制與平衡財政》，《經濟評論》，1948 年第 3 卷第 22 期，第 6 頁。

〔註24〕何家驊：《國民黨怎樣失去大陸？》，香港《明報月刊》，1989 年第 11 期。轉引自劉統：《中國的 1948 年：兩種命運的決戰》，三聯書店，2006 年版，第 188～189 頁。

委員會，宣佈決不超過二十億發行額，結果依舊突破發行限制；國民黨整理公債時，殘酷剝削債權人，導致公債債信喪失。《經濟評論》特稿文章《新幣制的病症與其急救策》指出：「這次改革新幣制的不能成功，最大原因是方案中忽略了人民心理的重要，未有絲毫積極的增加人民信用的規定，反多動搖人民信心的矛盾規定。」〔註 25〕動搖人民信心的表現有新發行的金圓券鈔票居然沒有「金圓券」字樣，而是以前的舊法幣；舊有的法幣輔幣——鎳幣，重新充當金圓券的輔幣等。正是由於國民黨政府信用缺失，才導致王雲五所實行的配合幣制改革的財政金融措施如發售國營事業股票、發行金圓公債、出售敵偽產業等措施幾乎無人問津，遠未達到王雲五所期望的目標。

二、貨幣發行要尊重貨幣發行規律

國民黨幣制改革之所以失敗如此之快，一個突出的體現是沒有尊重貨幣發行規律。貨幣發行要符合貨幣數量學說，服從物資與貨幣均衡定律。國民黨政策制定者「以新幣爲十足準備而沾沾自喜，此種陳舊落伍的貨幣思想，足以敗事。」〔註 26〕實際上，決定物價上漲的兩大因素一爲貨幣的因素，一爲物品的因素。物價上漲的原因不外在一定的時段裏，搶購物資的貨幣增加大於物資供應的增加。根據當時已經傳入中國的費雪方程序 PI＝MV 或 P＝MV／I（貨幣數量 M，貨幣流轉速度 V，商品交易額 I，物價 P），可知「物價與貨幣數量及貨幣流轉速度成正比例，與商品交易額成反比例。故只要貨幣數量、流轉速度，與商品交易額不變，則物價無漲跌之變化，幣值亦穩定矣。費雪並未提及準備金之充足與否，故只要政府能控制發行，無準備金幣值亦能穩定。」〔註 27〕因此，「就發行政策看，貨幣之發行，不在準備金之多寡，與金銀外匯收兌的成效之如何，而在於新幣之實際發行數量，是否切合社會經濟之現實需要，能以穩定某一物價水準，而不會發行過多，失其控制，以致變動此一物價水準。」〔註 28〕國民黨政策的制定者王雲五忽略了這一重要貨幣理論，在制定幣制改革過程中也沒有集思廣益，徵求相關財政經濟專家

〔註 25〕 《新幣制的病症與其急救策》，《經濟評論》，1948 年第 4 卷第 3 期，第 5 頁。
〔註 26〕 莊智煥：《從戰後各國貨幣改革的經驗看金圓券》，《銀行週報》，1948 年第 32 卷第 47 期，第 8 頁。
〔註 27〕 雷觀新：《金圓券發行後的問題》，《大學評論》，1948 年第 1 卷第 9 期，第 7 頁。
〔註 28〕 楊澤：《論當前之幣制改革》，《四川經濟彙報》，1948 年第 1 卷第 3～4 期，第 15 頁。

的意見，經過詳盡的調研與論證，僅憑一人或幾人之力，倉促形成，結果導致「政府的經濟政策，一直是在不斷的作錯誤試驗，錯了便改，改了又錯」〔註29〕的局面。

　　三、經濟問題要用經濟手段解決

　　用行政命令方式來解決經濟問題，雖然短時間能夠在某種程度上奏效，但長遠來看，必不能持久。「用政治力量限定物價的上揚，祇是治標的臨時的緊急措施，終非穩定物價，安定幣值的久遠之計。」〔註30〕國民黨政府用硬性規定的方式，把物價限制在八一九的水準，並在三個主要城市設立督導區，實行物價的局部管制，其他省市也有或緊或鬆的管制。這一做法主觀願望是想阻止物價上漲，但其客觀效果則導致了生產原料缺乏，工廠停工減產，同時由於遊資充斥，沒有正當出路而搶購物資，最終招致物價猛漲，貨物奇缺，限價政策破產。對於硬性管制，當時就有金融學家指出：「我們不能過度重視政治力量和社會力量，因為如果限價低過自然價格太遠，或經濟現象有根本改變時，政治力量和社會力量是抵不住的，那時應該調整價格後再限價。如果限價所選取的價格是個不穩定的價格，那時限價的維持便更困難。在這種情形下，應該用協定的方式，將各種價格間的關係調整。這樣新的限價，使立在一個穩固的基礎上，限價政策便可以成功。」〔註31〕康永仁也指出：「就我們的政治風氣，行政效率，社會條件，尤其就過去的經驗說，對物價工資以及民生日用品價格的管制，以硬辦法來管制，實不如用軟辦法來疏導。因為硬性管制，很難成功，不成功時，將對我們這個進行已經甚不圓滑的經濟，予以更大的打擊，危險堪慮。軟法疏導，一則既有成功的可能，一則萬一無效時，還不至於對我們這個接近崩潰邊緣的經濟，再予以致命的打擊。」〔註32〕

　　國民黨政府物價管制的實踐證明通過行政命令的方式硬性干預經濟的方式走不通。經濟現象是靈活多變的，管制經濟的方法，也應該靈活與具有彈性，強行釘死價格的政治方法不僅不能挽救經濟危機，反而加重了經濟危機。

〔註29〕　《論不限價的「核本定價」政策》，《創進周刊》，1948年第1卷第18期，第7頁。

〔註30〕　趙默涵：《「八一九限價」限得住嗎？》，《凱旋》，1948年第37期，第17頁。

〔註31〕　屠修德：《限價論》，《中央銀行月報》，1948年第3卷第11號，第24頁。

〔註32〕　康永仁：《硬性管制不如軟法疏導！──論經濟緊急措施方案物價工資及日用品供應事項》，《世紀評論》，1948年第1卷第8期，第8頁。

參考文獻

一、原始檔案

上海檔案館館藏：

1. Q1—9—23　行政院上海經濟管制督導員辦公處文件。
2. Q1—1—184　上海市經濟檢查會報會議記錄。
3. Q1—12—64　上海市經濟檢查會議錄。
4. Q1—12—65　上海市經濟檢查會議錄。
5. Q201—1—394　上海市各工業行業自政府實施加強管制經濟辦法貫徹原料登記限價等政策後發生原料恐慌等問題的反映及上海市商會爲召開與民食有關之各業原料補充問題的會議通知座談記錄。
6. Q201—1—395　上海市各業自政府實施加強管制經濟辦法貫徹限價等政策後的困難情況反映及上海市商會爲該問題與社會局及經濟管制督導員辦公處的來往文書。
7. Q201—1—396　上海市各業自政府實施「加強管制經濟辦法」貫徹議價、限價等政策後發生議價困難、抬價漲價等問題的反映與上海市商會爲各該問題分別轉致各有關單位的來往文書。
8. Q201—1—397　自政府「八一九」實施加強管制經濟辦法、貫徹原料登記限價政策後、本埠廠商及外埠各單位要求採購物資的公函及上海市商會爲該問題與有關單位的來往文書。
9. Q201—1—398　上海市商會關於實施整理財政部及加強管制經濟辦法及貫徹「八一九」限價政策、取締囤積居奇、原料登記等問題及各業公會與社會局等的來往文書。
10. Q201—1—473—20　上海市商會爲轉請保釋擴商業同業公會理事長與該公會及上海市社會局及經濟管制督導員辦公處來往文書。

11. Q202－1－87－6　上海市工業會爲轉知煙煤調節處關於橡膠及金屬品
冶製工業用煤覆電與行政院上海區經濟管制督導員辦公室及橡膠工業同
業公會來往文書。

12. Q109－1－338－2　上海參議會；蔣督導員經國；上海市政府；社會局；
經濟督導員辦公處請經濟督導員令市政當局從嚴取締不法抬價之商店及
各菜販案的來往檔。

13. Q6－2－200　上海市社會局上海區經濟管制督導員辦公處關於工業原
料補行登記規定及工業原料小組歷次會議錄。

14. Q6－2－14－13　物資調節委員會工業原料小組第一、二次會議記錄。

15. Q6－2－20－4　上海市物資調節委員會工業原料小組委員會會議記錄
及有關通知等文書。

16. Q6－2－100－25　京滬蘇浙皖五省市經濟管制會議記錄。

17. Q6－2－100－27　京滬蘇浙皖五省市物資調節小組會議記錄。

18. S230－1－112　上海市綢緞商業同業公會關於「８１９」限價後、絲織
工業向本會配銷綢緞上海區經濟管制督導辦公處的通知、及絲織業公會
與本會的來往文書和其他有關文書。

19. S234－1－61　政府實施經濟管制措施有關棉紗「八一九」限價轉運與上
海市紗商業同業困難等呈請有關當局解救的文書。

20. S286－1－85－62　上海市商會關於實行「八一九」新經濟政策以來的供
銷情況與上海區經濟管制督導員的來往文書。

21. S173－1－177　蔣政府實行幣制改革後財政部、上海金融管理局等發來
的各項實施辦法、規定以及有關存放款利率、收換「法幣」等與該部等
的來往文書。

22. S30－1－201－17　物資調節委員會第二次會議記錄。

天津檔案館館藏：

1. 401206800－J0219－3－045084　報南京第 1090 號信箱幣制改革及經濟
動態稿表匯存（案卷級）。

2. 401206800－J0110－2－001050　幣制改革（案卷級）。

3. 401206800－J0219－3－030100　第八分局呈經濟檢查小組報告表（案卷
級）。

4. 401206800－J0219－3－030059　改革幣制後管制物價（案卷級）。

5. 401206800－J0129－3－003995　關於財政經濟緊急處分令（幣制改革）
（案卷級）。

6. 401206800－J0169－1－001532　關於改革幣制及各項金融管制問題與
所屬及金管局河北省政府史行等機關間的來往文書（案卷級）。

7. 401206800－J0216－1－002692　關於金圓券發行辦法及銀行同業公會等函件（案卷級）。

8. 401206800－J0219－3－042748　關於經濟管制事項（案卷級）。

9. 401206800－J0219－3－042749　關於經濟管制事項（案卷級）。

10. 401206800－J0056－1－000096　關於經濟金融法令第四冊〔財政經濟緊急處分令改革幣制〕（案卷級）。

11. 401206800－J0056－1－000097　關於經濟金融法令第五冊〔改革幣制財政經濟緊急處分令〕（案卷級）。

12. 401206800－J0026－2－000154　關於推行幣制改革（案卷級）。

13. 401206800－J0172－1－000245　金管局關於收幣後津市經濟會報的往來文書（案卷級）。

14. 401206800－J0219－3－043764　經濟管制（案卷級）。

15. 401206800－J0219－3－044839　經濟會報（案卷級）。

16. 401206800－J0129－3－001464　社會局收文卷（幣制改革卷在冊）（社會局關於取締日用重要物品囤積居奇辦法補充要點的訓令及各項文件（幣制改革卷在冊））（案卷級）。

17. 401206800－J0219－3－035351　市府令發天津市物價管制委員會組織規則（案卷級）。

18. 401206800－J0219－3－027327　市政府令發天津市經濟會報規程（案卷級）。

19. 401206800－J0002－2－000802　天津經濟會報（案卷級）。

20. 401206800－J0002－2－000829　天津經濟會報會議記錄（案卷級）。

21. 401206800－J0219－3－030354　天津市絲綢呢絨紗布商業同業公會呈幣制改革後貨價規定諸多困難請查核（案卷級）。

22. 401206800－J0172－1－000030　偽金管局關於改革幣制的有關文件（案卷級）。

23. 401206800－J0002－3－002476　物價管制（案卷級）。

24. 401206800－J0002－3－002543　物價管制（案卷級）。

25. 401206800－J0219－3－027906　行政院電以規定各區經濟管制督導員督導範圍（案卷級）。

26. 401206800－J0129－3－000899　一般經濟管制（案卷級）。

27. 401206800－J0025－3－002207　執行財政經濟緊急處分令（案卷級）。

28. 401206800－J0170－1－000903　中央行與其總行，銀錢業同業公會關於市政府頒發財政經濟緊急處令來往文書（案卷級）。

29. 401206800－J0002－3－002417　組織經濟檢查小組（案卷級）。

北京檔案館藏：

1. J001－003－00455　北平市經濟會報組織規程。
2. J001－005－00532　行政院關於財政經濟緊急處分及制定金元券發行四種辦法電。
3. J001－005－01034　北平市政府轉發行政院關於金融管理辦法的訓令（附：金圓券發行辦法）。
4. J001－007－01605　行政院付院長張屬生召集北平市各同業公會商會及工業負責人談話會紀錄。
5. J002－004－00754　北平市第八次經濟會報記錄及煤鋪業、車業公會請求調整價格的呈文。
6. J001－003－00419　北平市政府新聞處關於宣傳解釋財政經濟緊急處分辦法給各報社廣播電臺的函。
7. J181－016－01455　北平市政府新聞處制關於幣制改革戶口檢查、限價等內容的標語。
8. J032－001－02718　關於加強金融業務管制、銀樓業收兌及製造金飾管、對花紗布管理、簡化來前審計程序、美方歸還劫物財政經濟緊急處分等事項總處及有關部門與燕行來往文書。

湖北省檔案館藏：

1. LS31－7－14　湖北省政府經濟管制組織規程及有關事宜之令函。
2. LS6－2－469　湖北省各縣經濟管制情形。
3. LS6－2－463　湖北省政府社會處附屬機關經濟管制情形。
4. LS6－2－458　湖北省經濟管制工作情形。
5. LS6－2－456　湖北省經濟管制公文代電四區各縣辦理情況。
6. LS6－2－455　第四次武漢省市臨時經濟管制彙報會議記錄。
7. LS6－2－454　湖北省辦理經濟管制情形。
8. LS6－2－449　湖北省政府辦理經濟管制。
9. LS6－2－430　湖北省經濟管制法令。
10. LS1－5－473　湖北省政府秘書處關於經濟管制組織規程及實施辦法的訓令、箋函。

二、報刊

1.《申報》
2.《大公報》

3.《中央日報》

4.《金融日報》

5.《商報》

6.《經濟導報》

7.《經濟周報》

8.《新聞報》

9.《中華時報》

10.《徵信新聞》

11.《財政評論》

12.《傳記文學》（臺灣）

13.《大地周報》

14.《風雲半月刊》

15.《工商法規》

16.《工業月刊》

17.《公信會計月刊》

18.《公益工商通訊》

19.《觀察》

20.《金融周報》

21.《進出口貿易月刊》

22.《經濟導報》

23.《經濟觀察》

24.《經濟評論》

25.《經濟周報》

26.《南大經濟》

27.《群言》

28.《商學研究》

29.《時事評論》

30.《時與文》

31.《世紀評論》

32.《四川經濟彙報》

33.《天津經濟統計月報》

34.《現代經濟通訊》

35.《新聞天地》

36.《銀行周報》

37.《再生》

38.《展望》

39.《浙江經濟月刊》

40.《中國建設》

41.《中國銀行月報》

42.《中美周報》

43.《中央銀行月報》

44.《周論》

45.《資本市場》

三、回憶錄、資料彙編

1. 行政院新聞局編:《幣制改革》,行政院新聞局,1948 年印。

2. 中國銀行總管理處編:《外匯統計彙編初集》,中國銀行總管理處,1950 年版。

3. 王雲五:《岫廬八十自述》,臺灣商務印書館,1967 年版。

4.【美】司徒雷登:《在華五十年:司徒雷登回憶錄》,北京出版社,1982 年版。

5. 翁文灝:《回顧往事》,《文史資料選輯》第 80 輯,1982 年版。

6. 中國人民銀行上海市分行金融研究室編:《金城銀行史料》,上海人民出版社,1983 年版。

7. 秦孝儀主編:《中華民國經濟發展史》第 2 冊,臺北近代中國出版社,1983 年版。

8. 楊蔭溥:《民國財政史》,中國財政經濟出版社,1985 年版。

9. 中國人民政治協商會議全國委員會文史資料研究委員會編:《法幣、金圓券與黃金風潮》,文史資料出版社,1985 年版。

10. 壽充一、壽樂英編:《中央銀行史話》,中國文史出版社,1987 年版。

11.【美】肯尼斯·約翰·布魯爾編,尤存、牛軍譯:《被遺忘的大使司徒雷登駐華報告》,江蘇人民出版社,1988 年版。

12. 中國第二歷史檔案館等編:《中華民國金融法規選編》(上冊),檔案出版社,1989 年版。

13. 中國人民銀行總行參事室編:《中華民國貨幣史資料》第 2 輯(1924～1949),上海人民出版社,1991 年版。

14. 重慶市檔案館、重慶市人民銀行金融研究所編：《四聯總處史料》（上、中、下），檔案出版社，1993 年版。

15. 汪方文主編；廈門市檔案局，廈門市檔案館編：《近代廈門經濟檔案資料》，廈門大學出版社，1997 年版。

16. 天津市檔案館等編：《天津商會檔案彙編》第 5 輯（1945～1950），天津人民出版社，1998 年版。

17. 中國第二歷史檔案館編：《中華民國史檔案資料彙編》第 5 輯第 3 編政治（1945～1949）（第 1 冊），江蘇古籍出版社，2000 年版。

18. 中國第二歷史檔案館編：《中華民國史檔案資料彙編》第 5 輯第 3 編財政經濟（第 1～7 冊），江蘇古籍出版社，2000 年版。

19. 張強林，蔣耘主編；中國第二歷史檔案館編：《國民政府立法院會議錄》，廣西師範大學出版社，2004 年版。

20. 洪葭管編：《中央銀行史料》（1928.11～1949.5），中國金融出版社，2006 年版。

21. 董竹君：《我的一個世紀》（修訂版），三聯書店，2008 年版。

22. 張緒諤：《亂世風華 20 世紀 40 年代上海生活與娛樂的回憶》，上海人民出版社，2009 年版。

四、著作

1. 汪承立、沈景生：《金圓券發行經過》，北平日報社，1948 年版。

2. 中國經濟研究所編：《新幣制——金圓券》，華夏圖書出版公司，1948 年版。

3. 朱斯煌主編：《民國經濟史》，銀行周報社，1948 年版。

4. 新陳著：《幣制改革聲中談紙幣膨脹政策》，江南印書館，1948 年版。

5. 符澤初：《中國幣制問題總檢討》，中國出版社，1948 年版。

6. 經濟研究會編：《國民黨的幣制與改革》，經濟研究會，1948 年版。

7. 陳征遠：《定質貨幣》，中華印書館，1948 年版。

8. 劉錫齡：《中國幣制改革論》，立信會計圖書用品社，1948 年版。

9. 金烽等：《國內幣制改革與工商業》，南方論壇社，1948 年版。

10. 楊培新編：《舊中國的通貨膨脹》，三聯書店，1963 年版。

11. 陸仰淵、方慶秋主編：《民國社會經濟史》，中國經濟出版社，1991 年版。

12. 許滌新、吳承明主編：《中國資本主義發展史》第 3 卷，人民出版社，1993 年版。

13. 李學通：《書生叢政——翁文灝》，蘭州大學出版社，1996 年版。

14.【美】胡素珊、王海良等譯:《中國的內戰——1945～1949 年的政治鬥爭》,中國青年出版社,1997 年版。

15. 董長芝、馬東玉:《民國財政經濟史》,遼寧師範大學出版社,1997 年版。

16. 啓躍編:《國民黨怎樣丟掉了中國大陸?》,新疆人民出版社,1997 年版。

17. 虞寶棠編:《國民政府與民國經濟》,華東師範大學出版社,1998 年版。

18. 吳國楨口述,【美】裴斐(NathanielPeffer)、韋慕庭(MartinWilbur)訪問整理,吳修垣譯:《從上海市長到「臺灣省主席」——吳國楨口述回憶》(1946～1953),上海人民出版社,1999 年版。

19. 馬寅初:《馬寅初全集》第 14 卷,浙江人民出版社,1999 年版。

20. 郭太風:《王雲五評傳》,上海書店出版社,1999 年版。

21. 季長祐:《金圓券幣史》,江蘇古籍出版社,2001 年版。

22. 巴圖:《民國經濟案籍》,群眾出版社,2001 年版。

23. 葉世昌等:《中國貨幣理論史》,廈門大學出版社,2003 年版。

24. 許毅主編:《從百年屈辱到民族復興:國民政府外債與官僚資本》,經濟科學出版社,2004 年版。

25. 陳明遠:《文化人的經濟生活》,文匯出版社,2005 年版。

26. 復旦大學中國金融史研究中心編:《上海金融中心地位的變遷》,復旦大學出版社,2005 年版。

27. 吳興鏞:《黃金秘檔——1949 年大陸黃金運臺始末》,江蘇人民出版社,2009 年版。

五、論文

1. 虞寶棠:《簡論一九四八年國民黨政府的金元券與限價政策》,《民國檔案》,1985(2)。

2. 韓森:《國民黨政府發行金元券加速了政權的崩潰》,《歷史教學》,1987(8)。

3. 錢薇:《王雲五與金圓券》,《上海金融》,1989(2)。

4. 張江瀾:《法幣及關金券、金元券、銀元券在四川的發行與流通》,《西南金融》,1989(s1)。

5. 朱雪芬:《南京政府倒臺前夕的一場幣制改革鬧劇——評金圓券政策的出籠與失敗》,《寧波大學學報》(教育科學版),1990(3)。

6. 何揚鳴:《試述王雲五與金圓券的關係》,《浙江學刊》,1994(4)。

7. 姜培:《國民黨政府金元券的發行與政權的崩潰》,《黑龍江財專學報》,1996(2)。

8. 李金錚：《舊中國通貨膨脹的惡例──金圓券發行內幕初探》，《中國社會經濟史研究》，1999（1）。

9. 郭太風：《王雲五：金圓券風潮中的一個關鍵人物》（上），《檔案與史學》，1999（4）。

10. 郭太風：《王雲五：金圓券風潮中的一個關鍵人物》（下），《檔案與史學》，1999（5）。

11. 戴友鋒：《法幣改革和金圓券改革的比較研究》，《福建金融管理幹部學院學報》，2001（3）。

12. 黃成棟：《大額金圓券的發行與貴陽的通貨膨脹》，《貴陽文史》，2003（5）。

13. 吳景平：《金圓券政策的再研究──以登記移存外匯資產和收兌金銀外幣爲中心的考察》，《民國檔案》，2004（1）。

14. 童式一：《最短命的貨幣金圓券》，《武漢文史資料》，2005（10）。

15. 吳景平：《上海金融業與金圓券政策的推行》，《史學月刊》，2005（1）。

16. 王作化：《中國歷史上一次失敗的幣制改革──金圓券法案出籠前後》，《檔案時空》，2006（7）。

17. 王作化、王晉陽、王鵬：《王雲五與荒唐的金圓券幣制改革》，《黨史文苑》，2007（19）。

18. 賀水金：《中、德兩國惡性通貨膨脹之比較研究》，《社會科學》，2007（8）。

19. 張秀莉：《金圓券發行準備監理委員會述論》，《民國檔案》，2008（4）。

20. 朱雲：《從美援看美國與金圓券改革的關係》，《法制與社會》，2008（31）。

21. 張皓：《王雲五與國民黨政府金圓券幣制改革》，《史學月刊》，2008（3）。

22. 馬長林：《民國時期的貨幣政策：金圓券發行和幣制改革的失敗》，《中國金融》，2008（9）。

23. 范泓：《金圓券風潮與國民黨的沉淪》，《同舟共進》，2008（5）。

24. 雷源軾：《當年西南發生的金圓券風潮》，《金融經濟》，2009（9）。

25. 藍蘭：《國民黨政府發行金圓券夭折始末》，《金融經濟》，2010（23）。

26. 汪錫鵬：《金圓券與民國末年的通貨膨脹──從錢幣看蔣家王朝的末日》，《中國城市金融》，2010（9）。

27. 賀水金：《德、中幣制改革──「新馬克奇蹟」與金圓券改革失敗之比較研究》，《上海經濟研究》，2010（9）。

28. 楊小佛：《1948年親歷金圓券的發行與崩潰》，《世紀》，2011（1）。

29. 徐俊武：《20世紀40年代金圓券發行失敗的原因探析──基於制度變遷中的路徑依賴視角》，《學習與實踐》，2011（9）。

30. 楊天石：《蔣經國「打虎」爲何失敗》，《炎黃春秋》，2013（9）。

31. 武之璋：《國民黨敗局與蔣經國「打虎」失敗無關》，《炎黃春秋》，2013（12）。

32. 張秀莉：《金圓券定價研究》，《史林》，2016（2）。

附　錄

附錄 ·：行政院經濟管制委員會組織規程

（一）行政院為推行安定經濟各項措施，特設立經濟管制委員會。

（二）行政院經濟管制委員會之職掌如左：

    1、關於物價管制之策劃督導事項。

    2、關於取締投機囤積非法經營之策劃管制事項。

    3、關於調節物資供應節約消費之策劃督導事項。

    4、關於金融管理之策劃督導事項。

    5、關於經濟行政及經濟業務機關工作之聯繫督導事項。

    6、行政院院長交辦事項。

    7、其他有安定經濟之策劃督導事項。

（三）行政院經濟管制委員會審議及建議事項。由行政院院長提請行政院會議決議行之，其急要事項，得由行政院院長先行核定辦理。

（四）行政院經濟管制委員會對外不直接行文。

（五）行政院經濟管制委員會主任委員一人，由行政院院長兼任之。委員六人由行政院院長聘任之。

（六）行政院經濟管制委員會設秘書長一人，組織秘書處，處理日常事務，並得分組辦事。其組織另定之。秘書處職員由行政院有關機關調用之。

（七）行政院經濟管制委員會因業務需要，得設各種委員會。

（八）行政院得於國內重要都市設置經濟管制督導員，常駐督導由行政院長提請總裁特派之。

（九）本規程經行政院會議通過施行。

資料來源：《經濟管制委會組織規程》，《金融周報》，1948 年第 19 卷第 10 期。

附錄二：行政院經濟管制委員會上海區物資調節委員會組織規程

第一條　本會在行政院上海區經濟管制督導員之督導下，負責處理本區有關
　　　　物資之調節，供應，暨節約，消費等事項。

第二條　凡中央各機關在本區內之物資，本會均有直接處分之權。

第三條　凡中央及本市各有關物資供應機關，均受本會之監督，負責執行本
　　　　會議決事項。

第四條　本會設委員九人至十一人，由行政院指定本區中央及地方有關各機
　　　　關首長充任之，分別指定主任委員及副主任委員。

第五條　本會設主任秘書一人，秘書辦事員若干人，向本市有關機關調用之。

第六條　本會每週舉行會議一次，必要時得召集臨時會議。

第七條　本規程自公佈日施行。

資料來源：《行政院經濟管制委員會上海區物資調節委員會組織規程》，《金融周報》，
　　　　　1948 年第 19 卷第 10 期。

附錄三：行政院經濟管制委員會上海區物價審議委員會組織規程

第一條　本會在行政院上海區經濟管制督導員之督導下，負責審議核定本區
　　　　物資及勞務之價格事項。

第二條　凡本區內物價運費工資，本會均有審核及調整之權。

第三條　凡在本區內各有關機關社團，評定各種價目，均受本會之監督，並
　　　　負責執行本會之議決事項。

第四條　本會設委員七人至九人，由行政院指定本區中央及地方有關各機關
　　　　首長充任，並分別指定主任委員及副主任委員。

第五條　本會設主任秘書一人，秘書辦事員若干人，向本市各有關機關調用
　　　　之。

第六條　本會每週舉行會議一次，必要時得召集臨時會議。

第七條　本規程自公佈日施行。

資料來源：《行政院經濟管制委員會上海區物價審議委員會組織規程》，《金融周報》，
　　　　　1948 年第 19 卷第 10 期。

附錄四：行政院經濟管制委員會上海區檢查委員會組織規程

第一條　本會在行政院上海區經濟管制督導員之督導下，負責辦理各種非法
　　　　交易投機囤積及走私行為之取締查緝事項。

第二條　凡本區內公司、行號，個人經營黃金外幣外匯之非法交易，或藉海
　　　　陸空各種交通工具從事走私，或以公私倉庫堆疊囤積民生必需品，
　　　　或販賣被取締物品，以及經營各種違法投機行為，統歸本督督導各
　　　　有關機關嚴厲查緝，並依法處理。

第三條　凡中央及本市各有關檢查機關，均受本會之監督，負責執行本會議
　　　　決事項。

第四條　本會設委員七人至九人，由行政院指定本區中央及地方有關機關首
　　　　長充任，並分別指定主任委員及副主任委員。

第五條　本會設主任秘書一人，秘書辦事員若干人，向本市各有關機關調用
　　　　之。

第六條　本會每週舉行會議一次，必要時得召集臨時會議。

本規程自公佈日施行。

資料來源：《行政院經濟管制委員會上海區檢查委員會組織規程》，《金融周報》，1948
　　　　　年第 19 卷第 11 期。

附錄五：行政院經濟管制委員會廣州區物資調節委員會組織規程

第一條　本會在行政院廣州區經濟管制督導員之督導下，負責處理本區有關
　　　　物資之調節，供應，暨節約，消費等事項。

第二條　凡中央各機關在本區內之物資，本會均有直接處分之權。

第三條　凡中央及本市各有關物資供應機關，均受本會之監督，負責執行本
　　　　會議決事項。

第四條　本會設委員九人至十一人，由行政院指定本區中央及地方有關各機
　　　　關首長充任之，並分別指定主任委員及副主任委員。

第五條　本會設主任秘書一人，秘書、辦事員若干人，向本市有關機關調用
　　　　之。

第六條　本會每週舉行會議一次，必要時得召集臨時會議。

第七條　本規程自公佈日施行。

資料來源：《行政院經濟管制委員會廣州區物資調節委員會組織規程》，《金融周報》，
　　　　　1948 年第 19 卷第 12 期。

附錄六：行政院經濟管制委員會廣州區物價審議委員會組織規程

第一條　本會在行政院廣州區經濟管制督導員之督導下，負責審議核定本區
　　　　物資及勞務之價格事項。

第二條　凡本區內物價、運費、工資，本會均有審核及調整之權。

第三條　凡在本區內各有關機關社團評定各種價目，均受本會之監督，並負
　　　　責執行本會之議決事項。

第四條　本會設委員九人至九十一人，由行政院指定本區中央及地方有關各
　　　　機關首長充任，並分別指定主任委員及副主任委員。

第五條　本會設主任秘書一人，秘書辦、事員若干人，向本市各有關機關調
　　　　用之。

第六條　本會每週舉行會議一次，必要時得召集臨時會議。

第七條　本規程自公佈日施行。

資料來源：《行政院經濟管制委員會廣州區物價審議委員會組織規程》，《金融周報》，
　　　　　1948 年第 19 卷第 12 期。

附錄七：行政院經濟管制委員會廣州區檢查委員會組織規程

第一條　本會在行政院廣州區經濟管制督導員之督導下，負責辦理各種非法
　　　　交易投機囤積及走私行為之取締查緝事項。

第二條　凡本區內公司、行號，個人經營黃金外幣外匯之非法交易，或藉海
　　　　陸空各種交通工具從事走私，或以公私倉庫堆疊囤積民生必需品，
　　　　或販賣被取締物品，以及經營各種違法投機行為，統歸本督督導各
　　　　有關機關嚴屬查緝，並依法處理。

第三條　凡中央及本市各有關檢查機關，均受本會之監督，負責執行本會議
　　　　決事項。

第四條　本會設委員七人至九人，由行政院指定本區中央及地方有關機關首
　　　　長充任，並分別指定主任委員及副主任委員。

第五條　本會設主任秘書一人，秘書、辦事員若干人，向本市各有關機關調
　　　　用之。

第六條　本會每週舉行會議一次，必要時得召集臨時會議。

第七條　本規程自公佈日施行。

資料來源：《行政院經濟管制委員會廣州區檢查委員會組織規程》，《金融周報》，1948
　　　　　年第 19 卷第 12 期。

附錄八：天津市經濟會報規程

第一條　本市依照行政院電令之規定設經濟會報（以下簡稱會報）

第二條　本會報爲本市最高管制經濟決策機構以左列人員組織之

　　　一、市長

　　　二、警備司令

　　　三、參議會議長

　　　四、市黨部主委

　　　五、金融管理局長

　　　六、中央銀行經理

　　　七、農民銀行經理

　　　八、中央信託局經理

　　　九、銀行公會理事長

　　　十、主要物資管制處長

　　　十一、社會局長

　　　十二、督察局長

　　　十三、財政局長

　　　十四、統計長

　　　十五、市銀行經理

第三條　本會議之職權如左：

　　　一、關於金融管制事項

　　　二、關於物價管制事項

　　　三、關於物資調節事項

　　　四、關於物資管制事項

　　　五、關於其他有關經濟金融事項

第四條　本會報以市長爲主席遇市長公出時由出席委員中互推一人爲主席

第五條　本會報每兩周舉行一次必要時得召開臨時會報

第六條　本會議決議事項應由有關機構依照執行之

第七條　本會報設秘書處二人辦事人員若干人辦理文書記錄等事宜由市府職員中請派之均不另支薪津

第八條　本規程如有未盡事宜得隨時修正之

第九條　本規程經會議通過後施行

資料來源：天津市檔案館藏：《市政府令發天津市經濟會報規程》，401206800－J0219
－3－027327。

附錄九：北平市經濟會報修正後組織辦法

一、本市爲切實執行財政經濟緊急處分令加強管制物價取締投機囤積調
節物資供應節約消費特成立北平市經濟會報（以下簡稱本會報）

二、本會報由左列機構組織之

1.北平市政府（市長兼會報主席）2.北平市參議會 3.北平警備總司令部 4.
天津金融管理局北平辦事處 5.河北監察使署 6.北平高等特種刑事法庭 7.北平
地方法院 8.憲兵第十九團 9.中央銀行北平分行 10.警察局 11.社會局 12.財政局
13.公用局 14.北平市商會 15.北平市工業會

三、本會報之任務如左：

1、關於物價管制之策劃

2、關於取締投機囤積非法經營之策劃

3、關於物價之審議事項

4、關於調節物資供應節約消費之策劃

5、關於金融管理之策劃

6、關於經濟行政及經濟業務機關之聯繫

7、其他有關安定經濟之策劃

四、本會報審議及建議事項提供有關機關參考查核辦理離

五、本會報對外不直接行文一切公文往還以北平市政府名義行文

六、本會報定每星期六上午十時舉行遇有緊要事項得召開臨時會報

七、本辦法經本會報通過施行之

資料來源：北京市檔案館藏：《北平市政府轉發總統財政經濟緊急處分令及制定金元
券發行等有關貨幣公債辦法的訓令》，。J013－001－00829。

附錄十：翁文灝幣制改革時期主持、參加相關會議概況

時　間	會　次	討論事項
8 月 22 日	經管會議	通過王雲五提出的整理財政補充辦法，但公用交通事業調整價格問題未獲通過。
8 月 25 日	行政院會議	討論改革幣制後調整稅收辦法。

時　間	會　次	討論事項
8月26日	經管會議	（一）按照總統財經緊急處分令，國人在外存款應移存中央銀行，本人動用辦法已詳細訂立，日內由政院明令頒佈。 （二）全國公用事業一律不准漲價，待適當時期後，由政府統籌辦理，不准個別調整。（三）國行利息（現爲月息三分）另訂辦法外，對商業行莊利息之調整，經決議分三期實施，即日起至九月十五日止爲第一期，月息不得超過五分，十五日以後爲第二期，月息不得超過三分，以後期能接近民法原有之規定，月息不得超過二分。
9月1日	經管會議	1. 幣制改革後，央行收兌了大批金銀外幣，凡外幣及黃金，應予補充金圓券準備金，俾現金準備超過百分之四十，凡銀元白銀，則用以補充鑄造銀輔幣。 2. 爲配合新措施令各項辦法的規定，有積極普遍推行節約運動之必要，決定設一節約指導委員會。 行政院經濟管制委員會，今日上午三時在該會舉行第二次會議，討論重要案件有：1.整頓銀行錢莊案，其中包括行莊業務之整頓及增加資本等項目。2.取締日用品囤積居奇補充辦法案，及違反議價限價處分辦法案。3.人民外匯資產之申報登記機構案。
9月6日	經管會臨時談話會	檢討經改情況。
9月10日	立法院秘密院會	翁文灝先就財政經濟緊急處分令之要旨及辦法作概況敘述，並說明改革幣制之必要及改革後之效果。
9月14日	經管會議	檢討經濟及物價情形。
9月28日	談話會	對經管問題交換意見，蔣經國報告上海經濟金融管制情形，會議就如何控制產區物資問題討論甚久。推徐柏園等擬一控制產區物資具體辦法。
9月29日	談話會	翁院長今晨九時在行政院一號官舍邀集徐柏園，陳啓天，俞鴻鈞，李惟果等舉行談話會，對經濟問題交換意見，今晨自滬來京之蔣經國氏，亦出席參加，並報告滬市經濟金融管制情形。會中對如何控制物資問題，討論甚久，尤以糧食棉花及其他各項日用必需品之供應亦爲當務之急，今日會中咸認爲應採取誘導方式，以控制產區物資，該項辦法將係全面性者，並以全面管制物價以配合之，俾不至因上海以外之各地因管制不嚴，而引起再度波動，對於全面管制物價，有關方面曾研討甚久，且有一部分已先付諸實施，控制物資主要係採用收購方法，收購資金來自原定之預算，及由中央銀行暫借，政

時　間	會　次	討論事項
		府控制大批物資後，則可減少中間商人之剝削，售價因之減低。至於如何運輸及分配托高技術問題，尚未商有具體結果。
9 月 30 日	10 次行政院會議	通過核定經管督導區域，增設華中區經管督導員及京、滬、平、津、青、穗六市 10 月份配售糧食價格等案。
10 月 1 日		黃金美鈔外幣之兌換日期，已決定分別展望一二月不等，此為今日下午政院第十次臨時會議所通過之補充辦法所規定公佈施行者。原定收兌日起限在本年九月卅日以前，惟各地人民尚有為時間低於所限，未及辦理者，紛請展期，故政院始有是項決定，並即分電各省主管當局指示，其原文如下：查財政經濟緊急處分令，人民所有金銀外幣處理辦法第三條及第四條之規定，人民所有黃金，白銀，銀元或外國幣券者，應於民國卅七年九月卅日以前，向中央銀行或其委託之銀行兌換金圓券，購買美金公債，在中央銀行設立外幣存款，實行以來，全國一體辦理，已著成效，惟各地人民，尚有為時間地域所限，未及辦理，紛紛展期，茲值九月卅日限期屆滿，為便利人民兌換存儲起見，特規定補充辦法如次：……（甲）黃金及外幣券，展期至卅七年十月卅一日止。（乙）舊銀幣及白銀展期至卅七年十一月卅日截止。
10 月 2 日		聽取自成都、昆明各地視察歸來的徐堪彙報經管督導工作。
10 月 9 日	經管討論會	決議把握產區生產物資，平衡市場消費供應，合理調整消費區物價。
10 月 11 日		早晚兩次面見蔣介石，彙報各地物價管制情形，並呈報《制止搶購物資辦法草案》
10 月 12 日		1.參加立法院第二會期第十次會議。 2.與王雲五、徐柏園等研商挽救金圓券的辦法。
10 月 16 日	行政院會議	討論王雲五 13 日、14 日提出的《調整物價、工資及公務員待遇辦法》和《預結外匯維持幣信辦法》（未予採用）。會議決定：調整物價以 8 月 19 日為準，放寬外匯管制，重要必需品實行配給。
10 月 17 日		行政院決定在五大城市除配售糧食外，擴大到燃料油、鹽、糖等必需品。
10 月 18 日		偕王雲五出席立法院討論物價問題。翁文灝綜合報告了金融外匯市場及物價情形，歷時 40 分鐘，然後王雲五報告「八一九」前後物價比較及最近波動的原因、政府的補救辦法。

時　間	會　次	討論事項
10 月 20 日	行政院會議	農林部長左舜生、糧食部長關吉玉、交通部長俞大維、政務委員雷震等,均主張放棄限價。
10 月 21		與蔣經國、劉攻芸、李惟果、俞鴻鈞等討論財經問題,對物價問題,財政部沒有一定的把握和主張,頗有動搖不定的狀態。
10 月 24 日		邀請在北平的學者專家舉行座談會,徵求經濟問題的意見。
10 月 26 日	經管會議	王雲五主張分別限價和議價,經過討論,決定新的限價仍然凍結,而議價則力主從寬。
10 月 27 日	經管會議	由蔣經國、張厲生、徐堪分別報告上海、華北、西南情況,蔣經國力主不變限價。
10 月 28 日	經管會議	就是否繼續限價問題爭論不絕。除蔣經國、張厲生外,大都主張讓步,決定糧食可以自由買賣,工資可調整,百物可核本定價。
10 月 29 日		立法院開會討論經濟危機,主張取消限價。
10 月 30 日		與俞鴻鈞商談經濟金融問題。
10 月 31 日	行政院臨時會議	通過對緊急處分令第十四條等補充辦法,放棄限價政策。
11 月 1 日	國民黨中央政治會議	在國民黨中央政治會議上報告財政經濟措施,質詢者頗多。
11 月 2 日	立法院16 會議	在立法院第 16 次會議上,報告經濟改革措施及改善辦法。
11 月 3 日	行政院第 23 次會議	決定文武職公教人員薪給自 11 月份增加一倍半。
11 月 11 日	行政院臨時會議	通過修正金圓券發行辦法,經濟管制及整理財政計劃全部放棄。

資料來源:根據同期《經濟評論》、《金融日報》、《金融周報》、《銀行周報》、《工商法規》等報刊以及《翁文灝年譜》、《書生從政——翁文灝》等整理而成。